Ulrich Alexis Christiansen

Hamburgs dunkle Welten

Ulrich Alexis Christiansen

Hamburgs dunkle Welten

Der geheimnisvolle Untergrund der Hansestadt

Ch. Links

Die Deutsche Nationalbibliothek verzeichnet
diese Publikation in der Deutschen Nationalbibliografie;
detaillierte bibliografische Daten sind im Internet
über http://dnb.d-nb.de abrufbar.

2., aktualisierte und erweiterte Auflage, Mai 2010

Schönhauser Allee 36, 10435 Berlin, Tel.: (030) 44 02 32–0
www.christoph-links-verlag.de; mail@christoph-links-verlag.de

Umschlaggestaltung KahaneDesign, Berlin, unter Verwendung
eines Fotos vom Bau des ersten Elbtunnels aus dem Archiv
des Landesbetriebes Brücken und Gewässer, Hamburg
Typografie und Satz Farnschläder & Mahlstedt, Hamburg
Druck und Bindung Bosch-Druck, Landshut

ISBN 978-3-86153-589-8

Inhalt

An der Oberfläche: der Hafen der aufstrebenden Weltstadt im Jahr 1928.

Im Untergrund:
Stammsiel Eimsbüttel-Millernthor,
Durchstich des Tunnels in den Schacht
am Neuen Pferdemarkt am 17. Mai 1901.

Vorwort

Hamburg – eine in über eintausend Jahren gewachsene Großstadt – hat eine Geschichte unter der Erde, die mindestens genauso interessant ist, wie die oberirdische. Doch bisher ist sie kaum behandelt worden, obwohl sich hier historische Katakomben und eindrucksvolle Siele, ingenieurtechnisch bedeutende Straßentunnel und weit verzweigte Bahnnetze, massive Bunker aus dem Zweiten Weltkrieg und moderne Zivilschutzanlagen befinden. Wo oberhalb die Geschichte schon oft der Gegenwart weichen musste, blieb sie im Untergrund weitgehend erhalten. Im Unterschied zu anderen europäischen Großstädten sind die dunklen Welten unter Hamburg wenig erschlossen. Die Unterwelt bleibt dem interessierten Betrachter zumeist verborgen und wird nur zu seltenen Gelegenheiten geöffnet.

Hier setzt dieses Buch an. Es will dem Leser Einblicke ermöglichen, die sonst zumeist versperrt sind. Dabei geht es nicht um eine komplette Darstellung aller Bereiche des Untergrundes, sondern um historisch wichtige Momentaufnahmen, um die Behandlung jener Zeugnisse, die heute noch auffindbar sind und Einblicke in die stadtgeschichtliche Entwicklung ermöglichen. Dazu gehören auch Abstecher in die Oberwelt und in die Zeitgeschichte.

So erfährt der Leser, wie Hamburg zu seiner Untergrundbahn und den Elbtunneln kam, warum in den Wasserleitungen zeitweilig Elbaale auftauchten und welche Auswirkungen der Luftkrieg auf den Untergrund der Hansestadt hatte. Inzwischen verschwundene U-Bahnstationen tauchen hier wieder auf, nie genutzte Anlagen aus der Zeit des Kalten Krieges sind zu besichtigen.

Die 2. Auflage wurde um ein Kapitel zu Tunneln unter der Autobahn sowie eines über die Geschichte der Fernwärmetunnel und Heizkraftwerke ergänzt.

Entstanden ist ein Buch voller unterirdischer Geschichte und Geschichten, das mit dazu beitragen möchte, die dunklen Welten nicht in Vergessenheit geraten zu lassen. Vielleicht kann es sogar dazu anregen, weitere Bereiche der Öffentlichkeit zugänglich zu machen, damit mehr Interessierte diese Seite der verborgenen Geschichte der Hansestadt kennen lernen können.

Die Geognostische Karte von 1848 gilt als eine der ersten umfassenden geologischen Karten von Hamburg und Umgebung.

Auf Salz gebaut?

Hamburgs schwieriger Untergrund

Bevor das Baugeschehen seine Spuren im Untergrund hinterließ und lange bevor überhaupt ein Mensch die Gegend betreten hat, wurde im Untergrund Norddeutschlands bereits Geschichte geschrieben. Geologen können auf Entwicklungen aus der Eiszeit verweisen, die Millionen Jahre zurückreichen.

Beim Wechsel von der Kalt- zur Warmzeit tauten die Gletscher ab und lagerten die mitgebrachten Gesteinsschichten nach und nach ab. Geologen und Topografen sprechen hier von Gesteinshorizonten, die im Stadtgebiet unterschiedlich mächtig sind. Es folgten weitere Gletscherbewegungen, die bereits abgelagerte Schichten veränderten. Sie hinterließen zum Teil riesige Findlinge von mehreren Metern Durchmesser. Der bekannteste Findling im Hamburger Stadtgebiet ist der 217 Tonnen schwere »alte Schwede«. Er wurde 1999 bei Baggerarbeiten in der Elbe gefunden und später – nach einem gescheiterten ersten Bergungsversuch – am Ufer bei Övelgönne aufgestellt. Eine Tafel verweist darauf, dass es sich hier um »Hamburgs ältesten Einwanderer« handelt, der in der Elster-Eiszeit vor etwa 400 000 Jahren hierher gekommen ist.

Die Belege für das Entstehen des Bodens im heutigen Raum von Hamburg reichen allerdings deutlich weiter zurück. Einige Schichten verweisen auf geologische Prozesse im Tertiär vor mehr als einer Million Jahre sowie aus der Zeit des nachfolgenden Quartärs. Der Untergrund des Stadtgebietes wurde entscheidend vom acht Kilometer breiten Urstromtal der Elbe geprägt. Dieses Gebiet wird Marsch genannt und ist im Zeitalter des Holozän, der jüngsten geologischen Epoche der Erdgeschichte, entstanden, das vor etwa 11 700 Jahren begann. Nach der letzten Eiszeit flossen damals die Schmelzwassermassen in Richtung Nordsee ab und hinterließen zahlreiche Ablagerungen. Bei Bauarbeiten trifft man in der Marsch auf wechselnde Bodenverhältnisse. Bis zu acht Meter starke Weichschichten, die meist aus Klei und Torf bestehen, werden von etwa 20 Meter starken Sandschichten abgelöst. Im tieferen Untergrund finden sich eher tonige Gesteinsablagerungen und braunkohlehaltige Sande, die mehrere hundert Meter mächtig sein können.

Nördlich und südlich des Urstromtals liegen in der Geest (Sandrücken) die Altmoränengebiete. Die Ablagerungen stammen hier vor allem aus der Zeit der vorletzten Vereisung, der Saale-Eiszeit, also vor 240 000 bis 180 000 Jahren. Kies, Sand, Geschiebemergel und Lehm bestimmen entsprechend das Bodenprofil. Aber noch ein weiteres Bodenprofil findet man in Hamburg. Es ist das Jungmoränengebiet, das während der letzten Vereisung, der Weichsel-Eiszeit (vor 120 000 bis 10 000 Jahren), entstanden ist. Damals reichten die Gletscher aus Skandinavien nur noch in die nordöstlichen Stadtgebiete, in Teile von Rahlstedt, Volksdorf und Duvenstedt.

Gefährliche Ausspülungen

Auffällig an Hamburgs Untergrund sind die fünf Salzstöcke, die sich im Großraum befinden. Im Westen Hamburgs trifft man bei Langenfelde auf den größten, der sich hier über elf Kilometer von Quickborn bis zur Elbe erstreckt und unter dem Krankenhaus Altona sogar bis fast an die Erdoberfläche gelangt. Er ist so mächtig, dass er an einigen Stellen bis in eine Tiefe von 3000 Metern hinabreicht. Entstanden sind diese starken Salzschichten beim Zurückweichen eines Meeres und der nachfolgenden Verdunstung des Salzwassers. Im Laufe der Jahrhunderte haben sich in diesen Salzlagern durch Grundwasserkontakt Höhlen, sogenannte Kavernen, gebildet, auf die Geologen an verschiedenen Stellen des Stadtgebietes gestoßen sind. Im zweiten Hamburger Salzstock, am Reitbrook, der un-

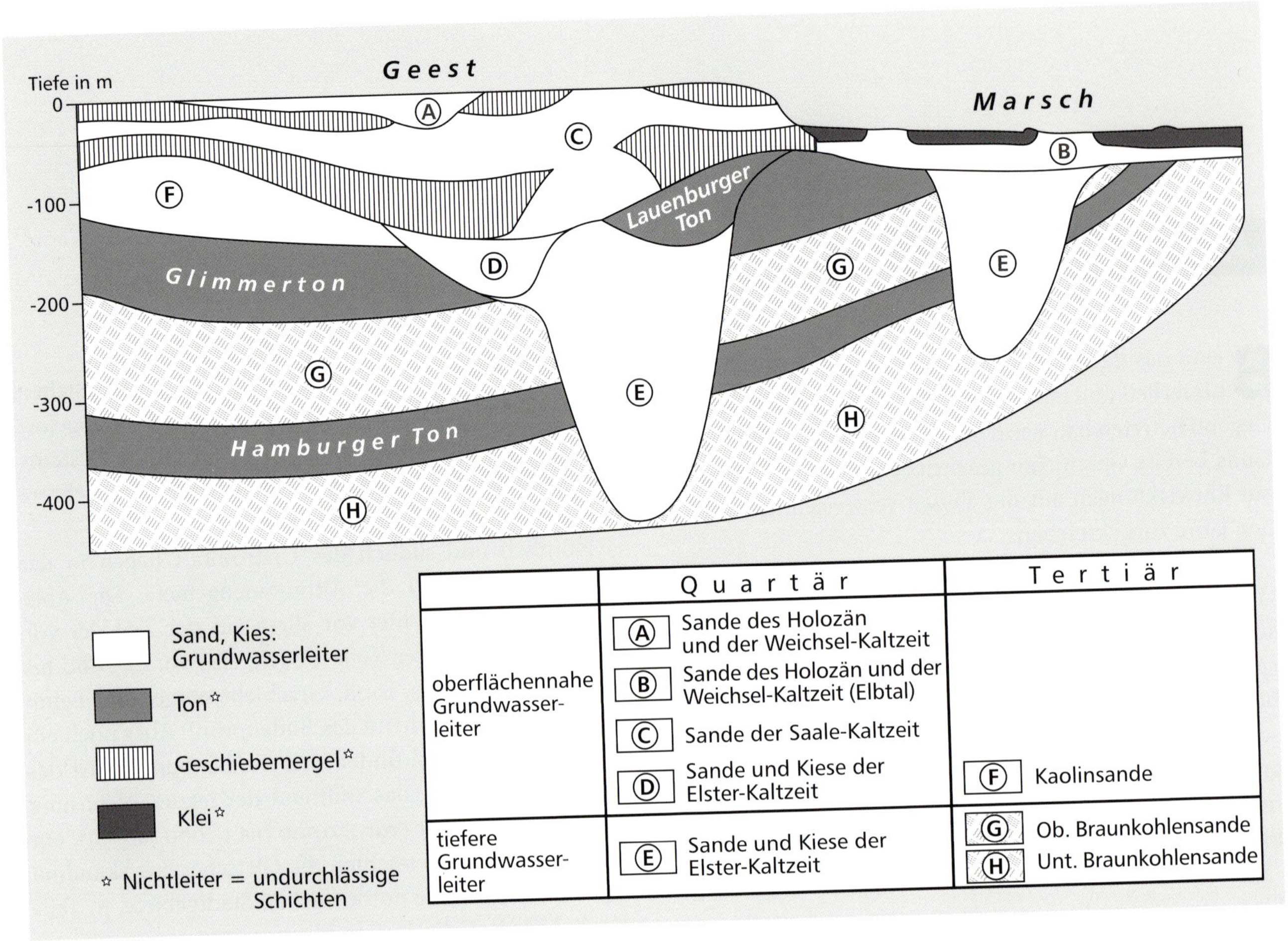

Hydrogeologischer Aufbau des Hamburger Untergrunds.

gefähr bei 800 Metern unter Normalnull liegt und eine ovale Form mit einen Durchmesser von vier Kilometern hat, wird eine dieser Kavernen inzwischen als unterirdischer Gasspeicher genutzt. Durch den Einbruch einer riesigen Höhle entstand an anderer Stelle in der Nähe der Autobahn A7 der Bahrenfelder See. In den vergangenen 200 Jahren gab es mehr als 30 solcher »Erdfälle«. So berichtete der »Altonaische Merkurius«, dass in Bahrenfeld in der Nacht vom 24. auf den 25. Januar 1834 »fünf Eichen von 30 Fuß Höhe spurlos verschwunden« seien. Den letzten Einsturz an einem Salzstock hat es 1938 vor dem Gymnasium Christianeum gegeben, wo die Straßendecke plötzlich metertief einbrach. Inzwischen wird der »dynamische Untergrund« Hamburgs regelmäßig vom Geologisch-Paläontologischen Institut der Universität Hamburg untersucht.

Für die Bauingenieure sind die unterschiedlichen Erdschichten immer wieder ein Problem, besonders im Marschgebiet mit seinen zahlreichen verborgenen Weichschichten. Bereits kleinere Torflinsen können die bodenmechanischen Eigenschaften erheblich verschlechtern. Wenn die störende Schicht nicht gegen Sand ausgetauscht und verfestigt werden kann, müssen Häuser auf Pfählen gegründet werden, die bis zur nächsten festen Schicht reichen. So war es auch beim heutigen Hamburger Rathaus, das vor über 110 Jahren in der Alsterniederung auf morastigem Grund entstand. Das 112 Meter hohe Gebäude ruht auf 4000 Pfählen, auf denen zunächst eine Bodenplatte von 1,60 Meter Dicke errichtet wurde. Erst danach konnte darauf mit den eigentlichen Mauerarbeiten begonnen werden. Insgesamt zogen sich die Bauarbeiten über zehn Jahre hin, bis 1897 der Bau eingeweiht werden konnte.

Kohleflöze und Bergbau

In den oberen Gesteinsschichten fanden sich nach der ersten Eiszeit zahlreiche Torflinsen mit Pflanzen- und Tierresten. Im Laufe der Zeit schoben sich immer wieder neue Schichten über die bereits abgelagerten Materialien und erhöhten so jeweils den Druck, was über die Jahrtausende zur »Inkohlung« führte, wie die Fachleute sagen. Auf diese Weise bildete sich eine Braunkohle führende Schicht, die sich bis heute durch das gesamte Stadtgebiet zieht. Unter dem Stadtteil Wandsbek liegt sie beispielsweise in einer Tiefe von rund 180 Metern. Etwas tiefer findet man sie unter dem Stadtteil Horn, wo sie etwa 320 Meter unter der Erde verläuft. Allerdings beträgt die Stärke der nutzbaren Flöze an der dicksten Stelle nur 10 Meter, so dass ein Abbau nicht lohnte. Doch zu Zeiten des Ersten Weltkrieges sah man das ganz anders. Als man im Jahre 1917 in Harburg bei der Anlage eines Brunnens auf ein etwas stärkeres Vorkommen stieß, erschien eine Förderung durchaus sinnvoll, weshalb von 1919 bis 1922 auf Hamburger Stadtgebiet tatsächlich 50 000 Tonnen Kohle gefördert wurden. Sie diente vor allem zur Befeuerung der Kesselanlagen der Phoenix Gummiwerke AG in Harburg.

Reste der ehemaligen Bergwerksanlage finden sich noch heute im Wald bei Hausbruch am Ehestorfer Heuweg. Die unterirdischen Stollen von »Robertshall« sind inzwischen aber nahezu vollständig mit Sand verfüllt worden. (Ein Modell des Bergwerks befindet sich im Helmsmuseum in Harburg.) Man schätzt, dass auf einer Fläche von etwa 100 000 Quadratmetern heute noch cirka 280 000 Tonnen Braunkohle lagern, deren Abbau allerdings gegenwärtig nicht rentabel ist.

Bergwerk »Robertshall« südlich der Elbe in den Harburger Bergen (Aufnahme von 1922).

Eingestürzte Stollen östlich des Ehestorfer Heuweges, die inzwischen mit Wasser vollgelaufen sind.

Trinkwasser aus dem Untergrund

Die im Hamburger Stadtgebiet vorhandenen Gesteinsschichten sind nicht nur salz- und kohlehaltig, sondern gelten wegen ihrer Vielschichtigkeit auch als gute Grundwasserleiter. Sechs derartige Grundwasserleiter, die bis zu zwei Millionen Jahre alt sind, haben für die Versorgung der Stadt Bedeutung. Die ersten liegen bereits einige Meter unter der Erdoberfläche, die mittleren finden sich bei etwa 100 Metern, die tiefen reichen von 200 bis zu 500 Metern hinab. Diese Wasser führenden Schichten zählen zu den ergiebigsten in ganz Europa, weshalb Hamburg sich auch den Luxus leisten kann, seine Trinkwasserversorgung ganz mit Grundwasser zu bestreiten, während viele andere Großstädte mit Uferfiltrat der Flüsse und gereinigtem Brauchwasser arbeiten müssen. Allerdings ist in Hamburg nicht jedes förderbare Grundwasser auch für die Trinkwasserversorgung geeignet, denn einige Schichten führen an Salzstöcken vorbei und sind daher entsprechend belastet. Ein älterer Grundwasserleiter an der südlichen Geestkante beispielsweise (in der Nähe der U-Bahnstrecke nach Billstedt) ließ das Wasser stark salzhaltiger werden, dass es nicht mehr genutzt werden kann. Bei Brunnenbohrungen muss daher immer darauf geachtet werden, dass die Salzwasserschichten nicht zu stark in Bewegung geraten und die Qualität des nutzbaren Wassers beeinträchtigt wird, denn im Untergrund existieren vielfältige, nicht sichtbare Verbindungen durch Wasseradern.

Beim Begriff Wasseradern denken viele gleichsam an unterirdische Flüsse, die klare »Ufer« haben, doch im Großraum Hamburg sind zumeist mehrere Grundwasserstockwerke miteinander in Verbindung. Die Sperrschichten dazwischen bilden keine durchgängige Trennung. Oberirdische Schadstoffeinflüsse können daher im ungünstigsten Fall auch die tiefen Schichten beeinträchtigen. Andererseits ermöglicht die Bodendurchlässigkeit auch die Grundwasserneubildung. Niederschlagswasser, das nicht verdunstet oder durch die Wurzeln der Pflanzen aufgenommen wird, bereichert die Grundwasserschichten. Dies ist unter anderem im Harburger Raum, südlich der Stader Straße, nachgewiesen worden, wie auch nördlich der Elbe im Raum von Blankenese/Osdorf und

Probebohrungen für Brunnen zur Versorgung der Hamburgischen Walddörfer (um 1930).

bei Poppenbüttel. Zur Messung der Grundwasserstände, die seit 1961 systematisch erfolgt, betreibt die Hamburger Umweltbehörde ein über das gesamte Stadtgebiet verteiltes Netz von derzeit 890 Messstellen. Hinzu kommen noch die 2100 Messstellen der Hamburger Wasserwerke, von denen sich rund die Hälfte auf das Hamburger Stadtgebiet verteilt. So können sowohl die Auswirkungen natürlicher Veränderungen, beispielsweise durch Niederschlag, als auch unnatürliche Einflüsse erkannt werden, gegen die dann sofort eingeschritten wird.

Zu den Eigenheiten Hamburgs gehört das artesische Grundwasser. Als man begann, die ersten Brunnen zur Trinkwasserversorgung zu bohren, konnte man an mehreren Stellen im Stadtgebiet beobachten, dass durch die vorherrschenden unterirdischen Druckverhältnisse das Wasser von selbst an die Oberfläche gedrückt wurde und aus den Bohrlöchern regelrecht hervorschoss. Das erfreute die Brunnenbauer, denn so konnte man sich das Hochpumpen ersparen. Doch mit den Jahrzehnten haben sich die Druckverhältnisse verändert, denn je mehr Wasser entnommen wurde, desto geringer wurde der Druck. Allerdings ist seit den 1970er Jahren durch Rücknahme der Fördermengen wieder verstärkt artesisches Grundwasser anzutreffen, worüber sich manche Bauherren keineswegs besonders freuen, da das »aggressive Grundwasser« leicht Baugruben zerstören und Fundamente unterspülen kann.

Damit Bauherren, Architekten und Gutachter nicht gänzlich unvorbereitet sind, gibt es in Hamburg seit 1948 das Geologische Landesamt (zuvor ein Institut der Hamburger Universität), das Informationen über den Untergrund zentral sammelt, dokumentiert und bewertet. An diesem Ort kann man auf die Erkenntnisse aus über 300 000 Bohrungen zurückgreifen. Wer sich auf den schwierigen Untergrund von Hamburg einlassen will, ist gut beraten, sich hier fachmännischen Rat zu holen.

Die Tragfähigkeit des Untergrundes am nördlichen Elbufer in Övelgönne wird mit einem Probesenkkasten überprüft. Seine Form entspricht der eines Brückenpfeilers der geplanten Elbhochbrücke im Maßstab 1:10 (1939).

Bei Bohrungen in Großhansdorf treten artesische Quellen hervor (um 1930).

Brunnen, Grabkammern und Brauereikeller

Erste Bauten in der Tiefe

Wo die Unterläufe der Flüsse Alster und Bille in die Elbe fließen, entwickelte sich um das Jahr 700 eine kleine Fischer-, Kaufmanns- und Handwerkersiedlung zugewanderter Sachsen. In den folgenden Jahrzehnten entstand dort auch eine kleine Festungsanlage zum Schutz vor den Nordstämmen. Abgeleitet vom altsächsischen »Ham« (Gelände am Fluss) erhielt sie den Namen Hammaburg, woraus sich später dann Hamburg entwickelte. Zunächst lebten dort nur etwa 40 bis 50 Personen, doch im Jahr 831 erfolgte der Bau einer zweiten, größeren Festungsanlage, zu der auch eine Missionskirche für Norddeutschland und Skandinavien gehörte, die allerdings 845 von den Wikingern zerstört wurde.

Bis zum Jahr 1035 wuchs die Siedlung auf etwa 400 bis 500 Einwohner an, es entstanden die ersten steinernen Gebäude. Der Wehr- und Wohnturm des Bischofs gilt als die früheste bisher nachgewiesene steinerne Befestigung nördlich der Elbe. Daneben entstand zusätzlich ein Brunnenturm mit einem Durchmesser von 4,50 Metern, der 4,20 Meter in den Untergrund reichte. Auf diese Weise wäre die Festungsanlage des Missionszentrums auch bei einer längeren Belagerung stets mit frischem Wasser versorgt gewesen. Der Brunnenturm wurde später wieder abgetragen, doch seine Grundmauern blieben im Untergrund erhalten und wurden 1962 im Zuge von Bauarbeiten zufällig freigelegt. (Die Reste können heute in einem unterirdischen Museum an der Straße Speersort besichtigt werden.)

1962 wurden bei Bauarbeiten am Speersort (Ecke Kreuslerstraße) die Grundmauern des alten Bischofsturms aus dem Jahr 1040 freigelegt.

1189 erhielt Hamburg Hafen- und Marktrecht, 1195 wurde die erste Pfarrkirche St. Petri geweiht. Den Kirchhof nutzte man als Begräbnisplatz, genau wie an der Gertrudenkapelle (nördlich der heutigen Mönckebergstraße), wo man ab 1350 die Toten beerdigte. Die reichen Bürger des Mittelalters fanden ihre letzte Ruhestätte in den Gewölbekellern unter den Kirchen. Diese verborgenen Kammern (Krypten) stellen die erste gezielte bauliche Nutzung des Hamburger Untergrundes dar. Die heute bekannteste Krypta befindet sich in den unterirdischen Gewölben der St.-Michaelis-Kirche in der Hamburger Neustadt. Hier war in der Mitte des 17. Jahrhunderts eine erste Kirche entstanden, doch erst beim Wiederaufbau nach einem verheerenden Brand im Jahre 1750 ließ Baumeister Georg Sonnin eine unterirdische Begräbnisstätte als Geldquelle anlegen. Der Verkauf der Grabstätten in der Krypta des »Michels« finanzierte seinerzeit den Wiederaufbau der Kirche mit. Insgesamt wurden damals 2145 Grabstätten geschaffen, die im Boden unterhalb des barocken Gewölbekellers liegen. In diese, bis zu vier Meter tiefen, gemauerten

Links: **Der »Geheimgang« in der Krypta der St.-Michaelis-Kirche ist seit 2007 für die Öffentlichkeit zugänglich.**
Rechts: **Grab von Carl Philipp Emanuel Bach in der Krypta der St.-Michaelis-Kirche.**

Grabkammern passen mehrere Särge übereinander. Zur Oberfläche hin sind die Kammern mit Sandsteinplatten abgeschlossen, deren Inschriften die Namen der dort begrabenen Persönlichkeiten zieren. Hier fanden beispielsweise der Hamburger Musikdirektor Carl Philipp Emanuel Bach (gestorben 1788) und der Baumeister Sonnin selbst (1794) ihre letzte Ruhestätte. Beerdigt ist hier auch Johann Mattheson, der sich mit dem Komponisten Georg Friedrich Händel im Jahr 1704 auf dem Gänsemarkt duellierte und ihn dabei um ein Haar getötet hätte.

Mit dem Wachstum der Städte konnten die Kirchhöfe und unterirdischen Begräbnisstätten nicht mithalten, weshalb zum Ende des 18. Jahrhunderts in Deutschland eine Welle von Friedhofsverlegungen einsetzte. Die Toten wurden zumeist aus den Städten verbannt. So entstanden auch in Hamburg zwischen 1793 und 1805 jenseits der Stadtmauern mehrere neue Friedhöfe. Die vier Hauptkirchen Hamburgs legten gemeinsam einen neuen Friedhof vor dem Dammtor an. Die fünfte Hauptkirche, St. Jakobi, nutzte ein Gelände vor dem Steintor, wo bereits zuvor schon Pestopfer, Selbstmörder, Hingerichtete, Andersgläubige und Ehebrecher beerdigt worden waren. Mit Beginn der französischen Besatzung 1806 wurde dann das Begräbnis innerhalb der Stadtmauern vollständig verboten. Dies betraf auch die unterirdischen Gewölbe der Kirchen. Allein in der Michaeliskirche waren bis zu diesem Zeitpunkt 2425 Menschen beigesetzt worden.

Infolge der industriellen Revolution setzte ein enormer wirtschaftlicher Aufschwung der Hansestadt ein, was zu einem erneuten Wachstumsschub führte. Der Freihafen entstand, die Bebauung dehnte sich über die Grenzen der Stadt aus, und immer mehr Gemeinden wurden ein Bestandteil Hamburgs. Die Einwohnerzahl verdoppelte sich von 130 000 im Jahr 1800 auf über 260 000 im Jahr 1875. Alsbald befanden sich auch die neuen Friedhöfe vor den alten Stadtmauern wieder mitten im bebauten Gebiet. In den Gräbern lagen die Toten bereits in mehreren Schichten übereinander, es wurde immer tiefer gegraben, der Platz reichte trotzdem nicht aus. Es fiel die Entscheidung für einen neuen, großen Zentralfriedhof, der am 1. Juli 1877 in

Ohlsdorf feierlich eröffnet wurde. Dies brachte aber deutlich längere Transportwege mit sich, weshalb zwischen der Innenstadt (Schweinemarkt) und dem neuen Ohlsdorfer Friedhof 1880 eine erste Pferdeomnibuslinie ihren Betrieb aufnahm. Bei der großen Choleraepidemie von 1892 setzte man zusätzlich Möbelwagen für den Massentransport der Toten nach Ohlsdorf ein. Die zahlreichen Friedhofsbesucher forderten alsbald eine bessere Erreichbarkeit der großen Anlage, was zur Schaffung einer Bahnlinie im Sommer 1906 führte.

Allmählich verschwanden die innerstädtischen Friedhöfe. Am Dammtor, wo noch bis 1895 bestattet wurde, befindet sich mittlerweile die Hamburg-Messe, auf dem Gelände des einstigen St.-Jakobi-Friedhofes am Steintor steht seit 1906 der Hamburger Hauptbahnhof. Die Krypta des Michels ist während des Zweiten Weltkrieges in einen Schutzraum vor Bombenangriffen umgewandelt worden, wozu zwischen den Stützpfeilern zusätzliche Splitterschutzwände eingezogen wurden. Bis zu 2000 Menschen fanden hier einen sicheren Unterschlupf. Selbst als noch im März 1945 mehrere Sprengbomben die Kirche trafen, wurde von den Menschen in der Krypta niemand ernstlich verletzt. Nach dem Ende des Krieges diente das Gewölbe unter anderem als Abstellraum, einzelne Teile nutzte man zeitweilig für kleinere Ausstellungen. Vor einigen Jahren hat man dieses Stück Hamburger Geschichte jedoch wiederentdeckt. Die Splitterschutzwände wurden entfernt und im April 2004 sechs historische Grabkammern wissenschaftlich untersucht. In den teilweise komplett erhaltenen Särgen fanden sich außerordentlich gut konservierte Kleidungsstücke. Inzwischen nutzt die Kirche das Gewölbe als Räumlichkeit für Konzerte und Teile davon für eine Dauerausstellung.

Über viele Jahrhunderte nutzten die Hamburger den Untergrund auch als Kühlraum. Zu Zeiten, da Temperaturen von 20 Grad unter Null noch keine Seltenheit waren, wurde an den kältesten Tagen im Winter in den Seen und Teichen der nahen Umgebung Eis gesägt oder geschlagen und in dafür vorgesehene Keller gebracht. Dies waren zumeist große, gewölbeartige Räume, in denen sich das Eis über viele Monate halten konnte, ohne zu schmelzen. In den milden Wintern ließ man das Eis per Schiff aus Skandinavien kommen. Viele Gutsherren verfügten über solche Kühlräume, in denen sie beispielsweise das Wildfleisch für ihre rauschenden Feste lagerten. Den größten Nutzen hatten allerdings die Brauereien, die seit dem Mittelalter rund um Elbe und Alster zahlreich entstanden waren. Im norddeutschen Raum war es schon frühzeitig üblich, mit Freunden oder Bekannten ein Wirtshaus aufzusuchen, denn dort zahlte jeder selbst, während man zu Hause seine Gäste freihalten musste.

So gab es beispielsweise in dem kleinen Städtchen Bergedorf, damals noch vor den Toren Hamburgs, um 1608 allein neun Brauereien, deren Anzahl über 300 Jahre nahezu konstant blieb. Sie alle verfügten über Eiskeller, ohne die eine Brauerei nicht arbeiten konnte. Die Bierwürze, ein Sud aus Malzschrot und Hopfen, musste bei Kellertempe-

Beim U-Bahnbau am Messberg stieß man 1958 auf jahrhundertealte Skelettteile.

Eingang zum Eiskeller der Actien-Bier-Brauerei in Hamburg-Bergedorf (Baujahr 1864).

Die Bewohner der oberirdischen Wohnanlage benutzen einen Teil der Gewölbekeller als Abstellräume.

Der Eiskeller der Actien-Bier-Brauerei wurde im Zweiten Weltkrieg als unterirdische Produktionsanlage »Matthilde« genutzt.

ratur zusammen mit der Bierhefe in großen Bottichen in Ruhe ausgären, wollte man einen guten Geschmack erreichen. Nach etwa acht Tagen wurde das Jungbier in Lagerfässer umgefüllt, in denen es noch acht bis zwölf Wochen nachgären konnte. Bei zu hohen Temperaturen drohte das Gebräu schlecht zu werden. Bei etwa einem Grad über dem Gefrierpunkt lag die ideale Gärtemperatur.

Einer der größten Eiskeller auf Bergedorfer Gebiet gehörte der Actien-Bier-Brauerei, die ab 1863 im Billetal unweit der Bahnlinie Hamburg – Berlin entstand. Nicht nur das Wasser des angrenzenden Flusses war optimal zum Brauen, sondern auch der Eiskeller im trockenen Untergrund des Geesthanges. Direkt darüber entstand die eigentliche Brauerei. In der Nähe legte man noch drei Brauereiteiche an, aus denen im Winter Eis gewonnen werden konnte. Dies war rentabler, als maschinell erzeugtes Eis zu kaufen, das ab etwa 1885 angeboten wurde.

Auf den stabilen Gewölbekellern entstanden ab 1984 moderne Wohnanlagen.

Berühmt wurde die Actien-Brauerei, als sie nach der Übernahme durch den Verein der Hamburg-Altonaer-Gastwirte 1874 begann, das »Bergedorfer Lager Beer« zu produzieren und in die ganze Welt zu verschiffen. 1914 wurde die Bergedorfer Anlage dann von der Hamburger Holsten-Brauerei übernommen, die den Konkurrenzbetrieb kurze Zeit später stilllegte. Die Marke blieb jedoch für den Export erhalten, und noch heute zieren Bilder der alten Bergedorfer Brauerei die Etiketten der Flaschen, die nun in Afrika und Osteuropa zu kaufen sind.

Während des Zweiten Weltkrieges begann der Ausbau des Eiskellers zu einer unterirdischen Produktionsanlage mit dem Codenamen »Matthilde«. Davon zeugen noch die Feldbahnschienen im Betonboden der Transporttunnel. Es ist heute allerdings nicht mehr nachzuweisen, ob hier jemals etwas produziert wurde. Teile der Anlage sollen der Bevölkerung jedoch als Luftschutzbunker zur Verfügung gestanden haben.

Nachdem die oberirdischen Brauereigebäude im Jahre 1965 einem Feuer zum Opfer gefallen waren, entstand auf dem Gelände über den alten, stabilen Mauern des Eiskellers um 1984 eine Wohnanlage, deren Bewohner die unterirdischen Räume teilweise als Tiefgarage nutzen.

Elbaale im Waschbecken

Die Wasserversorgung einer aufstrebenden Metropole

Bis vor 200 Jahren stellte die Versorgung Hamburgs mit sauberem Trinkwasser ein ausgesprochenes Problem dar. Die Reichen leisteten sich einen Wasserträger (»Hummel«), der das Frischwasser über Kilometer heranschleppte. Geholt wurde es von öffentlichen Brunnen, wenn es die Lage im Stadtgebiet erlaubte. Doch in den niedrig gelegenen Stadtteilen und am nördlichen Hafenrand gab es keine Brunnen mit genießbarem Wasser. Hier schlossen sich vermögende Kaufleute zu Brunneninteressengemeinschaften zusammen und ließen das Frischwasser aus den Quellen der Umgebung über eigens dafür installierte Feldbrunnenleitungen heranschaffen. Im 16. und

Wohnküche einer Arbeiterwohnung im Rademachergang (Ende des 19. Jahrhunderts).

Bei Tiefebbe stanken die abgelaufenen Fleete im 19. Jahrhundert fürchterlich; hierhin wurden die Fäkalien entsorgt.

Der Große Bäckergang im Gängeviertel der Hamburger Altstadt, 1892. Hier lagen die Toiletten außerhalb der Häuser (rechts).

17. Jahrhundert waren zudem drei Alsterwasserkünste entstanden, die das Frischwasser über eigene Schöpfwerke aus der Alster (Nebenfluss der Elbe) und ihren umliegenden Gräben (Fleeten) gewannen. Diese Pumpwerke befanden sich in Privateigentum und waren in der Innenstadt am Graskeller, am Niederdamm und am Oberdamm positioniert und führten über ein eigenes Leitungsnetz das Frischwasser ihren Kunden zu. Die Ärmsten der Armen mussten sich dagegen an den öffentlichen Wasserstellen bedienen, wo auch gleich gebadet und die Wäsche gewaschen wurde. Bis weit in das 19. Jahrhundert hinein hatten viele Hamburger Wohnungen keine eigenen Wasseranschlüsse.

Probleme mit dem Abwasser

Das Wasser, das auf unterschiedlichen Wegen in die Stadt hineinkam, musste verbraucht auch wieder abgeführt werden. Doch dafür gab es anfänglich kein System. Vielerorts wurde das Schmutzwasser kurzerhand in die Fleete gekippt, aus denen andernorts das Frischwasser bezogen wurde. In einigen Teilen der Innenstadt gab es hinter den Häusern auch die sogenannten Hasenmoore – Rinnen aus Holz, ohne jegliche Spülung, deren schmutziger Inhalt sich irgendwo in Schlammlöcher oder -gräben ergoss.

Die Reichen der Stadt ließen ihre Abfälle und Exkremente seit dem frühen 17. Jahrhundert über sogenannte

Der Große Brand von 1842 zerstörte etwa 20 Prozent der Häuser von Hamburg.

Kummerwagen entsorgen, eine Art Vorläufer der heutigen Müllabfuhr. Verurteiltes Gesindel, meist Stadtstreicher und Tagediebe, mussten den eingesammelten und oftmals übelriechenden Unrat mit einer Karre aus der Stadt herausfahren. Ein Hamburger Arzt hatte 1609 erstmals die Organisation eines solchen Entsorgungsbetriebes durchgesetzt.

Im gleichen Jahrhundert entstanden auch die ersten Interessensiele, unterirdische Abwasserkanäle einfacher Bauart, die von privaten Interessengemeinschaften errichtet und betrieben wurden. Jedoch mündeten auch diese zumeist in die offenen Gewässer der Stadt. Im Sommer stank Hamburg regelrecht zum Himmel. Besonders in der Altstadt, im Gängeviertel und im Gebiet der heutigen Speicherstadt herrschten unzumutbare Lebensbedingungen. Regelmäßige Pest- und Choleraepidemien suchten Hamburg heim und dezimierten die Bevölkerung.

Um der Lage Herr zu werden, erließ der Senat in der Zeit der französischen Besatzung (1806–1814) eine Verfügung, die die Verschmutzung des Wassers unter Strafe stellte:

»1. Unreinigkeit aus seiner Wohnung auf die Straße oder öffentliche Plätze zu gießen oder zu werfen bey 1 Rthlr. Strafe für jeden Contraventionsfall.

2. Mit gleicher Strafe sollten diejenigen belegt werden, die sich ihrer Unreinigkeit, es sey bey Nacht oder Tage, an den Mauern oder Planken entledigen, und werden die Eltern erinnert, ihre Kinder von solcher ekelhaften Unsauberkeit ernstlich abzuhalten.

3. In die Fleete und Canäle darf niemand Stroh oder anderen Unrath werfen, bey 2 Rthlr. Strafe.«

Da es jedoch keine praktischen Alternativen für die Abwasserentsorgung gab, blieb die Verordnung weitgehend wirkungslos.

Nach der Brandkatastrophe: Das erste Foto Hamburgs aus dem Jahre 1842 mit Blick vom Jungfernstieg auf die Alster.

Eine Brandkatastrophe und ihre Folgen

Wegbereiter der Hamburger Infrastruktur: William Lindley (1808–1900).

In der Nacht vom 4. auf den 5. Mai 1842 brach um etwa ein Uhr früh in einem Speicher des Zigarrenmachers Cohen in der Deichstraße Nr. 44 ein Feuer aus. Obwohl Hamburg zu dieser Zeit noch Nachtwächter hatte, die das Feuer auch schnell entdeckten und meldeten, gelang es den herbeigerufenen Spritzenleuten nicht, das Feuer zu löschen. Schlimmer noch, es griff auf die Nachbarhäuser über und weitete sich vom Nikolaifleet nach Norden, Osten und Westen aus, erfasste schließlich sogar die Nikolai- und Petrikirche sowie das Rathaus.

Das Feuer wütete bis zum 8. Mai. Dabei kamen 51 Menschen ums Leben, 130 Verletzte waren zu beklagen, schätzungsweise 20 000 Menschen wurden obdachlos, und über 1700 Häuser fielen den Flammen zum Opfer. Zwischen Gänsemarkt, Gertrudenkapelle, Binnenalster und

Elbe wurde mehr als ein Viertel der damaligen Stadtbebauung zerstört. Die Schöpfwerke der Wasserversorgung fielen dem Brand genauso zum Opfer wie die Wassermühle an der Alster. Was den Brand im Hause Cohen auslöste, wurde nie ermittelt.

Den Neuaufbau nutzten die Hamburger Stadtväter, um das Gebiet der inneren Stadt umzugestalten und zu modernisieren. Eine Technische Kommission wurde berufen, die andere europäische Erfahrungen studierte und schließlich den englischen Ingenieur William Lindley mit den Umbauplanungen beauftragte. Er sollte sich vor allem um die Verbesserung der hygienischen Bedingungen und der Infrastruktur kümmern. Lindley sorgte alsbald für das erste zentrale städtische Versorgungs- und Kanalisationsnetz auf dem europäischen Festland. Damit konnten nicht nur bessere gesundheitliche Bedingungen geschaffen werden, sondern es entstand zugleich ein Löschwassernetz mit unzähligen Hydranten, um eine ähnliche Brandkatastrophe ein für allemal zu verhindern. In den nachfolgenden Jahrzehnten wurde dieses System mit dem Aufbau von rund 1000 Feuermeldern unterstützt, die unterirdisch über ein eigenes, 800 Kilometer langes Telefonnetz mit den Feuerwehrwachen der Stadt verbunden waren.

Bis 1848 wuchs das Wasserversorgungsnetz auf 62 Kilometern Länge. Innerhalb von nur drei Jahren kamen auch über 11 Kilometer unterirdische Abwasserkanäle, sogenannte Transportsiele, hinzu. Das größte verlief auf dem Gelände der alten Stadtmauer auf dem Geestrücken

Bau des Geeststammsiels im Jahr 1872.

bis zur Elbe. An den Landungsbrücken wurde am Strom elbabwärts in der Nähe der westlichen Stadtgrenze ein Pumpwerk errichtet, von wo aus die Abwässer (zunächst ungeklärt) in die Elbe geleitet wurden. Eine damals herausragende technische Neuerung. Das befand auch der technisch interessierte Kronprinz und spätere kurzzeitige preußische Kaiser Friedrich der Dritte, als er zusammen mit seinem Sohn und Gefolge im Jahr 1877 per Boot das Geest-Stammsiel befuhr und sich wiederholt über die »verhältnismäßige Reinheit der Luft, welche die Nase kaum beleidigte«, wunderte. Ab dem Düker an der Lombardsbrücke, einem Abwassersiel mit Gefälle, ging es über mehrere Kilometer bis zum Hafenrand. Seinem Sohn und Nachfolger Wilhelm II. wollte man übrigens bei einer

Ausgang aus der Unterwelt: Zugang zum Siel am Baumwall (um 1906).

Schnittzeichnung durch den Untergrund am Baumwall. Die abgebildete Sielanlage wurde bereits beim Bau (um 1904/05) an die statischen Anforderungen eines Hochbahnviadukts angepasst, das heute direkt über dem Siel verläuft.

Cholera-Baracken auf einem Krankenhausgelände in Hamburg, 1892.

Bis 1939 befanden sich südlich der Lombardsbrücke noch zwei Anleger der Alsterschifffahrt. Unterhalb der Brücke verläuft der Alsterdüker, der jedoch nicht mehr in Betrieb ist.

Vom ehemaligen Dampfbootwartezimmer gelangt man zum Düker unter der Lombardsbrücke.

ähnlichen Fahrt im Jahre 1904 nicht zumuten, durch einen Sieldeckel zu kriechen – eigens für ihn baute man am Baumwall einen Ausgang aus dem Untergrund. Dieses Gebäude existiert noch heute.

Ungefiltertes Leitungswasser

Mit dem neuen Kanalisationssystem, das in den Folgejahren systematisch ausgebaut wurde, verbesserten sich die hygienischen Bedingungen ab 1850 spürbar. Die Häuser der besseren Gegenden erhielten einen direkten Wasser- und Abwasseranschluss bis in jede Wohnung hinein, in den einfacheren Gegenden gab es Gemeinschaftsanschlüsse und öffentliche Badehäuser wie beispielsweise am Schweinemarkt. Hamburg erhielt ein leistungsstarkes Wasserwerk in Rothenburgsort, von dem aus nun die Versorgung der Stadt mit Elbwasser erfolgte – vorerst allerdings vollständig ungefiltert. Daher erscheint es nicht verwunderlich, dass um 1876 sogar kleinere Aale im Frischwasser gesichtet wurden. Der spätere Mitbegründer des Naturhistorischen Museums am Steintorwall, Dr. Karl Kraepelin (1848–1915), verfasste daraufhin einen spöttischen Reim auf das Hamburger Trinkwasser:

> Vom Tier im Hamburger Wasserrohr
> da kommen 16 Arten vor:
> ein Neunaug, Stichling und ein Aal,
> drei Würmer leben in dem Strahl,
> drei Muscheln und drei träge Schnecken
> sich mit der muntern Assel necken.
> Ein Schwamm, ein Moostier, ein Polyp,
> die dringen lustig durch das Sieb.
> An toten Tieren kommen raus
> der Hund, die Katze und die Maus.
> Noch nicht gefunden sind Malheur,
> der Architekt und Ingenieur!

1886 sichtete man im Leitungsnetz über 40 unterschiedliche Lebewesen. Teilweise waren diese mikroskopisch klein, aber die größeren von ihnen führten immer wieder zu Problemen. Der Aal etwa, der sich damals massenhaft in der Elbe tummelte und an den Schöpfstellen von den Pumpen angesaugt wurde, fand sich in vielen Ansaugstutzen der Hamburger Feuerwehr wieder, weshalb diese ab

1890 ihre Dampfspritzen mit speziellen Sieben ausstatten ließ. 1891 begann dann der Bau eines modernen Filterwerkes auf der Billwerder Halbinsel. Ab Mai 1893 versorgte das dortige Elbwasserwerk Kaltehofe die Stadt für viele Jahrzehnte mit Trinkwasser.

Wie sich mitten im Baugeschehen aber herausstellte, hatte man zu lange gewartet. 1892 kam es erneut zu einer Choleraepidemie, der bis dahin schwersten der Stadtgeschichte. Es gab mehr als 8000 Tote in allen Stadtteilen. Die Menschen begannen zu flüchten und verschleppten so die Cholera in über 30 weitere Orte in ganz Deutschland. Eine Untersuchung ergab, dass ein Verbreitungsherd das alte Wasserwerk in Rothenburgsort war. Infolge der Flutbewegung, besonders bei starkem Wind, kam es hier zu einem Rückstau des verunreinigten Hafenwassers, das dann von der Schöpfstelle aus weitgehend ungefiltert in die Versorgungsleitungen gepumpt wurde.

Und noch etwas förderte die Untersuchung zutage: An der Stadtgrenze zu Altona, das damals noch eigenständig und nicht eingemeindet war, gab es in den Grenzstraßen auf der Hamburger Straßenseite wesentlich mehr Cholerafälle als auf der Altonaer Seite. Ausschlaggebend war die Wasserversorgung, denn Altona hatte ein von Hamburg unabhängiges Trinkwassersystem, in dem bereits seit 1859 das Elbwasser gefiltert wurde. Weitgehend verschont blieben auch jene Anstalten, Kasernen und Fabriken, die ihr

Bootsfahrt mit Journalisten durch die Kanalisation im Jahr 1904.

Wasser aus eigenen artesischen Brunnen bezogen. Hamburg hatte dringenden Handlungsbedarf.

Die Stadtväter berieten, wie man eine erneute Epidemie verhindern konnte. Gesetze zur Verbesserung der Hygiene wurden erlassen, ganze Stadtgebiete wie das Gängeviertel saniert, eine Müllverbrennungsanlage auf dem Hammerbrook errichtet. Das Elbwasser bekam Hamburg fortan nur noch als Uferfiltrat aus der neuen Anlage in Kaltehofe. Allerdings blieben andere Probleme mit der Flusswasserversorgung verbunden. Im Vergleich zu Quellwasser roch das Elbwasser im Sommer muffig, zumal es mit einer Temperatur von etwa 20 Grad Celsius aus der Leitung kam, wohingegen es im Winter so kalt war, dass Vereisungsgefahr in den Leitungen bestand. Viele behalfen sich damit, dass sie in den Wohnungen das Wasser einfach laufen ließen.

Ab 1905 ging man dann dazu über, das Elbfiltrat immer mehr durch Grundwasser der Brunnen aus dem Raum Billwerder-Moorfleet zu ersetzen, was die Wasserqualität deutlich verbesserte. Anfang der 1930er Jahren kamen weitere Grundwasserwerke in und um Hamburg hinzu, so dass der Grundwasseranteil im Hamburger Trinkwasser von 9,4 %, auf 33,2 % im Jahr 1931 stieg und sich bis 1937 durch die Inbetriebnahme der Wasserwerke Großensee (1934) und Stellingen (1936) auf 99 % erhöhte. Die vollständige Versorgung mit Grundwasser aus Tiefbrunnen wurde – verzögert durch den Zweiten Weltkrieg und den stark steigenden Wasserverbrauch in der Nachkriegszeit – erst um 1964 erreicht.

Die Hamburger Katastrophen des 19. Jahrhunderts haben letztlich entscheidend dazu beigetragen, dass die Hansestadt eines der modernsten Wasserver- und -entsorgungssysteme in ganz Europa erhalten hat, womit auch der Bau vieler unterirdischer Kanäle und Pumpstationen verbunden war, die inzwischen im gesamten Stadtgebiet zu finden sind.

Ein Fliegerangriff verursachte starke Schäden an der Kanalisation am Berliner Tor, 1944.

Der Schellfischtunnel von Altona

Eisenbahnanschluss für den Fischereihafen

Der Untergrund wurde im 19. Jahrhundert nicht nur für die Kanalisation, sondern auch für den Verkehr interessant. Der erste Tunnel entstand in der Hamburger Nachbarstadt Altona, die seit dem Groß-Hamburg-Gesetz von 1938 Bestandteil der Hansestadt ist. Von 1640 bis zum Deutsch-Dänischen Krieg (1863/64) hatte Altona als Bestandteil des Herzogtums Holstein unter dänischer Verwaltung gestanden. In dieser Zeit war ein bedeutender Fischereihafen entstanden, der seit 1843 über einen eigenen Eisenbahnanschluss verfügte. Dieser lag damals an der Straße Palmaille oberhalb des Elbhangs und hatte ein Handicap. Da sich der Altonaer Hafen unterhalb des Elbhangs befand, musste zum Erreichen der Gleise ein Höhenunterschied von rund 30 Metern überwunden werden, wozu in dänischer Zeit zunächst eine Rampe mit 15-prozentiger Steigung installiert wurde, im Volksmund »schiefe Ebene« genannt. Die Güterwagen mussten auf »Schlitten« genannte Rollböcke umgesetzt werden, die man dann mit einer Seilwinde den Hang über eine Strecke von 210 Metern hochzog – anfangs durch Pferde, später mit Dampfkraft angetrieben. Oben angekommen, erfolgte der Weitertransport der Güter über die Ostseebahn, deren Strecke von Altona aus quer durch Schleswig-Holstein nach Kiel führte.

Da hatte es die Konkurrenz in Hamburg und Glückstadt leichter, weshalb nach Übernahme von Altona in preußi-

Güterverladestelle im Kohlen- und Fischereihafen von Altona (1924).

sche und ab 1871 in deutsche Verwaltung die Modernisierung der Verkehrsanschlüsse vorangetrieben wurde. Dazu gehörten die Erweiterung des Hafens 1872 in Richtung Neumühlen genauso wie der Bau eines rund 400 Meter langen, eingleisigen Tunnels für eine direkte Verbindung der Eisenbahnquais mit dem Altonaer Bahnhof der Ostseebahn. Es war eine technische Meisterleistung jener Zeit, denn die Trasse verlief nicht nur in einer Kurve, sondern hatte auch eine Steigung von fast 28 % zu überwinden. Es wurde sowohl untertage in bergmännischer Bauweise als auch obertage gebaut, die Rampe entstand in einem offenen Einschnitt. Am 18. Januar 1876 konnte der Bahnbetrieb aufgenommen werden, die »schiefe Ebene« war danach überflüssig, wurde nur noch gelegentlich genutzt und ging 1879 endgültig außer Betrieb. Die Fahrzeit vom Bahnhof Altona bis zum östlichen Ende des Dampfschiffquais verkürzte sich auf sechs Minuten, obwohl die Fahrgeschwindigkeit bei der starken Steigung nur elf Stundenkilometer betrug. Wie sich schnell zeigte, hatte sich der Bau gelohnt: Die Transportkapazität stieg auf das Zehnfache. Zwei Lokomotiven beförderten im 24-Stunden-Mehrschichtbetrieb bis zu 800 Wagen pro Tag, während mit der schiefen Ebene zuvor nur 50 bis 80 Wagen am Tag bewältigt werden konnten.

Nachdem 1886 der bisherige Betreiber, die private Altona-Kieler Eisenbahn-Gesellschaft in das Eigentum des preußischen Staates übergegangen war, erfolgte ein Ausbau der Bahnanlagen in Altona, wozu ab 1893 ein wesentlich größerer neuer Bahnhof entstand (600 Meter nördlich vom alten an der Palmaille), der am 30. Januar 1898 eingeweiht wurde. Durch die Verlegung des Bahnhofs an seine heutige Stelle musste auch der Tunnel der Altonaer Hafenbahn um über 500 Meter verlängert werden und kam nun auf eine Länge von insgesamt 920 Meter. Der nördliche Endpunkt liegt seitdem östlich der Gleisanlagen des neuen Altonaer Bahnhofs.

Der Transport der Güterwagen durch den Tunnel war bisher durch Dampflokomotiven erfolgt, deren Rauchentwicklung bei einer Tunnellänge von rund 400 Metern kein ernsthaftes Problem darstellte. Das änderte sich bei nahezu doppelter Tunnellänge. Zunächst versuchte man, dem dichten Qualm mit Entlüftungskanäle beizukom-

Verlängerungsbau des Schellfischtunnels in der Altonaer Bahnhofstraße (heute Max-Brauer-Allee), im Jahr 1895.

men, doch half dies wenig, weshalb die Strecke zwischen 1909 und 1911 mit einer elektrischen Oberleitung versehen wurde. Der Strom dafür kam aus dem bahneigenen Kohlekraftwerk an der Leverkusenstraße in Bahrenfeld.

Dem Wachstum von Hafen und Bahnhof stand nun nichts mehr im Wege. Bis zum Beginn des Ersten Weltkrieges entwickelte sich Altona zu Deutschlands größtem Anlandeplatz und Industriestandort für Fisch. Neben Hering, Aal und Scholle war dies vor allem der günstige Schellfisch, weshalb der Tunnel im Volksmund den Namen »Schellfischtunnel« erhielt. Im Jahre 1923 stellte die Altonaer Fischindustrie rund 40 % des gesamten deutschen Bedarfs an Fischkonserven und Räucherwaren her. 1927 gingen allein bis zu 80 % des deutschen Heringfangs und -imports über die Anlagen in Altona. Damit waren die Kapazitäten aber ausgeschöpft, denn Ausbaumöglichkeiten gab es im topografisch beschränkten Hafenraum keine mehr. Der neu eingerichtete Fischereihafen in Cuxhaven, direkt an der Nordsee, überholte Altona schließlich. Dies konnte auch die abschnittweise Erneuerung und Modernisierung des »Schellfischtunnels« zwischen 1933 und 1936 nicht aufhalten, zumal die leistungsstarken Lastkraftwagen zur Konkurrenz wurden, denn sie vermochten es nun, auch in beladenem Zustand die Steigung am Elbhang zu überwinden, und waren zudem schneller und flexibler als die Bahn.

Im Zweiten Weltkrieg erlitt der Hafen schwere Schäden. Die Anlagen wurden 1943 durch Bomben weitgehend zerstört, der Tunnel der Hafenbahn war fortan ein inoffizieller Luftschutzbunker. Nach dem Krieg erfolgte die schrittweise Instandsetzung der Hafenanlagen, doch das Zeitalter der Lastkraftwagen war endgültig angebrochen, der Bahnbetrieb erreichte seine alte Auslastung nicht mehr. Als 1954 der elektrische Betrieb auf der Tunnelstrecke eingestellt werden musste, da der Strom der Hafenbahn aus dem S-Bahnnetz bezogen und dieses von Wechselstrom auf Gleichstrom umgestellt wurde, drohte erstmals das Ende des Tunnelbetriebs. Nach zweijährigem Aufleben der Dampflokzeit kamen Dieselloks zum Einsatz. Gleichzeitig nahm die Transportmenge kontinuierlich ab, wurde die Wirtschaftlichkeit der Bahnanlagen immer geringer. 1976 fiel die Frachtmenge unter 40 000 Tonnen im Jahr, was die Bundesbahn zum Anlass nahm, den mit Hamburg geschlossenen Hafenbahnvertrag aufzukündigen und eine Stilllegung der Strecke zu beantragen. Die Stadt Hamburg

Fischverladung in Neumühlen (1926).

stieg daraufhin ein und übernahm 1978 die Tunnelstrecke und die Anlagen der Hafenbahn. Sie schloss mit der Bundesbahn einen Hafenbahnbetriebsvertrag, wonach Planung, Bau und Erhalt der Hafenbahnanlagen bei der Stadt lagen und die Bundesbahn für die Fahrzeuge, das Personal und den Betrieb zuständig war – allerdings auf Gefahr und Rechnung der Stadt Hamburg. Da immer mehr Kühlfirmen auf Lkws setzten und der Transport sich zunehmend von der Schiene auf die Straße verlagerte, kam 1992 schließlich das Aus. Tunnel und Hafenbahn wurden stillgelegt, das Zeitalter der steigungsreichen Hamburger »Gebirgsbahn« war endgültig vorbei. Der südliche Tunnelmund wurde mit Stahlgittern verriegelt.

Der schwere Transportverkehr auf der Straße oberhalb des Tunnels wurde in der Folgezeit allerdings zu einem Problem, weshalb sechs Jahre später die Gitter wieder geöffnet wurden, um eine Stützsanierung zu beginnen. Das Einbringen von Verstärkungsschichten mit Spritzbeton erwies sich als günstiger, als den Tunnel komplett abzubrechen oder zu verfüllen.

Währenddessen hatte sich am Altonaer Elbufer eine kreative Wohn- und Geschäftsbebauung etabliert. Daher entstand die Idee, den Tunnel für den Personennahverkehr zu reaktivieren, doch wurde dies nach einer Wirtschaftlichkeitsberechnung im April 2005 verworfen. Selbst ein erneuter Vorstoß des Altonaer Bezirksamtsleiters 2006 konnte daran nichts ändern. Ein Gutachten der TU Harburg bestätigte 2007, dass öffentlicher Nahverkehr über die Tunnelstrecke wirtschaftlich nicht zu betreiben ist.

Verkehrstunnel unter der Elbe

Neue Wege für Pferdefuhrwerke und Schwerlasttransporter

Wenn jemand heute von der Hamburger Innenstadt nach Harburg möchte, ist die Elbe kein Hindernis mehr. Man kann sich entscheiden, ob man eine der vielen Brücken oder einen der beiden Tunnel benutzen möchte. Das sah zu Beginn des 19. Jahrhunderts noch ganz anders aus.

So schrieb der Syndikus Sieveking im Jahr 1828: »Der gefahrvollste Teil meiner Reise von Brasilien nach Hamburg war der Übergang über die Elbe von Harburg nach Hamburg über die Insel Wilhelmsburg, den ich teils zu Schiffe, teils auf einem Bauernwagen über Wilhelmsburg, teils zu Fuße zwischen zwei Schiffen auf lange Stangen zu bewältigen genötigt war.«

1868 trat Hamburg dem Staatsvertrag mit Preußen bei, und die Cöln-Mindener Eisenbahngesellschaft erhielt die Konzession für eine Bahnverbindung zwischen Venlo in den Niederlanden und der Hafenstadt Hamburg. Bei der zu bauenden Elbquerung entschied man sich für eine stählerne Eisenbahn- und Straßenbrücke mit imposanten Portalen aus Stein. Die Süderelbbrücke erhielt vier Hauptöffnungen von je 102 Metern Stützweite und die Norderelbbrücke drei von je 100 Metern. Nach mehrjähriger Bauzeit

1813/14 entstand während der französischen Besatzung Hamburgs innerhalb von 83 Tagen eine vier Kilometer lange Jochbrücke über die Insel Wilhelmsburg.

wurde die Strecke, mitsamt den neuen Brücken über die Elbe am 1. Dezember 1872 eröffnet.

Zur gleichen Zeit wurden die Stimmen immer lauter, die eine feste Elbquerung im Gebiet jener Stadtteile forderten, in denen die Hafenarbeiter wohnten. Der erste Vorschlag zum Bau eines Tunnels an der Sternschanze wurde aufgrund »noch fehlenden Bedarfes« abgelehnt. Ein zweiter Plan aus dem Jahr 1882 sah einen Tunnel zwischen dem Großen und dem Kleinen Grasbrook mit Verkehr auf zwei Ebenen vor. Oben sollte der Fußgänger- und Wagenverkehr stattfinden, unten die Straßenbahn fahren. Doch das Vorhaben scheiterte an der Finanzierung, denn das Projekt hätte 26 Millionen Mark gekostet. Die Hafenarbeiter mussten weiterhin den Strom täglich per Ruderboot oder Dampffähre überqueren.

Der Druck auf die Stadtväter wuchs und wurde sowohl durch Eingaben der »Inhaber von Werften und industriellen Etablissements« forciert als auch durch den großen Hafenarbeiterstreik von 1896, der sich unter anderem gegen die unzulänglichen Fährverbindungen richtete.

Die Stadt ließ nun nach einer Lösung suchen, die Elbe zwischen Steinwerder (Blohm & Voss) und St. Pauli zu untertunneln, denn eine Brücke hätte mindestens 55 Meter über dem Wasserspiegel liegen müssen, um auch den Großseglern die Durchfahrt zu erlauben. Riesige Zufahrtsrampen wären auf beiden Seiten notwendig gewesen, damit die Strecke nicht zu steil für die Fuhrwerke würde.

Im Januar 1904 erfolgten die ersten Probebohrungen für das Tunnelprojekt auf der St.-Pauli-Seite, an einem früheren Schuppen der Hamburg-Amerika-Linie, und auf Steinwerder-Seite hinter der öffentlichen Badeanstalt. Zu beiden Seiten sollten an den Mündungspunkten runde, überbaute Schächte entstehen, die man mit sechs Lasten- und vier Personenaufzügen ausstatten wollte, um teure und platzintensive Rampen zu vermeiden. Die Bauzeit war auf zwei bis drei Jahre angesetzt, die Kosten wurden im April 1904 zunächst auf 8,2 Millionen Mark beziffert. Nach der Genehmigung im November 1906 und der Ergänzung der Baupläne nach Wünschen des Stadtparlaments stiegen die Baukosten auf rund 10,7 Millionen Mark. Die geplante Bauzeit verlängerte sich auf vier Jahre.

Elbüberquerung mit Ziehfähren und Schaufelraddampfern (um 1887).

Nach dem ersten Spatenstich am 6. Mai 1907 wurden zunächst auf beiden Elbseiten vertikal zwei Schächte bis zu 28 Meter tief in den Grund getrieben. Dort unten erfolgte dann der horizontale Vortrieb für den Tunnel, der in zwei getrennten Röhren verlief, die jeweils mit zwei Gehwegen und einer dazwischenliegenden Fahrbahn ausgestattet waren. Der Durchmesser jeder Röhre war so bemessen worden, dass dort eine »Kutsche mit aufgestellter Peitsche« problemlos durchfahren konnte.

Bald tauchten die ersten Probleme auf. Dem Bau waren zwar umfangreiche Bodenerkundungen vorausgegangen, aber die unterirdische Wirklichkeit sah dann doch oft anders aus. Befand sich der nördliche Schacht auf der St.-Pauli-Seite noch in fest gelagertem Ton und Mergel, so stieß man ab der Elbmitte bis nach Steinwerder auf wasserdurchlässigen Sand, teilweise sogar auf unberechenbaren Treibsand, durchsetzt mit großen Steinen, Holz-, Kohlen- und Pflanzenresten. Der Boden war dort so wasserdurchlässig, dass Ebbe und Flut in der Tiefe noch deutlich zu spüren waren. Aufgrund der Bodenprobleme wurde der Bau größtenteils unter Druckluft betrieben, um das Eindringen von Wasser zu verhindern. Dies führte nicht nur zu Luftblasen an der Oberfläche, die zur Belustigung der Menschen in der Badeanstalt auf Steinwerder beitrugen, sondern unterirdisch auch zur gefürchteten Pressionskrankheit bei den Arbeitern.

Vertikalschnitt durch einen Fahrstuhlschacht des ersten Elbtunnels (etwa 1911).

Am 2. September 1908 begann auf der Südseite in 28 Meter Tiefe die Ausbetonierung der 4,25 Meter starken Sohle, die einen Grundwasserdruck von 25 Tonnen pro Quadratmeter aushalten musste. Danach konnte ab Januar 1909 von Steinwerder aus mit dem eigentlichen Tunnelbau im Schildvortrieb begonnen werden. Dafür wurden zwei Vortriebsschilde aus Stahl gebaut. Pro Schild sorgten 16 hydraulische Pressen für das Vorankommen, das zwischen 1,50 und 3,25 Meter pro Tag betrug. Sobald wieder ein paar Meter geschafft waren, wurde das Erdreich hinter dem Schild mit gusseisernen Elementen ausgekleidet. Oben an der Wasseroberfläche konnte die Bevölkerung den Fortgang der unterirdischen Arbeiten durch das Austreten der Druckluft gut verfolgen. Als der östliche Tunnel bereits bis auf 32 Meter vor den St.-Pauli-Landungsbrücken lag, stieß man dort auf harten Boden, der nur mit Sprengungen durchbrochen werden konnte, was die Passanten oberirdisch über einige Tage und Nächte an den Landungsbrücken verfolgten.

Zwei Jahre, acht Monate und sieben Tage nach dem ersten Spatenstich war es am 29. März 1910 soweit: Der Osttunnel erreichte die vorbereitete Tunnelmündung an den Landungsbrücken. Bei einem feierlichen Festakt erfolgte die Sprengung der letzten Trennungsmauer. Danach ging es von der St.-Pauli-Seite zum ersten Mal durch den Tunnel. Dabei ließ die Bauleitung einen Wasserhahn im Tunnel kurzzeitig öffnen, um den kolossalen Druck zu zeigen, der auf dem Tunnelbauwerk lastete. Der Elbwasserstrahl ergoss sich mit ungeheurer Wucht drei Meter weit in den Tunnel.

Im stillgelegten Schellfischtunnel der Altoner Hafenbahn (2009).

Oben: **Krypta unter der St.-Michaelis-Kirche.**
Unten: **Ehemalige Weinhandlung in den Gewölben unter der Nikolaikirche.**

Unten: **Gewölbekeller unter der patriotischen Gesellschaft.**

Im Schildvortriebstunnel des zweiten Elbtunnels, 46 Meter unter der Elbchaussee bei Othmarschen (1970).

Oben: **Wartungszugang zum Alsterdüker unter der Lombardsbrücke.**
Unten: **Blick in die östliche Tunnelröhre im alten Elbtunnel von 1911 unter den Landungsbrücken in Richtung Steinwerder.**

Oben: **Zuluftkanal unter der Fahrbahn des Elbtunnels tief unter Othmarschen.**
Unten: **Vier Fahrkörbe für Kraftfahrzeuge und zwei Personenfahrstühle bringen die Nutzer des alten Elbtunnels in St. Pauli an die Oberfläche.**

Oben: **Über 64 Monitore beobachten die Mitarbeiter der Tunnelbetriebszentrale im Stadtteil Bahrenfeld den Verkehr im Elbtunnel.**
Unten: **Leistungsfähige Lüftungsanlagen sichern die Be- und Entlüftung des zweiten Hamburger Elbtunnels zwischen Bahrenfeld und Waltershof.**

Entwurf für eine Elbbrücke als Alternative zur favorisierten Tunnellösung von 1891.

Am 1. Juni 1910 erfolgte dann der Durchbruch des Westtunnels. Es begannen die Ausbauarbeiten in den beiden Röhren. In den Schächten wurden die Fahrstühle eingebaut und die Tunnelwände mit Kacheln ausgekleidet sowie Entwässerungs- und Telefonrohre verlegt. Am 18. Juni 1910 kam Kaiser Wilhelm II. nach Hamburg, um das fast fertig gestellte Bauwerk zu besichtigen. Am 7. September 1911 erfolgte dann die feierliche Eröffnung des ersten Hamburger Elbtunnels. Hunderte Hamburger standen Schlange, um mit einem der insgesamt vier Personenfahrstühle in nur 25 Sekunden hinunterzufahren und dann durch den 426,50 Meter langen Tunnel zu laufen, der in der Mitte 21 Meter unter dem Elbspiegel lag.

Nicht nur in Hamburg wurde der Tunnel als technische Sensation gefeiert, sondern in ganz Europa, denn er war der erste Flusstunnel auf dem europäischen Festland. Während seines Baus hatte es insgesamt »nur« fünf Todesfälle gegeben, drei davon durch den Einfluss von Pressluft, zwei durch Unfälle.

Nach seiner Eröffnung war der Tunnel zunächst nur für den Personenverkehr freigegeben. Die Eröffnung für den Wagenverkehr erfolgte erst am 30. November 1911. In den »Goldenen Zwanzigern« wurde bewiesen, dass der Elbtunnel auch für andere Zwecke genutzt werden kann. Denn nicht nur Fußgänger, Radfahrer und Kraftfahrer nutzen in diesen Jahren neben vielen Pferdefuhrwerken die Tunnelröhren, sondern auch die Deutsche Post. Diese verlegte im Elbtunnel im Jahr 1924 zwei über 550 Meter lange Fahrrohre für die Stadtrohrpost, um später auch die Postämter südlich der Elbe an das Rohrpostnetz anzuschließen. Die ganze Aktion blieb eine Bauvorleistung, die später nur zur Unterbringung von Fernmeldekabeln genutzt wurde.

Schnitt durch den Untergrund der Elbe mit den beiden Verbindungsröhren des ersten Elbtunnels (Zeichnung von 1910).

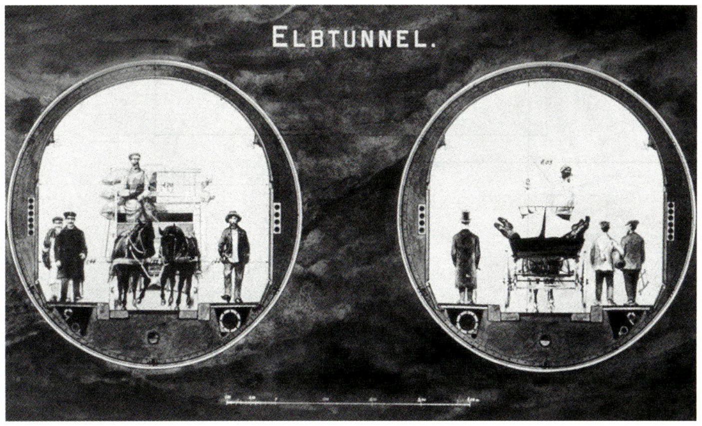

Arbeiter im bereits fertiggestellten Abschnitt des Elbtunnels beim Innenausbau (um 1909).

Viele Fußgänger und Radfahrer nutzten die Röhren. Allein im Jahr 1923 durchquerten 19 Millionen Menschen den Elbtunnel, vor allem auf dem Weg zur Arbeit und zurück. In diese Zeit fällt auch der Ausdruck der »Radfahrerplage«, die nach Ansicht vieler Tunnelbenutzer einer der Hauptgründe für die vielen Verstopfungen vor den Fahrstühlen war. Dort entwickelte sich vor den oberirdischen Tunnelportalen ein ganz eigenes Gewerbe, die Radbewachung. 15 000 Arbeiter kamen täglich mit dem Rad aus der Umgebung, deponierten es vor den Fahrstühlen und liefen dann unterirdisch auf die andere Seite.

Abnahme des Tunnelprofils bei einer Messfahrt kurz vor der Inbetriebnahme des ersten Elbtunnels im Jahre 1911.

Der Tunnel und seine Anlagen seit dem Zweiten Weltkrieg

Überstand der Elbtunnel den Ersten Weltkrieg noch unbeschadet, so gestaltete sich die Situation im Zweiten Weltkrieg ganz anders. Sofort nach Kriegsbeginn wurden Maßnahmen getroffen, um die Betriebsanlagen vor den Auswirkungen des zu erwartenden Luftkrieges zu schützen. Die Maschinenräume, Aufzüge und Treppen wurden verdunkelt und Splitterschutzwände für die Schalteranlage eingebaut. Zudem gab es vier Feuerlöschtrupps, die von einer Feuerwehrwache ausgebildet und mit Motorspritzen ausgerüstet wurden. Bis Ende 1942 gingen zwar wiederholt Bomben in der Umgebung des Tunnels nieder, aber erst am 30. Januar 1943 schlugen auf der Steinwerder-Seite mehrere Bomben in unmittelbarer Nähe der Eingangshalle ein. Der Betrieb konnte allerdings aufrechterhalten werden, bis Mai 1943 wurden die Schäden des Angriffs beseitigt. Die Gnadenfrist für den Tunnel endete am 24. Juli 1943. Bei einem schweren Luftangriff der Alliierten gegen den Hafen wurden auf der Steinwerder-Seite die Anlagen schwer beschädigt. Ein Tunnelwärter kam dabei ums Leben, ein weiterer wurde schwer verletzt. Die hölzernen Kuppeln der Fahrstuhlschächte in St. Pauli und in Steinwerder gingen in Flammen auf, das Dach des Maschinenhauses und die danebenliegenden Wohnräume brannten nieder. Die Fahrkörbe waren zerstört oder schwer beschädigt. Beim nächsten Angriff einen Tag später nahmen auch die Tunnelröhren Schaden. Auf einer Länge von 20 Metern fielen durch die schweren Detonationen Kacheln ab und Betonstücke auf die Fahrbahn. Die Tunnelröhren selbst blieben jedoch stabil. Bis zum Kriegsende am 3. Mai 1945 erlitten die oberirdischen Anlagen weitere Beschädigungen. Der Wiederaufbau und die Modernisierungen zogen sich bis ins Frühjahr 1952 hin. In den Folgejahren wurden für den zunehmenden Kraftwagenverkehr eine Lüftungsanlage und im Mai 1956 ein Messsystem für Autoabgase installiert. 1959 kamen zu den Fahrkörben mehrere Rolltreppen hinzu, die bis 1992 in Betrieb blieben. 1960 und 1961 durchquerten den Tunnel jedes Jahr noch mehr als 20 Millionen Menschen. Die schreckliche Flutkatastrophe in der Nacht vom 16. auf den 17. Februar 1962 zog auch den Tunnel in Mitleidenschaft und führte zu seiner zeitweiligen Schließung.

Die zweite Elbquerung

Nicht nur die Sturmflut, sondern auch das Verkehrsaufkommen im alten Elbtunnel machten die Dringlichkeit einer zweiten Elbquerung deutlich. Zeitweise war bei Hochwasser immer wieder die Verbindung sowohl über den alten Elbtunnel als auch über die Elbbrücken abgeschnitten. Diese und weitere Gründe veranlassten die Stadtväter im Jahr 1962 zur Planung einer zweiten Querung zwischen Övelgönne und Waltershof an einem Punkt, wo die Elbe etwa 600 Meter breit ist. Erst nach der Beseitigung finanzieller Hürden, die bereits in den 1950er Jahren eine zweite Elbquerung am Baumwall verhindert hatten, startete mit dem ersten Rammschlag in Övelgönne am 19. Juni 1968 der Bau. Der neue Elbtunnel sollte hierbei ein Teil einer neuen, westlichen Umgehungsstraße Hamburgs, der Autobahn A7, werden. Der Tunnelbau begann dabei ober-

Blick in die Weströhre von St.-Pauli-Seite aus in Richtung Steinwerder (um 1920).

Gebäude des Fahrschachtes an der St.-Pauli-Seite (Mitte der 1930er Jahre).

Ansicht der Fahrkörbe an der Sohle eines Fahrschachtes (um 1911).

Bis in die 1950er Jahre hinein kam es zum Schichtwechsel der Hafenarbeiter regelmäßig zum Andrang der Radfahrer (um 1920).

Einfahrt zum Schachtgebäude auf der Steinwerder-Seite nach einem Bombentreffer am 18. Juni 1944.

Zerstörungen im Zweiten Weltkrieg am Tunnelschachtgebäude auf der Steinwerder-Seite (1943).

Insgesamt blieb der Tunnel während der Luftangriffe intakt, jedoch gab es Schäden am Innenausbau (1945).

Inbetriebnahme der ersten Rolltreppen im St.-Pauli-Elbtunnel durch Bürgermeister Edgar Engelhardt (vorn) am 23. November 1959. Die Rolltreppen wurden 1992 wieder ausgebaut.

halb des Elbhangs bei Bahrenfeld und wurde im Schildvortriebsverfahren (Messerschildvortrieb mit hydraulischen Pressen) bis zum Elbstrand bei Övelgönne über 2,653 Kilometer in geschlossener Bauweise erstellt. Der Rest der insgesamt 3,325 Kilometer langen Strecke wurde mit acht jeweils 132 Meter langen, 41,7 Meter breiten und 8,4 Meter hohen Betonsenkkästen erstellt. Diese Segmente wurden vorher in einem trockengelegten Hafenbecken am südlichen Elbufer, dem ehemaligen Maakenwerder Hafen, gefertigt und später in das ausgebaggerte Flussbett abgesenkt. Jedes einzelne Segment wiegt 46 000 Tonnen und enthält jeweils drei doppelspurige Fahrbahnen sowie die Lüftungskanäle. Nach seiner Inbetriebnahme am 10. Januar 1975 verfügte der Tunnel zunächst über drei Tunnelröhren, wobei diese entsprechend der Verkehrssituation für eine oder für beide Fahrtrichtungen freigegeben werden konnten.

Zwischen dem 16. Dezember 1971 und dem 19. Juli 1973 wurden die Tunnelsegmente auf den ausgebaggerten Grund der Elbe gesenkt.

Jedes einzelne Betonsegment wiegt 46000 Tonnen und enthält jeweils drei doppelspurige Fahrbahnen, sowie die dazwischenliegenden Be- und Entlüftungskanäle.

In einem trockengelegten Hafenbecken (ehemaliger Maakenwerder Hafen) wurden auf einer Fläche von 17 Hektar im größten Trockendeck der Welt die acht Tunnelsegmente für den zweiten Elbtunnel vorgefertigt (1971).

Nach dem Einbau der Fahrbahnen erfolgte Ende 1973 das Einziehen einer Zwischendecke.

Der nördliche Tunnelmund bei Bahrenfeld.

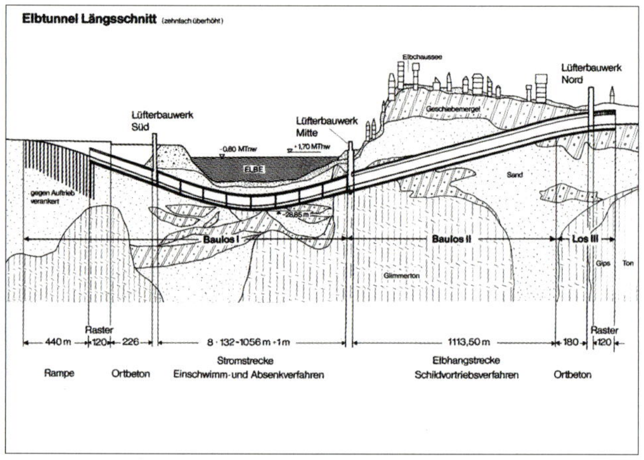

Längsschnitt durch den Elbtunnel.

Die vierte Elbtunnelröhre

Durch das seit Beginn der 1960er Jahre stetig steigende Aufkommen im Straßenverkehr war es bereits zu Beginn der 1980er Jahre abzusehen, dass der zweite Elbtunnel bald an seine Kapazitätsgrenzen stoßen würde.

Daher beantragte der Senat der Freien und Hansestadt Hamburg im Jahr 1982 beim Bundesministerium für Verkehr den Bau einer vierten Elbtunnelröhre als Entlastungsbauwerk. Nach einer ersten Durchführbarkeitsstudie (1984) und einem Ideenwettbewerb (1986) erfolgte zwischen 1988 und 1990 die Durchführung des Planfeststellungsverfahrens, bei dem rund 7500 Einwendungen seitens der Bevölkerung gegen die Baumaßnahme erhoben wurden. Nach dem Planfeststellungsbeschluss (16. August 1990) erfolgte im Oktober 1993 die Ausschreibung des Bauvorhabens und der Finanzierung der Gesamtmaßnahme. Nach dem Baubeginn im Oktober 1995 sollte es noch sieben Jahre dauern, bis im Oktober 2002 die vierte Röhre endlich in Betrieb gehen konnte. Im Gegensatz zu dem Bau von 1975 wurde die neue, 4,4 Kilometer lange Röhre, deren obere Tunnelkante teilweise nur sieben Meter unter dem Flussbett der Elbe liegt, nahezu vollständig im Schildvortriebsverfahren erstellt. Wie bereits beim ersten Elbtunnel gingen dem Bau permanente Vorerkundungen des Baugrundes voraus.

Alle drei Tunnelprojekte, der erste Elbtunnel von 1911, der zweite von 1975 und seine Erweiterung von 2002, haben eines gemeinsam: Bei allen kam abschnittsweise oder vollständig der Schildvortrieb mit dem anschließenden Auskleiden der fertigen Tunnelröhre mit sogenannten Tübbingen zum Einsatz. Zwar von der Bauausführung mehrfach optimiert, kommt prinzipiell noch heute das grundsätzliche Bauverfahren von 1911 zum Einsatz.

Parallel mit der vierten Röhre erhielt der Elbtunnel an der A7 auch eine neue Tunnelbetriebszentrale, von der alle vier Röhren heute ferngesteuert werden können. Der Elbtunnel ist heute einer der längsten und mit 110 000 Fahrzeugen täglich einer der frequentiertesten Verkehrstunnel Europas – und mit seinen umfangreichen Sicherheitseinrichtungen auch einer der sichersten. Zudem wird die Anlage baulich laufend an neue Sicherheitsvorschriften angepasst.

Mit der Inbetriebnahme des zweiten Elbtunnels verlor der erste seine Bedeutung. Sparbeschlüsse trafen das alte Bauwerk, das zum Ende der 1970er Jahre in den Abendstunden für den Kraftfahrzeugverkehr sogar gesperrt wurde. Trotzdem hält die Stadt an dem Bauwerk fest und verpasste dem Tunnel im Jahr 1982 für 16 Millionen DM einen darüberliegenden Betondeckel, um die alten Röhren vor dem Aufschwimmen zu bewahren, denn seit der Elbvertiefung liegt die neue Hafensohle der Elbe direkt über dem Betondeckel des Tunnels.

Nach fast 100 Jahren Betriebszeit ist der alte Elbtunnel auch im 20. Jahrhundert nicht nur ein Touristenmagnet und seit 2002 sogar ein anerkanntes Baudenkmal, sondern er wird aufgrund seiner zentralen Lage von vielen Menschen noch immer als Elbquerung sehr geschätzt.

Eine Hochbahn unter der Erde

Das wachsende Nahverkehrsnetz

Von der Planung bis zum Bau

Mit dem rasanten Wachstum der Stadt Hamburg im 19. Jahrhundert stellte sich die Frage des öffentlichen Nahverkehrs, denn Wohn- und Arbeitsviertel drifteten immer mehr auseinander. Nachdem 1839 eine regelmäßige Pferdeomnibuslinie zwischen Hamburg und Altona eingerichtet worden war, folgte ab 1840 der Bau der Eisenbahnstrecke Hamburg – Bergedorf, die am 8. Mai 1842 feierlich eröffnet werden sollte. Doch der große Brand in der Hamburger Innenstadt in der Nacht vom 4. auf den 5. Mai führte dazu, dass bereits am Folgetag obdachlose Hamburger per Bahn nach Bergedorf gefahren wurden. Die praktische Not ließ jeden Pomp unpassend erscheinen.

Im Zuge der danach einsetzenden Neubebauung der Innenstadt, an der neben William Lindley auch die Architekten Alexis de Chateauneuf und Gottfried Semper federführend beteiligt waren, erfolgte auch die Erschließung neuer Wohngebiete, beispielsweise auf dem Hammerbrook, wohin zwischen 1881 und 1885/86 etwa 24 000 Menschen zogen. Die einzelnen Stadtteile erhielten einen Pferdebahnanschluss. Am 16. August 1866

Pferdebahn vor der Wandsbeker Christuskirche (um 1890).

wurde die Strecke vom Rathausmarkt nach Wandsbek eröffnet, es folgten die Verbindungen nach Barmbek, Eimsbüttel, Hoheluft und Hamm. Um 1890 pendelten bereits etwa 50 000 Menschen jeden Tag zwischen Wohnung und Arbeitsstätte. Nur wenige nutzten die teuere und zudem recht langsame Pferdebahn (maximal zwölf Stundenkilometer), die meisten gingen weiterhin zu Fuß oder benutzten das Fahrrad. Dieser oftmals lange Anfahrtsweg kostete mitunter sehr viel Zeit. Bis zu 90 Minuten waren die Arbeiter unterwegs – jeweils morgens und abends. Mit der Elektrifizierung der Pferdebahnstrecken 1894–96 verbesserte sich die Situation etwas, doch kam es nun zu den ersten Verkehrsstaus im Innenstadtbereich – in dem damals von Pferdefuhrwerken, Pferdestraßenbahnen und Fahrradfahrern um Vorfahrt gekämpft wurde. Die Stadtväter sannen nach neuen Lösungen. Es wurde ein Verkehrsmittel gesucht, das flexibel, schnell und kostengünstig war, so dass es auch ein einfacher Arbeiter bezahlen konnte.

Der Blick ging ins Ausland. 1896 wurde in Budapest die erste Untergrundbahn auf dem europäischen Festland eröffnet, 1897 verlegte man in Boston die Straßenbahn unter die Erde, und in Berlin arbeitete man an einem Unterpflasterbahnprojekt. Dies regte die Hamburger Straßen-Eisenbahn-Gesellschaft (SEG) an, die Radialstrecken der Hamburger Straßenbahn im Bereich der Innenstadt künftig ebenfalls unterirdisch zu führen. Der damals amtierende Bürgermeister Mönckeberg förderte die Zusammenarbeit zwischen den Berliner Unternehmen Siemens & Halske und AEG mit der Hamburger SEG. Gemeinsam brachten

Elektrische Straßenbahn aus dem Jahr 1892.

diese Firmen im November 1901 einen Plan auf den Tisch, der eine sogenannte »Unterpflasterstraßenbahn« – eine Mischung aus U-Bahn und unterirdischer Straßenbahn – vorsah. Außerdem wollte sich die SEG an einem Straßendurchbruch auf der Ost-West-Achse zwischen Rathausmarkt und Schweinemarkt am geplanten, neuen Hauptbahnhof beteiligen. Dort sollte eine Hauptgeschäftsstraße entstehen, unter der sich das neue Verkehrsmittel gut verlegen ließ. Die Straße benannte man nach ihrem politischen Förderer, dem Bürgermeister Mönckeberg. Um den Verkehrsbetrieb des künftigen Hauptbahnhofes nicht zu stören, sollte unter den Gleisen der Fernbahn auch ein sogenannter Kleinbahntunnel für den Nahverkehr geschaffen werden.

Doch zunächst gab es Tumulte in Senat und Bürgerschaft, denn man stritt um die Kostenverteilung und die Ausgestaltung der Konzession für die Betreiberfirma. Zeitweilig favorisierten die Stadtväter sogar eine Schwebebahn, wie sie damals gerade in Wuppertal entstand. Nach einer politischen Ungeschicklichkeit der SEG gewannen im Jahre 1904 die Verfechter einer elektrischen Hoch- und Untergrundbahn Oberhand. Das Konsortium der Berliner Firmen bot an, die Bahn auf einer Ost-West-Trasse im Innenstadtbereich unterirdisch zu führen, sie ansonsten aber weitgehend oberirdisch in Ringform um die Alster herumzugeleiten und so den Mittelpunkt des Verkehrs mit dem Hafen und den neuen Arbeiterstadtteilen in den ehemaligen Vororten zu verbinden. Davon sollten weitere Zweiglinien abführen, die erste zum Friedhof nach Ohlsdorf und eine zweite in das Arbeiterviertel von Eimsbüttel. Auf Druck der Bürgerschaft entstand auch noch eine dritte Zweiglinie durch das Arbeiterviertel Hammerbrook nach Rothenburgsort. Die Kosten übernahm Hamburg, bauen sollte das anbietende Firmenkonsortium, für den Betrieb war eine spätere Ausschreibung vorgesehen. Die staatliche Aufsicht und die Vertretung der staatlichen Interessen erfolgte durch die Senatskommission für die Stadt- und Vorortsbahnen. Ende 1905 fielen die letzten Entscheidungen dazu, 1906 konnte es losgehen.

Das Firmenkonsortium Siemens & Halske und AEG bewarb sich 1908 als einziger Kandidat für die Konzession zum Betrieb der neuen Innenstadtbahn und erhielt am 25. Januar 1909 den Zuschlag. Man gründete am 27. Mai 1911 die Betreibergesellschaft Hamburger Hochbahn AG, die im Jahr darauf den Zugbetrieb eröffnen sollte.

Das erste Kernnetz um die Alster entsteht

Die Planung zur Hamburger Hoch- und Untergrundbahn sah zunächst ein ringförmiges U-Bahnkernnetz mit einer Länge von 17,5 Kilometern und 23 Haltestellen vor, vom dem aus später weitere Linien abzweigen sollten. Die Entscheidung, welcher Abschnitt als Untergrund- und welcher als Hochbahn ausgeführt werden sollte, machte man von den örtlichen Gegebenheiten abhängig. In der geschäftigen und bereits bebauten Innenstadt erhielt der Südring gleichermaßen unter- und oberirdische Strecken, der Nordring hingegen, der seinerzeit größtenteils noch durch unbebautes Gebiet führte, wurde fast vollständig oberirdisch verlegt, mal auf Viadukten und Dämmen, mal ebenerdig oder im Einschnitt. In jedem Fall mussten Kreuzungen mit dem Straßenverkehr vermieden werden, da die Stromschienen seitlich zum Bahnkörper verlaufen.

Zwischen 1906 und 1912 verwandelte sich die Hamburger Innenstadt in eine einzige große Baustelle. Tunnel, Brücken, Haltestellen und Wartungsanlagen wurden geschaffen, an vielen Stellen sogar parallel. Zeitgleich entstand in der Innenstadt die Mönckebergstraße. Besonders kompliziert waren die zwei längeren unterirdischen Abschnitte. Der eine verlief auf der Ost-West-Achse zwischen dem östlichen Stadtteil Hohenfelde und der Börse in der Innenstadt. In Hohenfelde startete im Osten der erste Tunnelabschnitt, der nach einer kurzen oberirdischen Führung hinter der Haltestelle Berliner Tor wieder unterirdisch fortgesetzt wurde. Weiter ging es westwärts durch St. Georg mit seiner Haltestelle Hauptbahnhof (heute Hauptbahnhof-Süd). Etwa 250 Meter dahinter folgte die Station Barkhof (heute: Mönckebergstraße) im neuen Kontorhausviertel zwischen Altstadt und Neustadt. Auch am Rathausmarkt entstand eine Haltestelle.

Geschäftsleben in der Hamburger Innenstadt rund um den »Großen Burstah« (um 1900).

Hauptbahnhof: Der Tunnel für die Kleinbahn

Als im Oktober 1902 die Bauarbeiten zum Hauptbahnhof begannen, wurde der Boden in der Nähe der alten, bereits abgebrochenen Steintordammbrücke tiefer als eigentlich benötigt ausgehoben. Dort entstand in drei Bauabschnitten ein etwa 15 Meter breiter und rund 150 Meter langer Tunnel, der an seinen Endungsbauwerken auf Dutzenden Eichenpfählen ruht. Das Bauwerk war in seiner ganzen Länge geteilt und konnte so unterschiedlich genutzt werden. Der nördliche Teil diente nach der Inbetriebnahme des Hauptbahnhofs als Fußgängertunnel (Südstegtunnel), von dem aus alle Fernbahngleise der Bahnhofshalle unterirdisch erreicht werden konnte. Der südliche Teil war als Tunnel für die geplante innerstädtische »Kleinbahn« gedacht, die noch keinen Namen hatte. Dieser Teil war mit seinen sieben Metern breit genug, um ein Gleispaar aufzunehmen. Während der Hauptbahnhof schon am 6. Dezember 1906 feierlich eröffnet wurde, erreichten die Bauarbeiten der Hoch- und Untergrundbahn erst im Sommer 1908 den Hauptbahnhof. Der bis dahin noch verschlossene Kleinbahntunnel erhielt nun Anschluss an den Streckentunnel der Hoch- und Untergrundbahn. Der oberirdische Bahnverkehr im Hauptbahnhof blieb daher während der Bauarbeiten weitgehend ungestört. Der einstige Kleinbahntunnel ist heute ein Streckenabschnitt der U-Bahnlinie zwischen den Haltestellen Mönckebergstraße und Hauptbahnhof-Süd.
(Die Bezeichnung Kleinbahntunnel hat sich übrigens in manchen Bauamtsstuben bis in die Gegenwart gehalten.)

Bau der Tunnelanlagen des Hauptbahnhofs (etwa 1903), links ein Teil des Posttunnels, rechts der Kleinbahn- und der Südstegtunnel.

Im weiteren Trassenverlauf wurde die Börse unterquert, und hinter dem Adolphsplatz gelangte die Bahn über eine steile Rampe (Steigung 1:20,7) wieder an die Oberfläche. Nach einer oberirdischen Viaduktstrecke am Hafen mit seinen drei Haltestellen Rödingsmarkt, Baumwall und Landungsbrücken (Planungsname: Hafentor) ging es an der Straße Helgoländer Allee wieder in den Tunnel. Dort folgte der zweite unterirdische Abschnitt, der sich auf der Süd-Nord-Achse zwischen Landungsbrücken und Schlump befand. Hinter dem Tunnelmund erreichte die Trasse nach einigen hundert Metern die Haltestelle Millerntor (heute: St. Pauli), und nach der Unterquerung des Heiligengeistfeldes folgte eine Haltestelle an der Feldstraße. Die Trasse führte sodann unter dem Gelände des Schlachthofes hindurch und erreichte die Haltestelle Sternschanze. Der nördliche Tunnelmund war an

Verkehrsplan Hamburg 1912.

Blick in die Tunnelbaustelle Große Johannisstraße.
Links der teilweise abgerissene Anbau der Hamburger Börse, dahinter das Rathaus (18. August 1911).

Tunnel unter der Mönckebergstraße (1908).

der Haltestelle Schlump vorgesehen, die wie die Stationen Lübecker Straße und Berliner Tor kostengünstig offen im Einschnitt ausgeführt werden sollten.

Bevor jedoch die Ausschachtungsarbeiten beginnen konnten, wurden ab Sommer 1906 mehr als 400 Tiefbohrungen vorgenommen, um die schwierigen Hamburger Bodenverhältnisse zu erkunden. Es entstanden Bodenprofile bis zu zwölf Metern hinab, die im Mineral-Geologischen Institut der Stadt ausgewertet wurden. So stellte man am Rödingsmarkt beispielsweise nicht tragfähigen Moor- und Kleiboden fest, so dass durch die Weichschichten hindurch Stützen bis zu den festeren Sandschichten eingebracht werden mussten, auf denen dann später der stählerne Viadukt errichtet werden konnte.

Die unterirdischen Strecken wurden fast ausnahmslos in offener Bauweise ausgeführt, also von oben nach unten. Und das ging so: Dort, wo das Tunnelbauwerk entstehen sollte, trieben zunächst große Dampframmen dicke Stahlprofile zu beiden Seiten in den Boden, die mit Holzbohlen versteift wurden. Dann schachteten die Bauarbeiter teilweise mit Hilfe von Dampfbaggern das Erdreich bis zur gewünschten Tiefe aus. Nachdem der Erdaushub in der Baugrube beendet und die gewünschte Tiefe erreicht war, wurde in den tieferliegenden Gebieten an Ort und Stelle eine wasserdichte Betonsohle eingezogen. In den höherliegenden ist die Tunnelsohle offen. Danach erstellte man die Tunnelwände, indem mit Hilfe von Stahlträgern und Holzbohlen Schalungen errichtet und die entstandenen Zwischenräume mit Beton ausgegossen wurden. Diese dichtete man dann mit Erdpech gegen Feuchtigkeit ab. Zwischen den Gleisträgen wurden in der Tunnelmitte Deckenstützen aufgestellt, auf denen die Stahlträger zu liegen kamen, die von einer Tunnelseite zur anderen reichten. In den Zwischenräumen der Decke entstand ein Gewölbe, welches zunächst mit Holz verschalt und dann mit Beton ausgegossen wurde. Anschließend verfüllte man den verbliebenen Raum oberhalb und seitlich des Tunnels mit Sand. Die fertiggestellten Tunnelstücke wurden benutzt, um durch sie hindurch den Abraum des nächsten Bauabschnitts zu transportieren, wozu man kleine elektrische Feldbahnen installierte. Sie wurden teilweise auch benutzt, um Angehörige der Bauleitung zu be-

Tunnel östlich der Haltestelle Mönckebergstraße (1908). An seinem Ende beginnt die Unterfahrung des Hauptbahnhofs.

Rohbauarbeiten an der Haltestelle Barkhof (heute: Mönckebergstraße) 1908.

Abtransport des Erdaushubs vom Tunnelbau an der Haltestelle Landungsbrücken mit einer Feldbahn zu Schuten in der Elbe (1909).

Tunnelkonstruktion am Schlachthofgelände, 1910.

Ausschachtungsarbeiten an der Helgoländer Allee, 1910.

fördern, die zu diesem Zweck einen speziell angefertigten Wagen mit 12 Sitzplätzen zu ihrer Verfügung hatten.

Der Aushub gelangte zunächst zu zentralen Sammelstellen, die zumeist in der Nähe von Kanälen lagen. Schuten und Pferdefuhrwerke brachten dann den Aushub an andere Orte der Stadt, wo er für das Aufschütten von Erddämmen für die Hochbahn genutzt wurde. So fand sich die Erde von der Lübecker Straße in Hohenfelde beispielsweise auf dem Bahndamm in Barmbek wieder.

Nicht überall stand dem Tunnelbau der benötigte Platz zur Verfügung. An einigen Stellen, wie etwa der Johannisstraße, mussten einzelne Häuser abgerissen werden. Selbst ein Anbau der Börse fiel den Bauarbeiten zeitweilig zum Opfer, wurde anschließend aber wieder neu errichtet. Besonders kompliziert war es in der Nähe des Hauptbahnhofes, denn hier stieß man an der Steintordammbrücke auf die Grundmauern der alten Festungsanlage. Dazu berichtet das Bautagebuch: »Die in Ziegeln ausgeführten Festungswerke, zwei große Längs- und einige Quermauern, zeigten eine unerwartet gewaltige Stärke von mehreren Metern und außerordentliche Festigkeit und reichen bis etwa 14 Meter unter Straßenniveau herab.« Mit gezielten Sprengungen rückte man den Hindernissen zu Leibe. Bedeutende archäologische Funde stellten sich zur Enttäuschung der Stadthistoriker dort leider nicht ein.

In den westlichen Stadtteilen begannen am 1. Januar 1909 die Bauarbeiten für die Tunnelanlagen der Ringbahn, die von den St. Pauli-Landungsbrücken am Hafen unterirdisch zum Schlump in Eimsbüttel führten. Hier stieß man vielerorts auf Grundwasser, was ein ständiges Abpumpen der Baugrube erforderte. In der Nähe des Schlachthofes an der Sternschanze musste der Tunnel zudem unter einem Hauptsiel hindurchgeführt werden. Das Grundwasser drückte gerade an dieser Stelle so ungewöhnlich stark in die Baustelle, dass man in der Tunnelmitte zunächst einen Damm stehen ließ, damit die Arbeiter dort »verkehren« konnten. Trotzdem gelang es, zum Jahreswechsel 1910/11 wie geplant fertig zu werden.

Die Tunnel auf der Ost-West-Achse und der kurze Untergrundabschnitt am Besenbinderhof für die Zweiglinie nach Rothenburgsort waren zu diesem Zeitpunkt bereits fertiggestellt. Nur am Hauptbahnhof klaffte noch eine riesige Baugrube neben dem Steintorplatz. Hier arbeitete man an der Errichtung der Gewölbe der viergleisigen U-Bahn-Haltestelle Hauptbahnhof, da sich an dieser Stelle die Züge nach Rothenburgsort und die der Ringbahn treffen sollten. Zudem entstand hier ein unterirdisches Schalt- und Umspannwerk, in dem der hochgespannte Drehstrom vom hochbahneigenen Kraftwerk in Barmbek in 800 Volt Gleichstrom umgewandelt und dann auf die verschiedenen Strecken im Innenstadtbereich und nach Rothenburgsort verteilt werden sollte. Zusätzlich entstand ein weiteres Unterwerk in Eppendorf.

Nach der Ursprungsplanung wollten die Ingenieure die

Am Hauptbahnhof holen Kräne die Feldbahnwagen mit Erdaushub aus der Baugrube (1910).

Betonierung der Tunnelsohle östlich der Haltestelle Hauptbahnhof (1910).

Stellwerk der Hochbahnstrecken am Hauptbahnhof, östlich der Haltestelle; es war bis etwa 1958 in Betrieb.

Hochbahn-Haltestelle Hauptbahnhof, das heutige Gleis 4 (1939). Hier ging es bis 1943 nach Rothenburgsort.

Station Hauptbahnhof (heute: Gleis 3 und 4 der Haltestelle Hauptbahnhof Süd) auch nur zweigleisig mit zwei Außenbahnsteigen erbauen. Schließlich einigte man sich aber auf einen Vorschlag der Baudeputation, die Station viergleisig mit zwei je acht Meter breiten Mittelbahnsteigen auszustatten, wovon jeder in einem 12 Meter breiten und etwa 90 Meter langen Gewölbe untergebracht war. Man rechnete durch die Rothenburgsorter Strecke und nach der geplanten Einrichtung der Freihafenhochbahn mit starkem Umsteigeverkehr. Der Zugang sollte möglichst bequem über großzügige Fahrgastverteilerebenen zwischen den Gleisanlagen des Hauptbahnhofes, der Straße und dem Bahnsteig erfolgen. Der Hauptbahnhof war dann zur Eröffnung auch die einzige Haltestelle mit komfortablen Zugängen an beiden Bahnsteigenden.

Die Zugangsanlagen im Detail: Die östliche Verteilerebene bot damals nur den Zugang zum Steindamm. Über die westliche Verteilerebene erreichte man die Oberfläche an der Kirchenallee und gelangte damals zudem noch in den Südstegtunnel, von dem der Fahrgast unterirdisch bequem alle Gleise der Vorort- und Fernbahn in der Halle des Hauptbahnhofes erreichen konnte.

Heute ist von dem ursprünglichen Ausbau der Haltestelle nicht mehr viel zu erkennen. Zu Beginn der 1970er Jahre erfolgten ein Umbau der Bahnsteige der beiden Gewölbehallen und dort eine Reduzierung von vier auf zwei Gleise.

Der »Geisterbahnhof« am Lindenplatz

Der Tunnelbau der Hamburger Hochbahn AG hinterließ in der Nähe des Hauptbahnhofes im Untergrund des Stadtteils St. Georg eine Besonderheit: den »Geisterbahnhof« am Lindenplatz. Ein Nachtrag zum Vertrag über die Herstellung der Streckenanlagen aus dem Jahr 1905 sah vor, dass die Tunnelanlagen zwischen den Haltestellen am Hauptbahnhof und an der Lindenstraße (heute Berliner Tor) einen unterirdischen Abzweig an der Straße Große Allee (heute Adenauerallee) erhalten sollten, damit die spätere Linie nach Rothenburgsort (eröffnet: 1915) mit den geplanten Bauarbeiten für eine künftige Freihafenbahn nicht kollidierte. Die Einfädelung dieser geplanten Linie in das Kernnetz der Hochbahn AG hätte an der Straße Kreuzweg zwischen Hauptbahnhof und Berliner Tor ein unterirdisches Gleisdreieck erfordert, da geplant war, nicht nur vom Hauptbahnhof aus, sondern auch vom Berliner Tor auf die Strecke der Freihafenhochbahn zu fahren. Daher sah man gleich eine mögliche Station an dieser Stelle im Rohbau mit vor.

Die Bürger von St. Georg hätten es allerdings gern gesehen, wenn sofort am Lindenplatz eine Haltestelle entstanden wäre, da die beiden Stationen auf diesem Abschnitt, am Hauptbahnhof und am Berliner Tor, mit einem Abstand von damals 1117 Metern relativ weit auseinander lagen. Die Senatskommission für die Stadt- und Vorortbah-

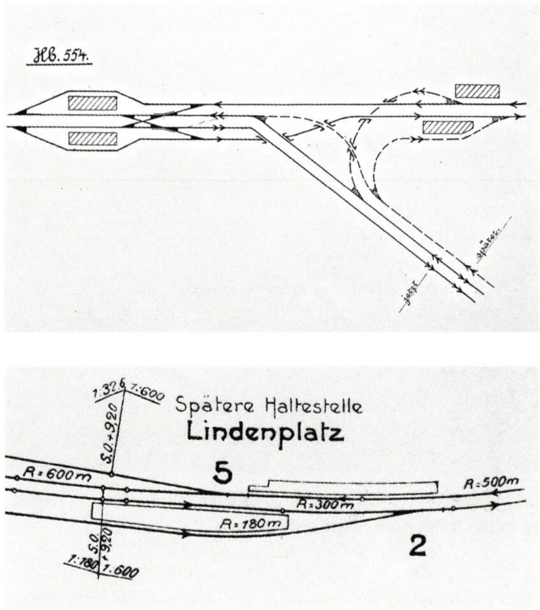

Planungen für die Streckenführung zwischen Hauptbahnhof und Lindenplatz.

nen lehnte diesen Antrag jedoch ab, da der vollständige Ausbau der Haltestelle zusätzliche Kosten von 350 000 Mark verursacht hätte. So blieb es bei der geplanten Bauvorleistung in Form eines unfertigen Seitenbahnsteigs am nördlichen Gleis der Ringlinie. Allerdings wurde auch ein Teil der späteren Ausgangsanlage gleich mitgebaut, der dort bis 1964 als Notausgang diente.

Wäre diese Haltestelle nach einer Eröffnung der Freihafenhochbahn jemals in Betrieb genommen worden, so hätte sie in Hamburg eine unterirdische Besonderheit dargestellt, denn innerhalb der Haltestelle war eine Weichenanlage vorgesehen, die sich zwischen den beiden Bahnsteigen befunden hätte. Die zugehörigen Nischen – für dort später abzweigende Tunnel der Freihafenhochbahn – wurden einschließlich eines 30 Meter langen Tunnels unter der Strecke der Ringlinie gleich beim Tunnelbau hinzugefügt. Die Pläne zur Freihafenhochbahn zerschlugen sich aber Mitte der 1920er Jahre, so dass es nie eine Station am Lindenplatz gab. Die Vorleistungen im Bereich des Haltestellenrohbaus sind dann bei Umbauten an der Station Berliner Tor Mitte der 1960er Jahre entfernt worden. Verblieben sind lediglich zwei Nischen und der Tunnel unter dem Streckengleis der ehemaligen Ringlinie.

Mit der Zweiglinie unterirdisch nach Eimsbüttel

Die Ringlinie konnte den westlichen Hamburger Arbeiterstadtteil Eimsbüttel nur teilweise erschließen, denn sie verläuft nur an seinem östlichen Rand. Der damals schnell wachsende Bezirk (1912 zählte Eimsbüttel 122 000 Einwohner) dehnte sich aber vor allem nach Norden aus, weshalb bald eine zusätzliche Zweiglinie gefordert wurde. Nach langwierigen Verhandlungen über den Streckenverlauf hatte der Senat am 19. August 1905 den Bau bewilligt, 1909 begannen die Bauarbeiten. Ursprünglich war an eine Strecke von 1,76 Kilometern gedacht, doch dann wurden es immerhin 2,43 Kilometer. Nach der ursprünglichen Endhaltestelle benannt, hieß die Zweigstrecke bei den Bewohnern Hellkamplinie.

An der Ringhaltestelle am Schlump wurde für die neue Strecke ein oberirdischer Abzweig aus dem Kernnetz geschaffen, der in einer leichten Linkskurve im Einschnitt am Tunnelmund bei der Straße Moorkamp im Untergrund verschwand. Dahinter folgte in einem leichten Rechtsbogen der Schwenk unter die Straße Fruchtallee. Dort entstand auch gleich die erste Haltestelle an der Christuskirche. Nun war in den ursprünglichen Planungen vorgesehen, die Strecke weiter unter der Fruchtallee bis zur nächsten Haltestelle am Eimsbütteler Marktplatz zu führen. Dort sollte allerdings erst einmal Schluss sein. Eine Abstellanlage hätte nördlich hinter der Haltestelle das Streckenende dargestellt. Zur Einrichtung einer Endhaltestelle am Eimsbütteler Marktplatz kam es aber nicht, denn während der Arbeiten am ersten Bauabschnitt – die Untertunnelung des Isebekkanals und die Haltestelle Christuskirche waren zum Jahreswechsel 1910/11 bereits fast fertig – kam es zu einer Planungsänderung. Die Strecke sollte fortan nicht mehr bis zum Marktplatz geführt werden, sondern durch ein Gebiet mit dichterer Wohnbebauung, um mehr Menschen des Stadtteils zu erreichen. Hierzu plante man anfänglich eine kostengünstige oberirdische Führung in Richtung Nordwesten über einen aufgeschütteten Erddamm. So wäre auch leicht eine spätere Verlängerung über die Stadtgrenze hinaus bis auf preußisches Gebiet möglich gewesen.

Doch die Widerstände aus der Bevölkerung waren riesig. Die betroffenen Grundeigentümer lehnten eine Zerschneidung ihres Besitzes durch den oberirdischen Bahndamm kategorisch ab. Daraufhin entschied man sich für den deutlich teureren Entwurf einer Unterpflasterbahn. Die Strecke wurde nun zur Emilienstraße geleitet, wo eine weitere Haltestelle entstand. 250 Meter dahinter zweigt die Strecke im 90-Grad-Winkel nach rechts in den Heußweg ab. Keine 300 Meter weiter richtete man an der geschäftigen Osterstraße, im wirtschaftlichen Zentrum des Stadtteils, eine gleichnamige Haltestelle ein. Jetzt war die anvisierte Endstation nicht mehr weit. Unter dem Stellinger Weg führte man die Strecke noch weitere 500 Meter bis zur Endhaltestelle am Hellkamp. Nordwestlich der Station schloss sich eine doppelte Gleiswechselanlage zum Langkehren der Züge an, dahinter entstand noch eine zweigleisige Abstellanlage.

Eine eventuelle nördliche Verlängerung in Richtung Stellingen wurde mit bedacht. Daher lag der Tunnelstumpf mit der 120 Meter langen Kehr- und Abstellanlage nicht vollständig unter dem Stellinger Weg, sondern im nordwestlichen Bogen bis in die Methfesselstraße hinein. An einer Fortführung der Strecke hatte ein damals bedeutender Herr besonderes Interesse: Keine 1500 Meter nördlich vom Hellkamp, außerhalb der Hamburger Stadtgrenzen auf preußischem Gebiet, befand sich bereits seit Mai 1907 der international hochgelobte Hagenbecks Tierpark. Es war der erste gitterlose Zoo der Welt, dessen Inhaber Carl Hagenbeck Junior am 20. Oktober 1910 die zuständige Senatskommission bedrängte, die neue Zweiglinie doch gleich bis zum Tierpark zu verlängern. Bisher führten nur drei Straßenbahnlinien zum Tierpark, die an den besucherstarken Sonn- und Festtagen schon ab dem Hamburger Hauptbahnhof so voll waren, dass sie auf dem Weg durch die Stadt keine weiteren Fahrgäste mehr aufnehmen konnten. In einem weiteren Brief vom 2. März 1913 bat Carl Hagenbeck darum, wenigstens die neue Endhaltestelle der Hochbahn AG so zu legen, dass ein direkter Anschluss zur Straßenbahn möglich wurde. Doch man verwies ihn lediglich an die konkurrierenden Betreiber von U- und Straßenbahn, um dies direkt zu verhandeln. Sechs Wochen später verstarb Carl Hagenbeck am 14. April 1913. Ein Anschluss seines Tierparks an das innerstädtische Schnellbahnnetz sollte noch mehr als 50 Jahre auf sich warten lassen.

Die Arbeiten auf der Hellkamplinie kamen nur schleppend voran und lösten viel Ärger aus. Erst Ende März 1913 wurde im zweiten Bauabschnitt am Heußweg mit den eigentlichen Tunnelbauarbeiten begonnen. Hier sind die Straßen jedoch nicht allzu breit, weshalb bis an die Gebäudegrenze ausgeschachtet und der Gehweg auf Stelzen geführt wurde. Die meisten Bäume fielen dabei den Bauarbeiten zum Opfer, aber auch viele kleine Geschäftsbetriebe hatten derart enorme Umsatzeinbußen, dass sie schließen mussten. Der Inhaber des Gasthauses »Heußhof« beispielsweise reklamierte einen Schaden von 15 000 Mark. Besonders verärgerte die Anwohner, dass die Bautätigkeit so langsam voranging. Das »Hamburger Fremdenblatt« vom 14. Mai 1913 berichtete, dass es in

Ausschachtungsarbeiten bis an die Keller der Häuser im Heussweg (1913).

Der Eingang der Haltestelle Hellkamp befand sich mitten auf dem Stellinger Weg (Frühsommer 1943).

der Fruchtallee innerhalb von vier Monaten kaum vorangegangen sei, was die darauf angesprochene Hochbahngesellschaft mit einem Mangel von Arbeitskräften begründete. Der Artikel vermerkt dazu: »Arbeitskräfte sollen für den Tageslohn von etwas über vier Mark eher schlecht zu bekommen sein, aber für einen angemessenen Lohn finden sich in der augenblicklich schlechten Bauperiode Arbeiter in Hülle und Fülle.«

Am 1. Juni 1913 konnte immerhin ein eingleisiger Pendelbetrieb bis zur ersten Haltestelle Christuskirche aufgenommen werden. Am zweiten Bauabschnitt zur Haltestelle Emilienstraße wurde in den Sommermonaten dann intensiver gearbeitet, so dass am 21. Oktober 1913 der Pendelbetrieb bis hierhin ausgedehnt werden konnte. Von Anfang an wurde das neue Verkehrsmittel gut angenommen und stark benutzt.

Während die Ausbauarbeiten an den übrigen Haltestellen der Zweiglinie jetzt zügig vorangingen – die Tunnelarbeiten waren weitgehend abgeschlossen –, kam es an der Haltestelle Christuskirche zu einem schweren Unfall. Die »Hamburger Nachrichten« berichteten am 9. Dezember 1913, dass dort ein Streckenarbeiter von einem Zug überfahren worden war. Ein Bein wurde ihm gleich vom Rumpf abgetrennt, das andere war so schwer verletzt, dass es später amputiert werden musste. »Der Arbeiter wurde durch die Sanitätskolonne in das Eppendorfer Krankenhaus gebracht. Nach Auskunft der Hochbahn trifft die Schuld den Verletzten allein, der dass rechtzeitig gegebene Warnungszeichen nicht beachtete.«

Durch die relativ späte Entscheidung, die Linie nicht zum Marktplatz, sondern zum Hellkamp zu führen, und die baulichen Probleme bei der Streckenführung konnten die beiden restlichen Stationen Osterstraße und Hellkamp erst am 23. Mai 1914 eröffnet werden. Die vollständig unterirdische Streckenführung hatte ihren Preis: Sechs Millionen Reichsmark standen am Ende zu Buche. Heute ist die Trasse Teil der Linie U2 und die kurvenreichste Strecke im Hamburger U-Bahn-Netz. Der Wandel in der Willensbildung der Entscheidungsträger ist hier quasi in jeder Kurve zu spüren. Erst in den 1960er Jahren erfolgte dann die relativ geradlinige Fortführung der Trasse bis Hagenbecks Tierpark und später bis Niendorf Nord. Die Haltestelle Hellkamp wurde 1965 bei der Streckenverlängerung nach Hagenbecks Tierpark stillgelegt, an ihre Stelle trat etwas weiter nördlich die Station Lutterothstraße.

Die ersten Betriebsjahre der Ringlinie

Während auf einigen Streckenabschnitten Mitte Oktober 1911 noch gebaut wurde, liefen auf anderen bereits die ersten Probefahrten. An einem kühlen Wintertag unternahmen am 15. Februar 1912 einige Mitglieder von Senat und Bürgerschaft sowie Vertreter der Presse auf Einladung der Hamburger Hochbahn AG eine Besichtigungsfahrt. Die Ehrengäste begaben sich am Rathausmarkt in die unterirdische Haltestelle und fuhren von dort zur Hauptwerkstatt in Barmbek, wo die Betriebsanlagen und Werkstätten besichtigt werden konnten. Bis zur offiziellen Eröffnung konnte auch die Bevölkerung das neue Verkehrsmittel kostenlos erproben, um mögliche Ängste abzubauen. Nicht wenige verließen am Rathausmarkt mit einem mulmigen Gefühl die Oberwelt. Gespannt und doch etwas ängstlich wartete man unter der Mönckebergstraße auf den Zug. Auf der anschließenden Fahrt gaben die ersten sieben Streckenkilometer vielen Hamburgern völlig neue Eindrücke.

Am 29. Februar 1912 erfolgte die letzte polizeiliche Abnahme, und zum 1. März begann der reguläre Betrieb der zweiten U-Bahn Deutschlands (nach Berlin). Am gleichen Tag erschien in der Presse auch der erste Fahrplan mit den Fahrpreisangaben. Danach kostete die Benutzung der gesamten Strecke 15 Pfennig, was vergleichsweise teuer war, denn für das gleiche Geld erhielt man seinerzeit bereits 5 Pfund Kartoffeln.

Hamburger Honoratioren bei der Eröffnung der Hochbahn am 15. Februar 1912.

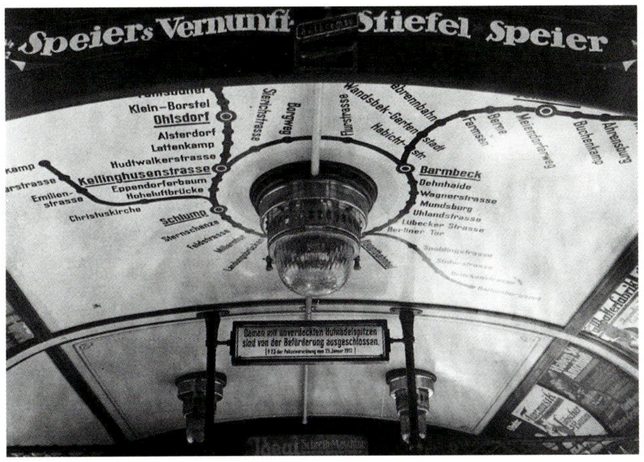

Linienpläne an der Decke der ersten Hochbahnzüge (T-Wagen, um 1920).

Ein Zugbegleiter und der Fahrzeugführer auf der Ringlinie im ersten Betriebsjahr (1912).

In den Folgemonaten kamen weitere Streckenabschnitte hinzu. Ab 10. Mai gelangte man über Barmbek bereits nach Winterhude und Eppendorf, ab dem 25. Mai fuhren die Züge von dort westlich der Alster bis zum Millerntor, der heutigen Haltestelle St. Pauli. Einen Monat später, am 28. Juni 1912, wurde mit der Betriebsaufnahme zwischen Millerntor und Rathausmarkt der Ring endgültig geschlossen. Die ursprünglich geplante Bauzeit von fünf Jahren hatte man damit letztlich nur um ein halbes Jahr überschritten.

Stolz hatte der damalige Bürgermeister Dr. Johann Heinrich Burchard bereits bei der ersten Fahrt verkündet: »Wir Hamburger sind nicht immer rasch von Entschluss, aber was wir in Angriff nehmen, pflegt gut zu werden. (...) Für alle Hamburger ist die Hochbahn geschaffen – und allen soll sie nützen.« Da der Betreiber Hamburger Hochbahn AG hieß, setzte sich in der Bevölkerung der Name Hochbahn durch, auch wenn sie auf weiten Strecken im Untergrund verkehrte. Für den Betrieb standen zunächst 80 Zugeinheiten zur Verfügung, die damals noch in zwei Klassen aufgeteilt waren.

Die neue Bahn vermittelte den Hamburgern ein bisher ungekanntes Lebensgefühl, und schnell war die Unsicherheit auf den dunklen Tunnelstrecken verflogen. Die Hochbahn brachte fast alle Bevölkerungsschichten zusammen: Arbeiter, Kaufleute, Beamte, Schüler. Auf ihrer Fahrt durch das Stadtgebiet durchquerte sie in kürzester Zeit die unterschiedlichsten Wohngegenden. Entsprechend war die Auslastung der Wagenklassen. Während in den wohlhabenden Gegenden in Harvestehude und Eppendorf die zweite Klasse besser belegt war, hielten sich in den Arbeitervierteln und am Hafen mehr Menschen in der dritten Klasse auf.

Auf den stark frequentierten Strecken westlich der Altstadt, wo an Werktagen mehr als 100 000 Personen befördert wurden (zum Ausflugsverkehr an Sonntagen mitunter sogar 150 000), versuchten viele, in die weniger verstopften Wagen der besseren 2. Klasse auszuweichen. (Die einfache Fahrt erfolgte in der 3. Klasse, eine 1. Klasse gab es

Hochbahnviadukt am Graskeller mit Blick auf die Haltestelle Rödingsmarkt in den ersten Betriebsjahren.

nicht.) Daraufhin führte die Hochbahngesellschaft Kontrollen ein, die polizeiliche Ordnungsstrafen nach sich zogen. Dagegen protestierten aufgebrachte Bürger, doch die Gerichte bestätigten dieses Vorgehen.

Obwohl weiterhin die Abteile der dritten Klasse hoffnungslos überbelegt und die zweite Klasse oft so gut wie leer war, hielt die Hochbahn an der Trennung der Klassen noch bis 1920 fest. Man versuchte den gestiegenen Anforderungen durch längere Züge und verkürzte Taktfolgen gerecht zu werden, doch mehr als vier Wagen ließen sich aus Sicherheitsgründen nicht einsetzen. Man wollte verhindern, dass die Züge direkt bis zum Bahnsteigende und den dort befindlichen Treppen reichten, da Eilige sonst noch aufzuspringen versuchten und Unfälle verursachten. Erste Opfer gab es bereits zu beklagen. Im Juni 1912 war ein Fahrgast auf diese Weise am Rathausmarkt zwischen Zug und Tunnelwand eingeklemmt und noch zehn Meter fortgerissen worden. An gleicher Stelle wurde am 24. November 1912 eine junge Frau zwölf Meter mitgeschleift. Aus anfänglicher Unsicherheit sei bei einigen offenbar Leichtsinnigkeit entstanden, wie die Lokalpresse konstatierte. Da die Türen nicht selbsttätig schlossen, machten sich manche einen Sport daraus, auf den anfahrenden Zug aufzuspringen und dann vom Trittbrett aus die Tür zu öffnen oder bereits bei der Einfahrt in den Bahnhof aus dem fahrenden Zug zu springen.

An der Hochbahnhaltestelle Feldstraße befand sich einst eine Windmühle. Der Haltestellenausgang wurde architektonisch entsprechend angepasst (1912/13).

Pläne zur Erweiterung des Streckennetzes der Hochbahn (1915).
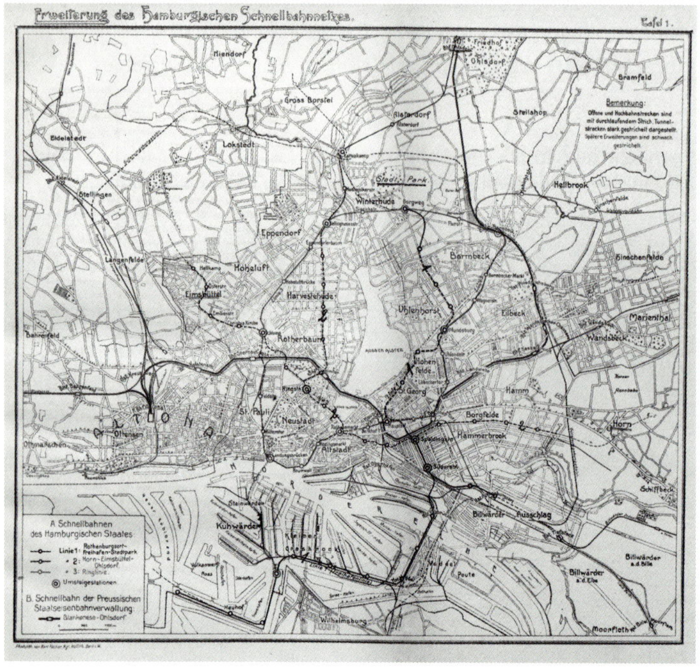

Mit der Mobilmachung für den Ersten Weltkrieg verlor die Hochbahn Anfang August 1914 binnen weniger Tage 75 % des männlichen Personalbestands. Fortan ersetzten nun Frauen deren Arbeitskraft. Die geplante Eröffnung der nördlichen Zweiglinie nach Ohlsdorf wurde um ein halbes Jahr verschoben und ihr weiterer Ausbau nach Langenhorn erst einmal zurückgestellt. Auch auf der Zweiglinie in Richtung Südosten nach Rothenburgsort musste eine Zwangspause eingelegt werden, da der Stahl für die Schienen zunächst für die Produktion von Geschossen verwendet wurde. 1915 kam schließlich das erwartete Material aus dem Ruhrgebiet doch noch, so dass die Linie fertiggestellt werden konnte und etwas verspätet am 27. Juli 1915 in Betrieb ging.

Schlechter sah es bei der Walddörfer-Bahn aus, jener Zweigstrecke, die zur Hamburgischen Exklave auf preußischem Gebiet nordöstlich des Stadtkerns führen sollte. Mit dem Bau hatte man bereits 1912 begonnen. Nach Kriegsbeginn wurden die Arbeiten an dem Hochbahnprojekt jedoch eingestellt. Erst in den 1920er Jahren konnte die Strecke etappenweise bis 1925 vollendet werden. Bei der Ohlsdorfer Zweiglinie gingen die Bauarbeiten bis 1918 nur schleppend voran. Daher konnte die Eröffnung erst am 1. Juli 1921 stattfinden.

Die Hochbahnstrecke nach Rothenburgsort mit Blick über die Staatsbahngleise an der Spaldingstraße (Juni 1914).

Die Nachkriegsjahre mit den vielen politischen und sozialen Konflikten sowie einer zunehmenden Inflation gingen auch an der Hamburger Hochbahn AG nicht spurlos vorbei. Das Fahrgastaufkommen ging zurück, einzelne Strecken waren derart schlecht ausgelastet, dass auf den betroffenen Abschnitten bereits ab 1917 nur noch Einzelwagen eingesetzt wurden, die man zu Zweirichtungswagen mit zwei Fahrerständen umbaute, im Volksmund »Esel« genannt. Am 17. September 1923 kam es auf dem Höhepunkt der Inflation sogar zu einer Betriebseinstellung auf der gesamten Rothenburgsorter Zweigstrecke, was zu wütenden Protesten der Anwohner führte. Das Tunnelstück am Besenbinderhof wurde vorübergehend als Abstellanlage genutzt, und südlich des Tunnelmunds entstand über der Rampe bis 1924 das Gesundheitsamt, unter dem die Züge später hindurchfuhren.

Mit der Währungsreform im November 1923 normalisierten sich die wirtschaftlichen Zustände im Deutschen Reich. Die Fahrgastzahlen im Netz der Hochbahn stiegen allmählich an. Die Wiedereröffnung der Rothenburgsorter Zweigstrecke machte die Hochbahn aber von finanziellen Zusagen des Senats für den Bau einer Wagenhalle in Billbrook abhängig. Nach heftigen Auseinandersetzungen gab der Senat im Februar 1924 schließlich nach. Bis zum Frühjahr 1925 entstand 800 Meter hinter der Endstation Rothenburgsort eine neungleisige, über 170 Meter lange Wagenhalle mit Wartungsgruben, die allerdings nur als Abstellanlage genutzt wurde.

Zudem gab es zur Mitte der 1920er Jahre einige technische Neuerungen im Netz der Hamburger Hochbahn: Ab 1925 beschleunigten automatische Kupplungen an den Wagen sowie der Einbau selbsttätiger Weichen, beispielsweise im Tunnel am Hauptbahnhof, den Zugumlauf und sparten nicht nur Fahrzeit, sondern auch Personal ein.

Durch den Einsatz zusätzlicher Züge und die Streckenerweiterungen musste das Kraftwerk der Hochbahn Mitte der 1920er Jahre erweitert werden. Doch die Bauarbeiten verzögerten sich. Die Konsequenzen bekamen die Fahrgäste im Winter 1925/26 zu spüren. Bei einsetzendem Frost im Dezember sowie starkem Weihnachts- und Domverkehr kam das Kraftwerk an seine Grenzen. Das Hamburger Fremdenblatt berichtete am 5. Dezember 1925: »Infolge Überlastung ist heute eine Störung im Kraftwerk der Hochbahn eingetreten, wobei es zu Zugverspätungen kam. Es ließ sich daher leider nicht vermeiden, eine Einschränkung des Stromverbrauchs der Hochbahn vorzunehmen. Als erste Maßnahme musste deswegen die Heizung der Züge fortfallen, da diese einen ganz beträchtlichen Stromverbrauch verursachen.«

Mitarbeiter der Hochbahn während der Weltwirtschaftskrise (um 1930).

Die Walddörfer-Bahn und ihr Geisterbahnhof am Beimoor

Gehört eine Fahrt auf dem Hochbahnviadukt am Hamburger Hafen seit vielen Jahrzehnten zum touristischen Pflichtprogramm, so sind andere Bereiche des rund 100 Kilometer langen Streckennetzes der Hamburger U-Bahn den meisten Besuchern eher unbekannt. Dabei ist die Linienführung vielfältig, der Blick in den Außenbezirken besonders abwechslungsreich und die Stadtgrenze längst keine Begrenzung mehr. Auch wenn hier die Trassen überwiegend oberirdisch angelegt sind, gibt es hier trotzdem »dunkle Welten«. Manche Station hat eine überraschende Geschichte – zum Beispiel auf der Walddörfer-Linie zu den Gemeinden vor den Toren der Stadt, 43 Minuten Fahrzeit vom Hauptbahnhof entfernt.

Sie entstand ab 1912 auf rund 29 Kilometern zwischen Barmbek und Volksdorf sowie Großhansdorf. Finanziert wurde sie zu Teilen durch die angrenzenden Grundeigentümer. Verzögert durch den Ersten Weltkrieg begann zunächst im September 1918 ein eingleisiger, provisorischer Betrieb von Barmbek nach Ohlstedt. Die Zweigstrecke zwischen Volksdorf und Großhansdorf kam dann im November 1921 hinzu. Die Eröffnungsfahrt war eine solche Sensation, dass sich die Kinder in der Großhansdorfer Schule von ihren Plätzen erhoben, als der Zug vorbeikam. Bis 1927 war der zweigleisige elektrische Ausbau zwischen Barmbek und Ohlstedt abgeschlossen, und 1934 übernahm die Hamburger Hochbahn AG die Walddörfer-Bahn von der Stadt Hamburg in eigene Regie. Auch wenn das Fahrgastaufkommen gering war, so dass man die Strecke mit umgebauten Zweirichtungswagen befuhr – der heute noch existierende Museumswagen 220 der Hochbahn ist ein stummer Zeuge aus dieser Zeit –, wollte die Hansestadt doch ihre Exklaven auf preußischem Gebiet in das eigene Verkehrssystem einbinden.

Dabei entstanden ein herausragendes Ingenieurbauwerk, der fast 580 Meter lange Überwerfungsviadukt über die Vorortbahnstrecken in Barmbek, und insgesamt 17 Haltestellen. Ursprünglich sollten es mal 19 sein. Zwei Haltestellen wurden aber nie eröffnet: Wulfsdorf und Beimoor. Während in Wulfsdorf (zwischen den heutigen

Lokomotive der Feldbahn, die 1916 für die Dammschüttungen der Walddörfer-Bahn benutzt wurde.

Plan der Anbindung der Hamburgischen Walddörfer, die bis 1938 Exklaven auf Preußischem Gebiet waren.

Haltestellen Buchenkamp und Ahrensburg-West) lediglich die Trasse für die Station erweitert wurde und das Gebäude in Planung war, ist in Beimoor richtig gebaut worden. Es sollte die Endstation hinter Großhansdorf werden. Der Grund dafür war ein Senatsbeschluss, hier auf dem »hamburgischen Erweiterungsgebiet«, weit weg von der Innenstadt, eine »dritte hamburgische Irrenanstalt« zu errichten. Im nahen Beimoorwald war zudem eine Rüstungsfabrik vorgesehen, wofür wiederum ein Güterbahnhof und eine Arbeitersiedlung konzipiert waren. Später wollte man noch eine zusätzliche Verbindung zum Haltepunkt Siek an der Strecke der Südstormarnschen Kreisbahn schaffen. Von diesen ambitionierten Planungen zeugt heute nur noch der Bahndamm am Beimoor.

Zwischen 1915 und 1919 wurden der Bahndamm aufgeschüttet, die Gleisanlagen installiert und die Haltestelle Beimoor mit einem 60 Meter langen Mittelbahnsteig er-

Die Haltestellen der Walddörfer-Bahn waren schlicht und der Landschaft angepasst (Mitte der 1920er Jahre).

Aufgrund der wenigen Fahrgäste wurden zwischen 1914 und 1926 kostengünstige Zweirichtungswagen (Spitzname »Esel«) eingesetzt.

Nach dem Krieg entstand am Bahndamm in Beimoor ein Behelfsheim, das zu Beginn der 1970er Jahre abbrannte.

richtet. Dazu gehörte auch eine 40 Meter lange Teilüberdachung. Darunter stand mitten auf dem Bahnsteig ein kleines Haltestellenwärterhäuschen, und im Anschluss daran befand sich am Streckenende ein verglastes und bereits verputztes Treppengebäude mit darunterliegender Ausgangshalle. Auf dem Bahnsteig hing schon das Stationsschild. Doch dann kam nach dem Ende des Ersten Weltkrieges im Sommer 1919 der Versailler Vertrag, der Deutschland jede weitere Rüstung verbot, weshalb sich das Projekt der Waffenfabrik im Beimoorwald erledigt hatte. Die Wirtschaftsprobleme der Nachkriegszeit bewirkten auch, dass die geplante Psychiatrie nicht gebaut wurde, eher waren Invaliden- und Versehrtenhäuser notwendig. Damit wiederum gab es keinen Grund, eine Siedlung in Beimoor zu errichten. Wozu dann der Bahnhof?

Die sich selbst überlassene Anlage entdeckten die Kinder als Abenteuerspielplatz. Sie übten Zielwerfen auf die verbliebenen Glaselemente des Treppenhauses, und im Winter war der damals noch unbewachsene Bahndamm ein Rodelparadies. Eine Mutprobe hatte bestanden, wer sich in die Kabelschächte unter dem Bahnsteig traute.

1932 dachte man über einen Umbau der Bahnhofsanlage zu einer Jugendherberge nach, die Umsetzung scheiterte jedoch an den hohen Kosten. Unter den Nationalsozialisten diente das Haltestellengelände dann der Hitlerjugend für militärische Ausbildungszwecke, einschließlich diverser Sprengübungen. Bis zum Beginn des Zweiten Weltkriegs war von der ehemals überdachten Treppenanlage so gut wie nichts mehr übrig. Während der ersten Kriegsjahre musste die restliche Haltestelle dann für die rüstungsbedingte Materialgewinnung herhalten. So wurde die stählerne Brückenkonstruktion über die Straße Mielerstede, von der heute nur noch die steinernen Auflieger zeugen, genauso demontiert wie die stählerne Halterung des Bahnsteigdaches. Aus den Resten der Ruine gewannen die ausgebombten Hamburger nach den »Gomorrha«-Angriffen von 1943 dann noch ein paar Baumaterialien für ihre Behelfsheime. Aus Sicherheitsgründen wurde der Bahnsteigabgang mit einem Deckel versehen und der Eingang am Fuß des Bahndammes im Jahre 1946 vermauert.

Zu Beginn der 1950er Jahre baute man direkt neben diesem Eingang auf dem freien Bahnhofsvorplatz ein Behelfsheim, wobei der Tunnel der Ausgangsanlage mit einbezogen wurde. Darin entstand ein Wirtschaftsraum mit Koch- und Waschgelegenheit, und in einer Nische unter der Treppe lagerten die Bewohner ihr Brennholz. Anfang der 1960er Jahre zog in das Behelfsheim (»Leihhaus« genannt) ein Großhansdorfer Jäger mit seiner Familie, der dort sein Moped unterstellte.

Nach dem Auszug der letzten Bewohner brannte das Gebäude in der ersten Hälfte der 1970er Jahre vollständig ab, so dass heute davon nichts mehr zu sehen ist. Der Eingang wurde wieder mit Schutt gefüllt, blieb aber für rund

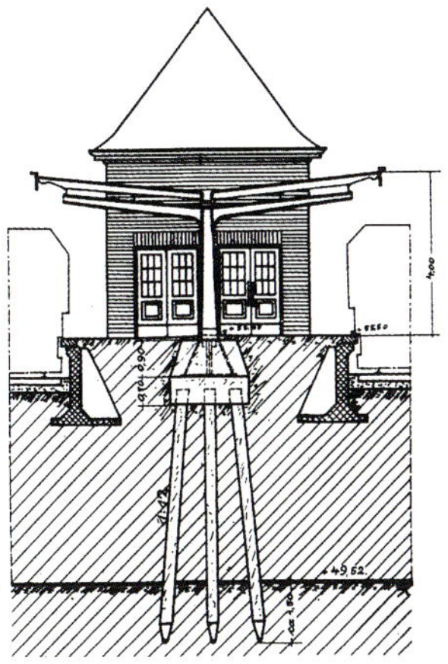

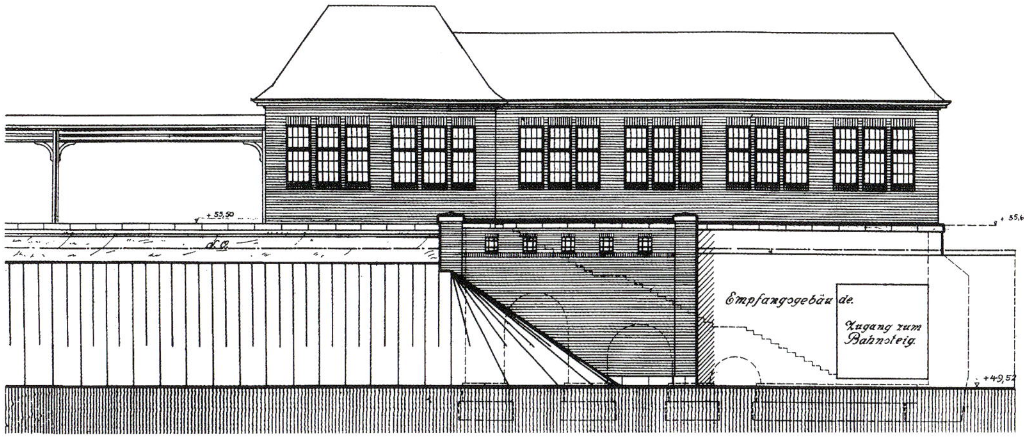

Links: **Querschnitt des Bahnsteiges der Haltestelle Beimoor.** Rechts: **Längsansicht der Haltestelle Beimoor mit Treppenhaus (1919).**

15 Jahre geöffnet. Gegen Ende der 1980er Jahre fand sich dann ein neuer Verwendungszweck: Der Tunnel wurde zum Fledermausquartier. Die Tiere kommen über einen kleinen Einflugschacht in den feuchten Gang und überwintern hier zumeist. Tierschützer sorgten dafür, dass ein professioneller Umbau für etwa 10 000 Euro erfolgte, wobei die alte Treppenanlage teilweise abgebrochen und der Ausgang verschlossen wurde. Nur der »Fledermausbeauftragte« kommt über eine Tür in die Anlage hinein. Im Winter 2005/06 zählte er dort 20 Fledermäuse.

Oberhalb des Fledermausquartiers hat die Gemeinde im Jahre 2002 auf dem Bahndamm einige Abschnitte als Trockenrasenbiotop rekultiviert. Die Natur hat die Anlage weitgehend zurückerobert, doch der bahntechnisch Interessierte kann die ehemals geplante Funktion des Bauwerks auch heute noch erkennen.

Auf dem Bahnsteig der Haltestelle Beimoor waren nach dem Ende des Zweiten Weltkrieges alle Gebäude abgebrochen.

Der Alte Ausgang unter dem Bahnsteig Beimoor dienst heute als Fledermausquartier.

Mit der Kelljunglinie in das Herz der Stadt

Nachdem sich die Hochbahn AG Mitte der 1920er Jahre mit Tariferhöhungen frisches Geld in die Kassen gespült hatte, nahm sie alte Ausbaupläne wieder auf. Die begonnenen Zweigstrecken in die Außenbezirke wurden vollendet, und im Innenstadtbereich wagte man sich an ein ehrgeiziges Projekt. Von der Kellinghusenstraße im nördlichen Eppendorf sollte durch die Viertel direkt westlich der Alster eine schnelle Verbindung in die Innenstadt geschaffen werden, und zwar vollständig unterirdisch. Während einer Sitzung der Bürgerschaft im Dezember 1925 wurde dazu der Beschluss gefasst. Die gewählte Streckenführung war dabei nicht unproblematisch, denn schließlich musste man hier durch teilweise bebautes und verkehrsreiches Gebiet – ein Garant für Verzögerungen. Daher begann man bereits einige Monate nach dem Beschluss mit den Bauvorbereitungen. Unterirdische Versorgungsleitungen im Trassenverlauf wurden geschwenkt, außerdem wurde bereits mit dem Umbau der bestehenden Haltestelle Kellinghusenstraße an der Ringlinie begonnen.

Im Winter 1926/27 startete in Eppendorf der Brückenbau, der im Herbst 1927 abgeschlossen werden konnte. Währenddessen begann am 10. August 1927 an der Hallerstraße der Tunnelbau.

Tunnelbau am Eppendorfer Baum.
Die Straßenbahn half beim Abtransport der Erde.

Nachdem der Isebekkanal überquert war, verschwand am Eppendorfer Baum die Strecke im Untergrund und vollzog einen engen südwestlichen Bogen, wobei die Häuser an der Isestraße 77–83 unterfahren werden mussten. Dahinter entstand unter einem sternförmig angelegten Kreisverkehr die erste Station am Klosterstern, zeitgemäß im Art-Deco-Stil gehalten. Sie lag ungewöhnlicherweise in einer Kurve, was die Einsicht für das Abfertigungspersonal erschwerte und zudem größere Lücken zwischen Wagen und Bahnsteigkante bedeutete. Doch die einflussreichen Anwohner der Oderfelder Straße hatten verhindert, dass die Trasse unter ihrer Straße verlegt wurde und so eine gerade Verbindung zwischen Kellinghusenstraße und Klosterstern entstehen konnte.

Im weiteren Verlauf konnte dann aber schnurgerade unter der Rothenbaumchaussee gebaut werden. Nächster Haltepunkt wurde die Kreuzung Hallerstraße, nach der man auch die Station benannte. Damit wurde zugleich Hamburgs Erster Bürgermeister der Jahre 1863–1873 geehrt, Dr. Nicolaus Ferdinand Haller. (Die Nationalsozialisten störten sich am Namen des jüdischen Juristen und benannten Straße sowie U-Bahnstation nach der Machtergreifung in Ostmarkstraße um. Nach dem Krieg erhielten Haltestelle und Straße ihren alten Namen zurück.)

Später sollte die Station als Umsteigehaltestelle genutzt werden, denn bereits beim Bau der Kelljunglinie liefen parallel die Planungen zu einer weiteren U-Bahnstrecke, dem »Alsterhalbring«, der die damalige Straßenbahnlinie 15 ersetzen sollte. Doch dazu kam es nicht. Bis heute zeugt allerdings eine veränderte Stützenkonstruktion in der Mitte der Bahnsteiganlage von dem geplanten Bauvorhaben.

Für den Tunnelbau an der Hallerstraße setzte man im Sommer 1927 erstmals elektrische Greifbagger ein, die ihren Strom aus der Oberleitung der Straßenbahn bezogen. Auch der Erdaushub wurde mit Muldenkippwagen über die Straßenbahngleise abtransportiert. Die Anwohner in den noblen Häusern der Umgebung hatten dadurch spürbar weniger Lärmbelästigung zu ertragen.

Südlich der Hallerstraße verläuft die Trasse leicht versetzt unter dem östlichen Fußweg und Grünstreifen der Rothenbaumchaussee weiter in Richtung Innenstadt. Als nächstes war eine Station Binderstraße auf der Höhe von Universität und Völkerkundemuseum zwischen der Binderstraße und der Johnsallee vorgesehen, da die Entfernung bis zum Stephansplatz mit 1600 Metern ungewöhnlich weit gewesen wäre. Bei diesen Planungen sollte es bleiben, da in der Zeit des »Dritten Reiches« die Schnellbahnplaner ganz andere Visionen verfolgten und sich nicht mit der Einrichtung einer weiteren Station auf der Kelljunglinie abgaben. Tatsächlich ist über die Schaffung einer Station in diesem Abschnitt in späteren Jahrzehnten immer wieder diskutiert worden, selbst 1953 verkündete die Hochbahn noch offiziell die Einrichtung einer Haltestelle an der Johnsallee. Auch in den 1980er Jahren plante man eine Bedarfshaltestelle, die nur zur Hauptverkehrszeit angefahren wird. Letztlich konnte sich bisher jedoch keine Stadtverwaltung durchringen, diese Haltestelle zu bauen. Der Grund dafür liegt in den außergewöhnlich hohen Kosten, die eine Haltestelle in diesem Bereich verursachen würde, denn die Strecke muss hier eine nicht unerhebliche Steigung überwinden. Da bis in die 1990er Jahre die Bremstechnik der U-Bahnfahrzeuge keine Haltstellen mit hoher Steigung oder Gefälle zuließ, hätte man den

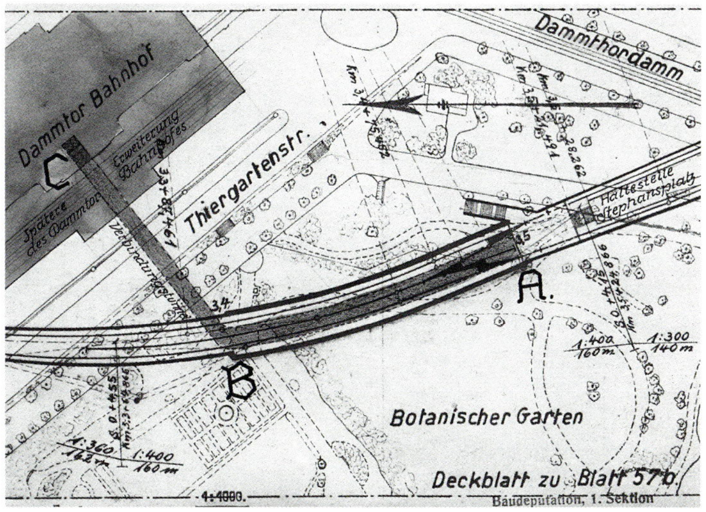

Im oberen Teil des Gewölbetunnels der Hochbahn nördlich der Haltestelle Stephansplatz plante die Bauverwaltung 1927 einen Verbindungstunnel zwischen dem Dammtorbahnhof und der Haltestelle. Die Anlage wurde nie gebaut.

Straßenszene auf dem Stephansplatz, den man seit dem 2. Juni 1929 mit der Kelljunglinie unterirdisch erreicht.

Der Tunnelbau der Kelljunglinie erreicht im Sommer 1930 den Jungfernstieg. Im Untergrund vor dem Alsterpavillon entstand zunächst ein Behelfsbahnhof aus Holz (Foto vom 7. Juni 1930).

Tunnel auf einer Länge von etwa 300 Metern vollständig abtragen und für den Bahnsteig den Tunnel durch ein gerades Stück von knapp 200 Metern ersetzen müssen. Der veränderte Höhenunterschied wäre sodann durch ein mindestens 60 Meter langes Stück mit stärkerem Steigungswinkel auszugleichen, was unter anderem einen höheren Stromverbrauch der Züge bedeuten würde. Zuletzt hat man 2002 noch einmal entsprechende Prüfungen angestellt, und seit 2004 findet sich die Station sogar im Verkehrsentwicklungsplan der Stadt Hamburg wieder – wenn auch auf der letzten Seite. Bis heute gibt es keine erkennbaren Anstrengungen, das Vorhaben wirklich in die Tat umzusetzen.

Die Ingenieure und Bauarbeiter der Kelljunglinie hatten weiter südlich ganz andere Herausforderungen zu meistern. Am Bahnhof Dammtor der Reichsbahn galt es die bereits bestehenden oberirdischen Gleisanlagen zu untertunneln, was hier nicht in offener Bauweise von oben aus erfolgen konnte, sondern auf bergmännische Art unterirdisch vollzogen werden musste. Die Arbeiten gingen entsprechend langsam voran und zogen sich bis zum Frühjahr 1929 hin. Kurz dahinter erreicht die Trasse den Stephansplatz, unter dem eine gleichnamige Haltestelle liegt. Das Angebot der Reichsbahn, einen Verbindungsgang zwischen dem Bahnhof Dammtor und der Haltestelle Stephansplatz zu schaffen und sich die Kosten daran zu teilen, lehnte die Hochbahn ab. Allerdings sah man dort ein, dass eine oberirdische Überquerung des Stephansplatzes aufgrund des verstärkten Oberflächenverkehrs nicht mehr so ungefährlich war, und plante die Haltestelle so, dass ein zweiter Ausgang im Botanischen Garten in der Nähe des Dammtorbahnhofes geschaffen werden konnte.

Prachtstraße Jungfernstieg

Der Jungfernstieg gilt als das Herz der Hansestadt. Hier wurde im Jahr 1190 der Fluss Alster zu einem See aufgestaut, um eine Kornmühle zu betreiben. 1235 folgte eine zweite Mühle, und es entstand in 15-jähriger Bauzeit der Reesendamm, an dem später das Rathaus errichtet wurde. Der Straßenname Jungfernstieg für das südliche Ufer der Binnenalster stammt von 1648, da die jungen Hanseatinnen des 17. Jahrhunderts hier zu flanieren pflegten. Um das Jahr 1800 verbreiterte man den Jungfernstieg um acht Meter und pflanzte dort 200 Linden. Es folgten weitere repräsentative Prachtstraßen und Flaniermeilen. Zwischen 1825 und 1827 entstand am westlichen Ufer der Binnenalster der Neue Jungfernstieg, wofür man Erdreich verwendete, das nach dem Abtragen alter Festungsanlagen zur Verfügung stand. 1838 wurde der Jungfernstieg als erste Straße Deutschlands komplett asphaltiert.

Nach dem großen Brand von 1842 erfolgte eine Umgestaltung der Innenstadt. Man regulierte die Alster, versetzte die neue Häuserflucht um sechs Meter nach hinten, und es entstand eine großzügige Promenade, die 1899 nochmals verbreitert wurde. Seitdem ist dies der ultimative Ort, wo man sich zeigt, hier trifft sich »prominent und neugierig«.

Flaniermeile Jungfernstieg an einem Werktag Mitte der 1930er Jahre.

Eine der wenigen Baumaschinen an der Kelljunglinie: eine Dampframme.

Hier mussten das vorhandene Stammsiel der Kanalisation, mehrere Fernwasserleitungen und die Rohre der Stadtrohrpost umgangen werden, außerdem kreuzten zahlreiche Fernsprechkabel des in der Nähe befindlichen Telegrafenamtes die Strecke. Neben dem Bau einer Abstellanlage sollte zudem noch bauseits Rücksicht auf eine später geplante U-Bahnstrecke genommen werden.

Für die zusätzliche Strecke reichten nun die bisherigen Unterwerke zum Umspannen des Stroms nicht mehr aus. Daher entstand in der Nähe in einem Park ein weiteres Unterwerk, das durch eine neuartige Gleichrichtungs- und Fernsteuerungstechnik zu den modernsten seiner Zeit gehörte.

Am 2. Juni 1929 konnte die Kelljunglinie zwischen Kellinghusenstraße und der Haltestelle Stephansplatz eröffnet werden. Die vorgesehene Endhaltestelle Jungfernstieg war zu diesem Zeitpunkt noch im Bau. In die Zeit der Fertigstellung des letzten kurzen Stücks fiel dann die Weltwirtschaftskrise.

Der weltweite Zusammenbruch der Börsen am 24. Oktober 1929 (»Schwarzer Donnerstag«) traf die Hafenstadt Hamburg, die vom internationalen Handel lebte, besonders stark. Viele Firmen gingen Konkurs, die Arbeitslosenzahlen stiegen sprunghaft an. Der Stadt blieben die Einnahmen weg, es musste an allen Ecken und Enden gespart werden. Wie zu Zeiten der Inflation schränkte die Hochbahn den Betrieb im gesamten Netz ein. Taktzeiten wurden verlängert und das Fahrtangebot verkleinert. Erst in der zweiten Hälfte des Jahres 1930 verbesserte sich die Situation allmählich wieder.

Die Geschäftsleute in der Straße Colonnaden hatten in dieser Zeit mit starken Umsatzeinbußen zu kämpfen und waren wenig begeistert, dass nun ihre Geschäftsstraße zur Binnenalster aufgerissen werden sollte, um hier das letzte Stück der Kelljunglinie Richtung Jungfernstieg zu verlegen. Sie schlossen sich zu einer Interessengemeinschaft zusammen und forderten im Dezember 1927 eine Umlegung der Trasse über die Dammtorstraße und den Gänsemarkt. Seitens der Hochbahn wurde der Vorschlag geprüft, jedoch waren Planungen und Vorarbeiten bereits so weit fortgeschritten, dass die Hochbahn dieses Anliegen letztlich ablehnte.

Der Bau der Station Jungfernstieg stellte seinerzeit die vermutlich größte ingenieurtechnische Leistung der Hamburger U-Bahn dar, denn hier entstand Deutschlands erste U-Bahn-Haltestelle, die teilweise unter Wasser liegt. Durch die direkte Nähe der Binnenalster ist der Wasserstand an dieser Stelle allgemein ziemlich hoch und liegt bereits bei etwa drei Metern unterhalb der Straßenoberfläche. Hinzu kam die historische Bebauung, die sich in den vorhergegangenen 250 Jahren mehrfach verändert hatte. Bei den Schachtarbeiten stieß man immer wieder auf alte Pfähle, zur Gründung verwendete Findlinge und Eichenbohlen. Als Problem erwiesen sich auch die neuzeitlichen Eingrabungen wie Siele, Kanalisationsrohre, uralte hölzerne Wasserleitungen mit Bleiummantelung und Telefonleitungen mit 30 000 Anschlüssen. Auch fand man neben Beilen und Speerspitzen eine Geldbüchse – ein Sparschwein aus früheren Jahrhunderten, die vielleicht irgendwann ein Dieb geleert und in die Alster geworfen hatte.

Die Haltestelle entstand ab 1931 direkt unterhalb des Alsterablaufs an der 1842/43 gebauten Reesendammbrücke, die dazu teilweise abgebrochen und nach dem Haltestellenbau neu erstellt wurde. Es war ein langsames und schwieriges Unterfangen, denn außer einer Dampframme für die Spundwände und einem Bagger verfügte man nicht über besonderes technisches Gerät, so war es damals größtenteils zeitraubende Handarbeit.

Um die ansonsten aber schon fertiggestellte Strecke nutzen zu können, entschloss man sich im März 1931 zur Einrichtung eines Behelfsbahnhofs. Dieser lag im Bauabschnitt über dem Südgleis, zwischen den Straßen Große Bleichen und Neuer Wall (etwa vor dem heutigen Alsterpavillon). Dort ist der Tunnel etwas großzügiger bemessen und hat die Form eines Fächers, da man bei einer späteren Netzerweiterung eine Kreuzungsanlage einbauen wollte, wozu es letztlich aber nie kam.

Der Behelfsbahnhof war nichts weiter als ein angemalter Tunnel, wobei man allerdings die Farben und Muster der späteren Station verwendete. Der Bahnsteig selbst lag über dem südlichen Streckengleis auf einer Eisenkonstruktion, die mit Hohlsteinen abgedeckt und mit Gussasphaltbelag überzogen war. Im südlichen Anschluss daran befand sich eine Holztreppe, über die man die Oberfläche über den bereits fast fertiggestellten Ausgang an der Straße Plan erreichen konnte. Am 25. März 1931 hielten hier die ersten Züge. Parallel wurde nebenan am eigentlichen Bahnhof gearbeitet, dessen Fertigstellung noch weitere drei Jahre in Anspruch nahm. Immer wieder kam es dort zu kleineren Wassereinbrüchen, Absackungen und Erdrutschen. Dass die Arbeiten auch nicht ganz ungefährlich waren, belegt ein Arbeitsunfall: Im November 1932 kam der Arbeiter Otto Liss hier ums Leben, woran noch heute eine Gedenktafel in der Station erinnert.

Eine regelrechte Katastrophe ereignete sich am Vormittag des 2. Januar 1933, als in Folge einer Bodensenkung die gesamte Grube des zweiten Bauabschnitts geflutet wurde. Die Abdichtungs- und Pumparbeiten wurden durch die jahreszeitliche Witterung erschwert. Zudem kam in den darauf folgenden Tagen noch ein Kälteeinbruch mit starkem Frost, durch den sich auf der Wasseroberfläche der Baugrube schnell eine 10 Zentimeter starke Eisdecke bildete, so dass sich selbst Anfang Februar 1933 noch Wasser

Arbeiten an der U-Bahn-Haltestelle Jungfernstieg im Morgendunst des 10. November 1932.

Am Vormittag des 2. Januar 1933 kam es an der Haltestelle Jungfernstieg zu einem schweren Wassereinbruch. Taucher mussten die undichte Stelle zwischen den Spundwänden abdichten.

Vereiste Baustelle Jungfernstieg drei Wochen nach dem Wassereinbruch (23. Januar 1933).

Am 28. April 1934 wurde der fertiggestellte Bahnsteig der Endstation Jungfernstieg in Betrieb genommen. Ausgebaut war zunächst nur das Nordgleis.

in der Baugrube befand. Die Eröffnung der Station verzögerte sich entsprechend und fand schließlich am 28. April 1934 statt. Nach dem Abbau des Behelfsbahnsteiges blieben im Tunnel nur noch die emaillierten Haltestellenschilder und die Farbe an den Tunnelwänden übrig.

Obwohl die U-Bahnstationen in Hamburg seinerzeit zumeist nur einen Ausgang hatten, besaßen die unterirdischen Stationen der Kelljunglinie großzügige Aus- und Zugangsanlagen jeweils zu beiden Bahnsteigseiten. Es war die erkennbar edelste Strecke der Stadt. Sie wurde noch dadurch aufgewertet, dass die Station Jungfernstieg Mitte der 1930er Jahre als erste Haltestelle im Hamburger U-Bahnnetz zwei elektrisch betriebene Rolltreppen erhielt und die Mittelstützen auf dem Bahnsteig mit Kacheln verkleidet wurden. Aber nicht nur für die Haltestellenausstattung war eine neue Zeit angebrochen. In den großspurigen Planungen der Nationalsozialisten sollte am Jungfernstieg später ein Knotenpunkt für insgesamt vier Linien entstehen, unter der Binnenalster wollte man einen zusätzlichen sechsgleisigen Bahnhof errichten. Zudem sollte die Kelljunglinie über Steinstraße unterirdisch in Richtung Hauptbahnhof verlängert werden – doch aus alledem wurde nichts. Die Haltestelle Jungfernstieg war die letzte Erweiterung des Streckennetzes der Hamburger U-Bahn vor Beginn des Zweiten Weltkrieges.

Das Hochbahnnetz in der NS-Zeit

Die Zeit des Nationalsozialismus hinterließ auch in Hamburg ihre Spuren. Zunächst hatte es die Hitler-Partei im roten Hamburg jedoch sehr schwer und erzielte bei den Wahlen im Jahr 1928 lediglich zwei Prozent der Stimmen. Das änderte sich nach der Weltwirtschaftskrise 1929/30. Bei den Bürgerschaftswahlen 1931 bekam die NSDAP 26 % der Stimmen, 1932 wurde sie stärkste Fraktion, bildete aber noch nicht den Senat. Nach der Machtübernahme im Januar 1933 und der Ausschaltung der Kommunisten waren es dann bei der Reichstagswahl am 5. März 1933 39 % (landesweit 43,9 %). Der Hamburger Senat fiel in die Hände der NSDAP. Am 8. März 1933 wurde der Kaufmann Carl Vincent Krogmann zum neuen Bürgermeister gewählt. Jedoch war für die eigentliche Machtausübung des neuen Regimes ab Mai 1933 Hitlers Gauleiter und Reichsstatthalter Karl Kaufmann zuständig.

Generalplan der Hochbahn für die Neubaustrecken bis 1950.

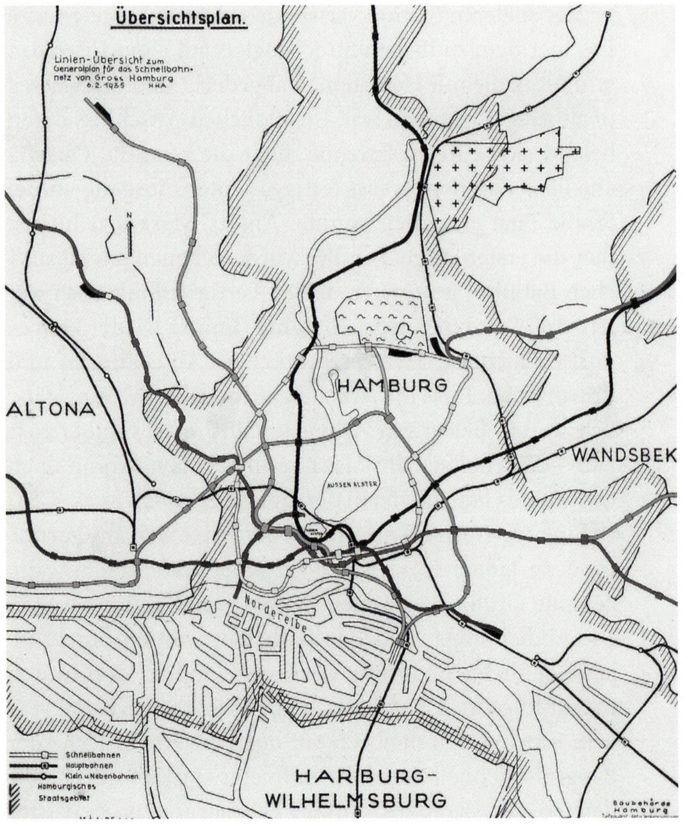

Blick vom Glockengießerwall auf den Hauptbahnhof (etwa 1938).

Was für die Hamburger zunächst sichtbar wurde, waren die vielen Straßenumbenennungen, verbunden mit den entsprechenden Folgen für die Haltestellen des Nahverkehrs. So wurde etwa aus dem Rathausmarkt der Adolf-Hitler-Platz.

Den politischen Wechsel im Rathaus bekam auch die Hamburger Hochbahn AG (HHA) als halbstaatliches Unternehmen (nahezu 2/3 der Aktien gehörten der Stadt) unmittelbar zu spüren. Bereits am 10. April 1933 wurden die Vorstände und auch der Direktor und Vorstandsvorsitzende der HHA, Wilhelm Stein, beurlaubt und durch Friedrich Stanik ersetzt. Stanik, der bereits seit 1931 Mitglied der Hamburger Bürgerschaft war und seit 1932 im Aufsichtsrat der Hochbahn saß, entließ als neuer Generaldirektor der HHA auch die Betriebsratsvorsitzenden und sorgte für die Entlassung von über 250 Mitarbeitern, die für die neuen Machthaber aus politischen oder »rassischen« Gründen nicht mehr tragbar waren.

Auch fasste die neue Leitung der Hochbahn die unterschiedlichen Betriebszeitungen zu einer zusammen, die ab September 1933 mit ihrem Namen »Stirn und Faust« in das ideologische Bild des deutschen Arbeiters passen sollte und wo ab 1937 regelmäßig über Luftschutzmaßnahmen informiert wurde.

Der neue Geist war auch an den Umbauplanungen der Nazis zu Hamburg als »Führerstadt« alsbald deutlich ablesbar. Dazu gehörten eine Aufmarschachse quer durch die Stadt, eine gigantische Hochbrücke bei Ottensen über die Elbe und der Bau des mächtigen »Kraftverkehrshauses« (geplant 1938), das gleichzeitig auch das neue Verwaltungsgebäude der Hochbahn werden sollte. Hinzu kamen großspurig verkündete Nahverkehrsprojekte, die 1935 ihren Niederschlag im »Generalplan für das Schnellbahnnetz von Groß-Hamburg« fanden. Danach waren umfangreiche Erweiterungen bestehender Strecken und einige vollkommen neue Linien vorgesehen, darunter eine S-Bahn nach Harburg. Obwohl sich bald abzeichnete, dass die Steuermittel eher in die Rüstung und in die Autobahnen, nicht aber in den Nahverkehr flossen, und ab Kriegsbeginn 1939 sämtliche Gelder für die Netzerweiterungen eingefroren wurden, hat man in Hamburg noch im August 1939 ein Schnellbahnbauamt gegründet. Dort erarbeiteten Mitarbeiter des Hamburger Stadtarchitekten Gutschow und des Tiefbauamtes unter anderem den sogenannten 10-Jahres-Plan, in dem alle Erweiterungsplanungen zusammengefasst wurden, zu denen unter anderem auch die Untertunnelung der Elbe gehörte. Danach sollte vom Neuen Pferdemarkt eine Strecke über Schaarmarkt geleitet werden, die man westlich des Baumwalls unter der Elbe hindurchführen wollte. Ab Steinwerder war die weitere Strecke durch den Hafen in die südlichen Stadtgebiete vorgesehen. Aufgrund der Kriegsereignisse wurde jedoch im November 1940 beschlossen, den Baubeginn auf die Zeit nach dem Ende des Krieges zu verlegen. Letztlich kamen aber weder der gigantische Umbau des Elbufers noch der Bau des Kraftverkehrshochhauses über die Planungsphase je hinaus. Die eigentlichen Spuren der NS-Zeit hat dagegen der Zweite Weltkrieg hinterlassen. Er kündigte sich bereits mit der Pflicht zur Einrichtung von Schutzräumen unter Behörden, Betrieben und in Wohnhäusern an. Auch für die Mitarbeiter der Hochbahn entstand 1937 solch ein Raum namens »Jacobi« unter dem Verwaltungshochhaus an der Steinstraße.

NS-Planungen für eine gigantische Hochbrücke über die Elbe bei Ottensen.

Die erste Konsequenz des Kriegsbeginns am 1. September 1939 war die Einberufung von über 1500 wehrfähigen, männlichen Angestellten, an deren Stelle – genau wie im Ersten Weltkrieg – nun wieder Frauen Dienst taten.

Nachdem Görings Luftwaffe seit dem Herbst 1940 englische Städte bombardierte, erfolgten alsbald die militärischen Antworten, wobei die norddeutschen Großstädte besonders betroffen waren, da hier der Anflug ohne großes Abwehrfeuer über See erfolgen konnte. In der 1,7-Millionen-Stadt Hamburg begann ab November 1940 der verstärkte Bau von Luftschutzanlagen. In der unmittelbaren Nähe der Verkehrsknotenpunkte und größerer Haltestellen entstanden im Stadtgebiet diverse ober- und unterirdische Schutzräume. Sogar die Kasematten des steinernen Hochbahnviaduktes auf dem östlichen Ring an der Hamburger Straße wurden zu Schutzräumen umfunktioniert.

Das Verhalten bei Luftalarm und bei Aufenthalt im Schutzraum war von den Behörden genau geregelt worden. Seit Kriegsbeginn bestanden zudem strenge Verdunkelungsvorschriften, was zur Folge hatte, dass die Beleuchtung der oberirdischen Haltestellen in den Abendstunden ausgeschaltet und die Innenbeleuchtung der Züge gedämmt werden musste. Die Front- und Rückbeleuchtung der Züge erhielt zudem spezielle Abblendkappen über den Scheinwerfern, und die Lampen der Innenbeleuchtung wurden geschwärzt, so dass sie nur noch wenig Licht durchließen.

Auf den stockdunklen Bahnsteigen der oberirdischen Strecken verunglückten in den ersten Monaten mehrere Menschen, die in der Finsternis unter die Bahn gerieten. Viele Passagiere mieden nun die Abendfahrten, was zu einer deutlichen Verringerung des Fahrgastaufkommens führte. Die Hochbahn reduzierte daraufhin das Angebot und setze weniger und kürzere Züge ein. Doch alle Verdunklungsbemühungen konnten Treffer und zunehmende Schäden nicht verhindern. Die Hochbahn AG führte darüber ein Tagebuch.

1940 Am 10. September 1940 beschädigte eine Flakgranate zwischen den Haltestellen Kellinghusenstraße und Klosterstern den Stromschienenträger, die Fahrschiene und ein Stromspeisekabel. Bis zum Jahresende gab es weitere Schäden durch Brandbomben, doch waren die Auswirkungen auf den Verkehr noch vergleichsweise gering, und der Betrieb konnte zumeist innerhalb weniger Stunden wieder aufgenommen werden. (Es folgten 150 weitere Einträge.)

1941 Nach zwei Angriffen im Januar setzten im März verstärkte Luftangriffe auf Hamburg ein. Bei einem Nachtangriff am 13. März wurde erstmals von einer Sprengbombe eine Tunneldecke durchschlagen: An der Haltestelle Ostmarkstraße (heute: Hallerstraße) war die Kelljunglinie betroffen. Ab Mai 1941 kamen deutlich größere Sprengbomben zum Einsatz, die »Wohnblockknacker«, im Volksmund wegen ihrer Form auch »Badeöfen« genannt. Sie zerstörten am 11. Mai weitgehend das Gebiet rund um den Adolphsplatz, wovon auch die unterirdischen Anlagen der Hochbahn betroffen waren. Bei der Angriffsserie entstanden am gesamten Nahverkehrsnetz der Hamburger Hochbahn AG, vom Hafen bis zur Trabrennbahn in Farmsen, schwere Schäden. Es kam zu ersten längeren Streckensperrungen von mehreren Tagen. Besonders stark hatte es gleich zu Beginn der Angriffsserie am 9. Mai die Ringlinie am Hafen getroffen: Zwischen Baumwall und Landungsbrücken war der Viadukt von einer Sprengbombe durchschlagen. Am 30. September legte ein Blindgänger in direkter Nähe der Haltestelle Schlump den Betrieb auf der Haltestelle für elf Tage lahm.

Während das Jahr 1941 bereits 14 Schäden im Streckennetz der Hamburger U-Bahn mit sich brachte und fast alle Linien von den Auswirkungen der Luftangriffe betroffen waren, ist die Anzahl im Vergleich zu den Schäden der folgenden Jahre eher gering. Dies lag u. a. daran, dass zu diesem Zeitpunkt die Deutsche Luftwaffe die Lufthoheit über Hamburg noch nicht vollständig verloren hatte.

Die Beseitigung der Bombenschäden war für die Hochbahn allerdings nur eine von vielen Schwierigkeiten und so kämpfte man an mehreren »Fronten«. Eine davon war die Personalsituation: Die Anzahl der 1000 Frauen, die bis 1940 ihren Dienst bei der Hochbahn antraten, konnte bis 1942 nur noch unbedeutend erhöht werden. Bereits seit der Einberufung des männlichen Personals bei Kriegsbeginn fehlten über 500 Mitarbeiter. Da bereits die meisten der arbeitsfähigen Frauen in Rüstungsbetrieben oder anderweitig eingesetzt waren, griff man nun auf Fremdarbeiter aus den Bündnisstaaten zurück. Beispielsweise 85 Italiener, die in der Wagenhalle in Rothenburgsort untergebracht waren und vielfach bei Reparaturarbeiten eingesetzt wurden. Auch soll es während des Krieges zum Einsatz von Zwangsarbeitern gekommen sein.

1940 wurden alle Hochbahnwagen luftschutzgerecht umgebaut und erhielten Abblendkappen vor den Scheinwerfern sowie abgeblendete Innenleuchten.

Umbau der Unterwerke der Hochbahn nach den Vorgaben des Luftschutzes: Die Umformer wurden mit Splitterschutzwänden versehen (etwa 1940).

1941 war auch das Jahr, in dem für die jüdische Bevölkerung während der Hauptverkehrszeit die Benutzung der öffentlichen Verkehrsmittel untersagt wurde und ihnen zu anderen Zeiten die Sitzplätze verweigert wurden. So kam es vor, dass jüdische Fahrgäste stehen mussten, obwohl alle Sitzplätze frei waren.

1942 Am 14. Januar gab es abends bei einem Angriff zwischen 21.05 und 22.46 Uhr einen Volltreffer im Stadtteil Harvestehude an der Rothenbaumchaussee. Die Tunneldecke vor dem Völkerkundemuseum stürzte ein, die Tunnelwand wurde eingedrückt. Nach knapp vier Tagen war die Strecke notdürftig wieder befahrbar. Die Instandsetzungsarbeiten hielten noch viel länger an, erfolgten aber während des laufenden Betriebes.

Am 17. Januar waren die nordöstlichen Stadtteile betroffen, als etwa 70 000 Brandbomben auf Hamburg abgeworfenen wurden. 260 davon trafen die Abstellanlagen in Barmbek und beschädigten 32 Wagen, was in den folgenden Tagen im gesamten Netz zu Betriebseinschränkungen durch Wagenmangel führte.

Die Wucht der neuen Bomben zeigte sich besonders drastisch bei einem Nachtangriff am 27. Juli 1942, als am Baumwall eine Hafenbarkasse auf das Viadukt geschleudert wurde. Die zahlreichen Brandbomben zerstörten zudem in Barmbek drei Wagen, beschädigten 34 weitere und führten an mehreren Stellen zu schwer zu löschenden Kabelbränden.

70 000 Brandbomben trafen am 17. Januar 1942 die nordöstlichen Stadtteile und beschädigten in Barmbek 32 Wagen der Hochbahn.

Durch den Luftdruck einer explodierenden Luftmine wurde am 27. Juli 1942 bei der Haltestelle Baumwall eine Barkasse aus dem Hafenbecken auf das Viadukt der Hochbahn geschleudert.

1943 Mit der Niederlage der deutschen Truppen bei Stalingrad begann im Frühjahr 1943 die Wende des Zweiten Weltkrieges und folgte der deutsche »Rückzug an allen Fronten«. Die deutschen Luftstreitkräfte waren der Überlegenheit der Alliierten in keiner Weise mehr gewachsen, diese konnten sich ihre Ziele für das »Moral Bombing« zur Demoralisierung der Bevölkerung an der deutschen Heimatfront quasi nach Belieben aussuchen. Bei diesen Angriffen gab es keine Unterschiede mehr zwischen Militärangehörigen und der Zivilbevölkerung. Deutschlands zweitgrößte Stadt, das Industrie- und Hafenzentrum Hamburg, galt dabei als besonders interessantes Ziel. Dessen war man sich in der Hansestadt bereits bewusst. Die meisten der fast 700 Schutzbauten, die bis Kriegsende 1945 gebaut wurden – vom bombensicheren Hochbunker bis zum einfachen Deckungsgraben –, entstanden in den Jahren 1940 bis 1942. Im Jahr 1943 wurden nur noch etwa 40 gebaut, da es zunehmend schwieriger wurde, Material und Arbeitskräfte zu beschaffen. In den letzten beiden Kriegsjahren entstanden überhaupt keine nennenswerten Anlagen mehr.

Parallel dazu versuchten die Betriebe, wichtige Anlagen in den Untergrund zu verlagern und dort zu schützen. Beispielsweise wurde eine Bauvorleistung unter der Autobahn nach Lübeck für die Flugzeugfertigung genutzt. Die Maßnahmen waren vielfältig und auf die Anforderungen der Betriebe ausgerichtet. Die Hochbahn etwa ließ Split-

Blindgänger schlugen in den Tunnel der Ringlinie westlich der Haltestelle Berliner Tor ein (Sommer 1944).

terschutzwände aus Beton in mehreren Unterwerken installieren, um die Stromgleichrichter zu schützen.

In der Nacht vom 24. auf den 25. Juli 1943 startete die Operation »Gomorrha«, mit der die US-amerikanischen und britischen Bomberverbände offenbar nach biblischem Vorbild die Stätte der Sünder und Verbrecher mit Feuer und Schwefel vernichten wollten. Mit insgesamt sieben Angriffen wurde es die zerstörerischste Luftoperation des Zweiten Weltkrieges, deren Sinn bis heute umstritten ist. Zunächst waren Eimsbüttel, Altona, Teile der Neustadt und Harvestehude betroffen. Hunderte Menschen starben, Dutzende Häuser gingen in Flammen auf. Die Ringlinie zwischen Kellinghusenstraße und St. Pauli wurde gleich beim ersten Angriff so stark in Mitleidenschaft gezogen, dass sie für die folgenden 44 Tage außer Betrieb blieb. Die Eingangsgebäude der Haltestellen Schlump und Sternschanze waren fast vollständig zerstört, die Tunneldecke in der Nähe hatte eine Sprengbombe durchschlagen, wobei auch eine Hauptwasserleitung getroffen wurde und mit Sand vermischte Wassermassen in den Tunnel liefen.

Etwas weiter südlich, gleich hinter dem Tunnelmund am Hafentor, hatte ein Volltreffer die Brücke an der Helgoländer Allee weitgehend zerstört. Im weiteren östlichen Streckenverlauf war der Viadukt am Hafenrand durch Spreng- und Brandbomben ebenfalls stark beschädigt, und auch der Viadukt an der Rampe am Graskeller hatte einen Volltreffer erhalten, genau wie der Tunnel der Station Adolf-Hitler-Platz (heute: Rathaus), wo der Bahnsteig am Innenring teilweise zerstört war. Der Zugverkehr auf dem Streckenabschnitt zwischen St. Pauli und Hauptbahnhof musste danach für mehr als vier Monate eingestellt werden. Betroffen war nicht nur der Ring, sondern auch die Zweiglinie nach Eimsbüttel, wo eine Sprengbombe kurz vor dem Tunnelmund an der Straße Moorkamp 25 Meter Gleis, 20 Schwellen und 50 Meter Stromschiene zerstört hatte.

Der zweite Angriff der Aktion »Gomorrha« erfolgte drei Tage später, in der Nacht vom 27. auf den 28. Juli 1943, und galt vor allem den bisher fast unzerstört gebliebenen südöstlichen Stadtteilen. Bei hochsommerlichem Wetter mit geringer Bewölkung und Temperaturen von 32 Grad Celsius im Schatten war die Stadt regelrecht aufgeheizt. Noch um 18 Uhr lagen die Temperaturen in der Innenstadt bei 30 Grad.

Kurz vor 23 Uhr erhielt die Warnzentrale Hamburg erste Berichte über anfliegende Bomberverbände und löste die Alarmkette aus. Vermutlich schaltete auch diesmal der Reichsrundfunk den Sender Hamburg ab, um nicht zum Peilen benutzt zu werden. Damit die Warnmeldungen trotzdem die Bevölkerung erreichten, wurden viele Häuser im Hamburger Innenstadtgebiet zuvor mit unterirdischen Drahtfunkleitungen ausgestattet. Nun schaltete sich in den verkabelten Wohnungen der Lautsprecher ein und meldet: »Große feindliche Verbände im Anflug auf die Deutsche Bucht …«

Straßenbahnloren wurden nach den Bombenangriffen zum Abtransport der Trümmer eingesetzt.

Nach dem zweiten Großangriff der Aktion »Gomorrha« im Sommer 1943:
Die Hochbahnstrecke nach Rothenburgsort war derart zerstört, dass sie nicht wieder aufgebaut wurde.

Die Züge fuhren vorschriftsmäßig die nächste Station an, wo es dann hieß: »Sehr geehrte Fahrgäste, der Zug fährt nicht weiter, wir haben Luftalarm. Suchen Sie bitte den nächsten Schutzraum auf.«. Auch durfte man sich nach dem Voralarm im Jahr 1943 noch in den Tunneln und unterirdischen Stationen der Hochbahn aufhalten. Als bereits kurze Zeit nach den ersten Warnmeldungen die ersten feindlichen Flugzeuge in den deutschen Luftraum eindrangen, ahnten die Menschen noch nicht, was ihnen bevorstand. Wie gewohnt, suchten sie die nächstgelegenen Schutzplätze auf.

Gegen 0.40 Uhr erreichten die ersten Feindflugzeuge über Eidelstedt von Nordwesten aus Hamburgisches Gebiet. Eine Viertelstunde später wurden vom Orientierungspunkt Nikolaikirche aus über den östlichen und südöstlichen Stadtteilen Hamm, Horn und Hammerbrook Zielmarkierungen abgeworfen. Über diesem Gebiet begannen ab 1.02 Uhr über 730 Flugzeuge mit dem Abwurf von mehr als 2000 Sprengbomben und rund 325 000 Brandbomben. Danach rissen ziemlich schnell die Nachrichtenverbindungen in die betroffenen Stadtteile ab. Es setzte der gefürchtete Feuersturm ein. Nachdem Sprengbomben zunächst durch ihre enorme Druckwirkung gezielt die Dächer der Häuser abgedeckt hatten, gelangten die nachfallenden Brandbomben direkt in die meist hölzernen Dachstühle und Treppenhäuser. So übertrugen sich die Flammen bis in die unteren Geschosse der Häuser und sorgten für das vollständige Ausbrennen der Gebäude. Es entstand ein riesiger Flächenbrand, der durch die meteorologischen und baulichen Gegebenheiten in den betroffenen Stadtteilen eine orkanartige Feuerwalze mit Temperaturen von bis zu 1000 Grad auslöste, die besonders den Stadtteil Hammerbrook nahezu vollständig zerstörte.

Durch den Stadtteil führte bis zu diesem Angriff die Zweiglinie nach Rothenburgsort. Nach dem Angriff bestanden zwei der vier oberirdischen Haltestellen der Zweiglinie nur noch aus ausgeglühten Gerippen. Nicht anders sah es auf der Strecke aus, wo es annähernd zehn Bombendurchschläge im Viadukt gab. Mehr als 3000

Schwellen und 1400 Meter Kabelkanal waren Opfer des Feuersturms geworden. Auch der Hauptbahnhof hatte mehrere Treffer erhalten, genau wie die Ringlinie. An der Hauptfeuerwehrwache am Westphahlensweg bogen sich vor dem Tunnelmund in Richtung Haltestelle Lübecker Straße 25 Meter Gleis gespenstisch nach oben.

Der Tunnelmund der Rothenburgsorter Zweiglinie am Besenbinderhof war zeitweilig von allen Seiten vom Feuer eingeschlossen. Mitten in der Flammenhölle stand auch der eiserne Viadukt der Hochbahn am Nagelsweg. Dort senkte sich durch die Hitzeeinwirkung das südliche Bahnsteigende der Haltestelle Spaldingstraße. In dem unzerstörten Haltestellengebäude hatten derweil einige Menschen Zuflucht gefunden und hielten sich auf den ersten Stufen der Aufgangstreppe auf. Dort war noch etwas Sauerstoff vorhanden. Während über dem Viadukt der Feuersturm mit 45 Metern pro Sekunde tobte, war der Aufenthalt in dem Haltestellengebäude alles andere als sicher, denn der heiße Orkan trug Glut und Sand mit sich, den er auch durch die zerborstenen Fenster in das Haltestellengebäude drückte.

Als relativ sicher erwies sich dagegen der Hochbahn-Tunnel am Berliner Tor, obwohl dort schwere Mauerteile der zusammenstürzenden Häuser die Tunneldecke in Richtung Hauptbahnhof an mehreren Stelle durchschlugen. Dagegen fanden viele Menschen in den Bunkern der Feuersturmgebiete durch Kohlenoxydvergiftung den Tod. Aus den wenigen Luftschutzkellern in Hammerbrook wurden noch Monate nach dem Angriff mumifizierte Leichen abtransportiert. Die Menschen, die in dem Haltestellengebäude der Station Spaldingstraße Zuflucht gesucht hatten, konnten am Morgen des 28. Juli das Gebäude verlassen – sie hatten unter der Station überlebt, die wie durch ein Wunder kaum Gebäudeschäden aufwies.

In der Nacht vom 29. auf den 30. Juli 1943 folgte schließlich ein sechster Großangriff, der sich maßgeblich gegen die nordöstlichen Stadtteile richtete. Die Anlagen der Hochbahn auf dem östlichen Ring zwischen Lübecker Straße und Barmbek waren gleich mehrfach betroffen. Die Haltestelle Mundsburg erhielt einen Sprengbombeneinschlag, die Haltestelle Wagnerstraße (heute: Hamburger Straße) brannte vollständig aus. In der Station Barmbek selbst traf es das Empfangsgebäude und das Stellwerk.

Nach dem letzten Großangriff vom 3. August 1943 lagen 13 Quadratkilometer der Stadt in Trümmern. Insgesamt verloren mehr als 40 000 Menschen ihr Leben, etwa 125 000 wurden verletzt, Hunderttausende obdachlos. Viele Betriebe der Innenstadt waren zerstört. Allein bei der Hochbahn beliefen sich die Schäden auf 2,2 Millionen Reichsmark.

In den ersten Tagen nach der Katastrophe ruhte der öffentliche Nahverkehr vollständig. Die wenigen noch betriebsfähigen Autobusse dienten dazu, möglichst viele Einwohner aus Hamburg herauszuschaffen. Danach richtete die Hochbahn mit 100 aus anderen Städten geliehenen Bussen einen Notverkehr ein. Die ersten Züge der Hochbahn verkehrten bereits ab dem 1. August auf den Außenstrecken wie der Walddörfer-Bahn. Ab 4. August konnte die Kelljunglinie zwischen Kellinghusenstraße und Jungfernstieg behelfsmäßig befahren werden. Bis November 1943 folgten weitere Streckenabschnitte, wobei der Ostring aufgrund der massiven Zerstörungen noch bis 1950 außer Betrieb blieb.

Die Rothenburgsorter Zweiglinie wurde bei dem Angriff vom 27. auf den 28. Juli 1943 derart zerstört, dass man sie gar nicht mehr aufbaute, zumal die Fahrgastzahlen seit Anbeginn nicht den Erwartungen entsprochen hatten und die Wohngebiete, durch die sie führte, quasi nicht mehr existierten. Hammerbrook war seit den »Gomorrha«-Angriffen ein abgeriegeltes Sperrgebiet, in dem der Aufenthalt nur mit Ausnahmegenehmigung gestattet war. Daher waren die Züge vor dem Angriff, am Abend des 28. Geburtstags der Zweigstrecke zum letzten Mal nach Rothenburgsort gefahren.

Das im Juli 1943 größtenteils zerstörte Naturhistorische Museum am Steintorwall lagerte im Tunnel der Rothenburgsortlinie einen Großteil seiner »Alkoholsammlungen« mit wertvollen Exponaten ein, von denen allerdings Teile von Schwarzmarkthändlern entdeckt wurden, die mit dem Alkohol einen schwunghaften Handel mit »garantiert echtem Schnaps« betrieben haben sollen.

Auf dem Streckennetz der Hochbahn fand vermutlich bereits ab 1941 und nachweisbar zwischen 1943 und November 1946 ein regelmäßiger Güterverkehr statt, der mit umgebauten Straßenbahn- und U-Bahnfahrzeugen (»Beutelwagen«) abgewickelt wurde. Viele bautechnische Details im Tunnel der Rothenburgsortlinie, wie beispielsweise eine Kartoffelrutsche, deuten darauf hin, dass dafür auch die Lagerkapazitäten im Tunnel genutzt wurden und von dort aus zentral die Güterverladung in die U-Bahnwagen erfolgte. Im direkten Umfeld der Anlage befand sich an der »Großen Allee« (heute: Adenauerallee) in der Nähe des Hauptbahnhofes ein zentraler Umschlagplatz des Gütertransportes über die Straßenbahn.

Bei den Gomorrha-Angriffen wurde auch das Verwaltungsgebäude der Hochbahn an der Steinstraße getroffen und brannte zur Hälfte aus. Dies betraf jenen Teil, in dem sich die Hauptbuchhaltung befand, weshalb das gesamte Abrechnungswesen durch die zerstörten Unterlagen in Rückstand geriet.

Das kurze Tunnelstück zwischen Hauptbahnhof und Besenbinderhof war von den Kriegseinwirkungen bis Kriegsende verschont geblieben und wurde vermutlich noch 1943 verschlossen und dreigeteilt. Die teilweise Nutzung als Schutzraum ist anzunehmen, da der Tunnel seinerzeit im Schutzraumverzeichnis der Polizei enthalten war. Zudem bestand vom Tunnel ein Zugang zum Luftschutzkeller unter dem Gesundheitsamt.

Da nach dieser Angriffsserie viele Mitarbeiter ihre Wohnungen verloren hatten, wurden durch die Hochbahn in verschiedenen Betriebsgebäuden und Stadtteilen sogenannte Gemeinschaftslager für die Beschäftigten eingerichtet.

1944 Die Luftangriffe der Alliierten des Jahres 1944 wurden durch technische Neuentwicklungen zielgerichteter als zuvor. Immer häufiger trafen die Bomben nun präzise das vorbestimmte Ziel, besonders bei guten Sichtverhältnissen. Beim Angriff vom Sonntag, dem 18. Juni 1944, fielen die Bomben auf die Innenstadt, den Hafen, die Wohngebiete von Eimsbüttel, Eppendorf, St. Georg und Wilhelmsburg sowie auf Teile der Elbvororte. Die Hamburger Innenstadt wurde dabei besonders schwer getroffen. (Man vermutete später, dass eigentlich die Hafengebiete mit den Werften und ihrer U-Boot-Fertigung das Ziel sein sollten, der starke Wind aber die Bomber abtrieb.) Unter anderem wurde die St.-Jacobi-Kirche an der Steinstraße so stark beschädigt, dass der Kirchturm brennend umstürzte und dabei die letzte, noch fast unbeschädigte Hälfte des Hochbahnhauses traf, das nach diesem Angriff nun überhaupt nicht mehr nutzbar war. Bei diesem Angriff sind mehrere Mitarbeiter der Hochbahn während ihres Luftschutzdienstes gefallen. Das Unternehmen musste nach dem Angriff die Reste der verbliebenen Verwaltung in verschiedenste Gebäude im Stadtgebiet verlagern.

Zwei Volltreffer beschädigten den Tunnel der Ringlinie unter der Mönckebergstraße an zwei unterschiedlichen Stellen und richteten dort verheerenden Schaden an. Zudem wurde die Tunneldecke der Ringlinie in der Straße Beim Strohhause durchschlagen, und westlich der Haltestelle Berliner Tor war die Tunnelwand seitlich eingedrückt. Auch gab es Tunneldurchschläge auf der Zweiglinie nach Eimsbüttel zwischen Emilienstraße und Christuskirche, bei der die Haltestelle Christuskirche stark zerstört wurde. Der Bahndamm zwischen Hoheluft und Schlump war mit fünf Bombentrichtern schwer beschädigt.

Im Krieg wurden mit der Hochbahn auch Lebensmittel transportiert. Hier ein »Beutelwagen« in der Haltestelle Hallerstraße.

Leichen auf dem Bahnsteig der Haltestelle Christuskirche nach einem Luftangriff im Juli 1944.

Ein paar Tage später erfolgte mit dem 162. Angriff auf Hamburg in der Nacht vom 28. auf den 29. Juni 1944 auch eine weitere Zerstörung der Anlagen der Hochbahn. Am Jungfernstieg wurde der Ausgang zur Straße Plan mitsamt der darunterliegenden Betriebsräume zerstört und in der Nähe des Alsterpavillons die Tunnelwand durch eine Sprengbombe seitlich eingedrückt. Die ursprünglich zum Bau der Kelljunglinie angeschafften Kipploren waren jetzt zur Trümmerbeseitigung im Einsatz.

Da durch Bombenaufschläge auf Tunneldecken vielerorts Decken und Wände gerissen waren, wurde ab Mitte 1944 der Aufenthalt in den unterirdischen Anlagen der Hochbahn bei Luftalarm verboten. Die Gefahr, dort verschüttet zu werden, war einfach zu groß.

1945 Auch im letzten Kriegsjahr gingen die Luftangriffe bis zum April 1945 weiter. Am 11. März erhielt die Haltestelle Osterstraße einen Volltreffer, wobei die Tunnelkonstruktion zerstört und die Haltestelleneinrichtung stark beschädigt wurde.

In den Folgetagen wurde allein der Abschnitt der Ringlinie zwischen Feldstraße und St. Pauli insgesamt 16-mal direkt durch Bomben getroffen, was zu starken Zerstörungen an der Tunnelkonstruktion sowie an Gleis- und Stromschienenanlagen führte. Erst am 16. Juli konnte dort im ersten Abschnitt bis Feldstraße ein Behelfsverkehr eingerichtet werden, ab 10. September fuhren die Züge dann wieder bis St. Pauli.

Die Bombenangriffe des Zweiten Weltkriegs brachten bis Kriegsende noch mehrfach Betriebseinschränkungen im gesamten Netz mit sich. Über Wochen fand überhaupt kein Zugverkehr mehr statt.

Vom ehemals gut funktionierenden U-Bahnnetz war bei Kriegsende nur noch ein Flickwerk übrig. Für Hamburg endete der Krieg offiziell am 3. Mai 1945. Gegen 12 Uhr wurde der gesamte öffentliche Nahverkehr eingestellt und um 18.25 Uhr die Stadt im Hamburger Rathaus an die Briten übergeben. Nach Unterzeichnung der bedingungslosen Kapitulation am 8. Mai in Berlin gestatteten die Briten die Wiederinbetriebnahme der verbliebenen Hochbahnabschnitte. Allerdings fehlte es an Strom. Es folgte eine Verkehrssperre in der Innenstadt, wobei ab 18. Mai die Züge nur alle 30 Minuten verkehrten und die Fahrten auf der Kelljunglinie bereits am Stephansplatz beendet waren. Die ersten Wagen mussten dabei für Angehörige der Besatzungsmacht freigehalten werden. (Diese Bestimmung wurde am 3. Oktober 1945 wieder aufgehoben.) Die Verkehrseinschränkungen in der Innenstadt konnten bereits zum 28. Juni gelockert werden. Jedoch verhinderte noch bis März 1947 eine eingeschränkte Ver-

Volltreffer auf den Tunnel der Hochbahn in der Mönckebergstraße vor dem Kaufhaus Karstadt (1944).

Nach einem Luftangriff im Tunnel unter der Mönckebergstraße.

sorgung mit Kohle die ausreichende Stromproduktion, so dass besonders im ersten Nachkriegswinter erneute Einschränkungen den Bahnbetrieb mehrfach zum Erliegen brachten. Über 1000 Mitarbeiter der Hochbahn verloren im zweiten Weltkrieg ihr Leben.

Nachkriegsjahre

Nach der Kapitulation und der allmählichen Rückkehr deutscher Soldaten aus der Kriegsgefangenschaft verbesserte sich bei der Hochbahn die kriegsbedingte Personalsituation wieder, so dass jetzt anstelle der Frauen nur noch Männer eingestellt wurden. Den beschäftigten Frauen wurde nahegelegt, die Entlassung zu beantragen. Allerdings konnte die Hochbahn gar nicht so viele Männer einstellen, wie für den Betrieb benötigt wurden, weshalb schnell wieder auf die weiblichen Angestellten zurückgegriffen wurde. Für die ausgebombten Betriebsangehörigen entstand als Tochterfirma der Hochbahn die Hanseatische Siedlungs-Gesellschaft mbH, die bis Ende 1946 insgesamt 142 Behelfswohnungen und -heime errichtete. Parallel lief die von den Alliierten geforderte Entnazifizierung an. Auch mussten die Spuren der Zeit des Dritten Reichs, wie beispielsweise die Hakenkreuze auf den Uniformknöpfen, entfernt werden.

Für die Instandsetzung der Strecken bediente man sich des Materials, das etwa beim Abtragen der Zweiglinie nach Rothenburgsort frei wurde. Auch nach dem Krieg hielt sich übrigens lange Zeit das Gerücht, die Nationalsozialisten hätten noch kurz vor Kriegsende im Resttunnel der ehemaligen Strecke nach Rothenburgsort den Zug des »Führers« untergebracht und die Anlagen dann vermauert. Der Tunnel war jedoch nicht vollkommen vermauert – schließlich nutzte man ihn als Lager. Beispielsweise wurden dort im Spätherbst 1949 etwa 10 000 Zentner Speisekartoffeln als Winterbevorratung der Hamburger Krankenhäuser, Kindertagesstätten und Gefängnisse eingelagert. Und statt des »Führerzugs« standen auf den verbliebenen Gleisen noch einige ausgebrannte und defekte Hochbahnwagen, die bis 1950 zum Wiederaufbau nach Barmbek gebracht wurden. Auf den Drehgestellen und Resten der alten Fahrzeuge entstanden in den Falkenried-Werkstätten später die ersten Nachkriegstriebwagen.

Der östliche Ring zwischen Lübecker Straße und Barmbek konnte nach vierjähriger Wiederaufbauzeit am 1. Juli 1949 zwischen Berliner Tor und Mundsburg teilweise erneut in Betrieb genommen werden. Ein Jahr später war dann ab 1. Juli 1950 der Ring wieder geschlossen. Im gleichen Jahr entfernte die Hochbahn auch die Splitterschutzwände und -deckel, die während des Krieges an den Zu-

Ein beschädigter Wagen der Hochbahn wird aus Rothenburgsort nach Barmbek gebracht, da die Gleisstrecke zerstört ist.

Ende August 1952 stand von der Haltestelle Spaldingstraße nur noch das unzerstörte Zugangsgebäude, in dem sich eine Tischlerei ihre Betriebsräume eingerichtet hatte.

gängen zur Haltestelle angebracht worden waren. Die Reste der eisernen Viaduktstrecke der kriegszerstörten Rothenburgsorter Strecke wurden ab Mitte Februar 1951 vollständig demontiert. Im Spätherbst 1951 stand zwischen Berliner Tor und Hauptbahnhof nur noch die alte Brücke der Zweiglinie über die Bundesbahngleise, die alle Kriegseinwirkungen fast unbeschadet überstanden hatte. Nach dem Abriss der Viaduktstrecke wirkte das Bauwerk mit seinen vier mächtigen Pylonen aus Granit noch einige Monate wie ein einsames, mahnendes Monument. Sie abzutragen war schwierig, denn der darunter wieder rege fließende S- und Fernbahnbetrieb sollte nicht beeinträchtigt werden. Die steinernen Auflieger, auf denen die Stahlkonstruktion ruhte, verließen die Brücke schließlich auf dem gleichen Weg, wie sie 1913 gekommen waren – über eine eigens angefertigte Gerüstbahn. Noch vor Ort wurde die gesamte Konstruktion vollständig zerlegt, abtransportiert und teilweise an anderer Stelle wieder aufgebaut. Beispielsweise stand die Halle der Haltestelle Rothenburgsort noch für einige Jahre auf dem Gelände von Krupp in Essen. Einige überschwere Metallteile mussten nach der Demontage nachts in den Kanälen Hammerbrooks versenkt werden – als Schutz vor Metalldieben. Die letzten oberirdischen Reste dieser Strecke verschwanden im Zuge der verkehrstechnischen Neugestaltung des Stadtteils Hammerbrook bis zum Beginn der 1960er Jahre. Den Rückbau der Gleise aus dem Tunnel am Besenbinderhof sowie des Streckengleises in Richtung Rothenburgsort auf der Rampe unter der Adenauerallee nahm die Hochbahn im Jahr 1958 vor. Einzig im Bereich der Rampe östlich der Station Hauptbahnhof verblieb ein Gleis, das die Hochbahn zwischen 1946 und 1972 als Kehr- und Abstellanlage für Züge nutzte und 1954 sogar ausbauen und um 60 Meter verlängern ließ.

Während der Zeit des Wiederaufbaus entschied sich der Aufsichtsrat der Hamburger Hochbahn AG im Jahr 1947 endlich dafür, analog zu Berlin die Hamburger Hoch- und Untergrundbahn fortan kurz U-Bahn zu nennen.

Demontage der im Krieg unzerstörten Hochbahnbrücke über die Staatsbahngleise an der Nordkanalstraße (Ende August 1952).

Der U-Bahnneubau während der Wirtschaftswunderzeit

1950 waren gerade die letzten Kriegsschäden im Netz der Hamburger Hochbahn beseitigt, als erste Konzepte für die Wiederaufbauplanung vorgestellt wurden, die zahlreiche Erweiterungen am U-Bahnnetz enthielt. Die Neugliederung sah vor:

Linie A: Ring (mit Verlegung der Haltestelle Rödingsmarkt in den Untergrund)
Linie B: Schnelsen – Jungfernstieg – Billstedt – Billbrook
Linie C: Ochsenzoll – Kellinghusenstraße – Jungferstieg
Linie E: Lurup – Altona – Jungfernstieg – Wandsbek – Trabrennbahn
Linie F: Teufelsbrück – St. Pauli – Landungsbrücken – Reiherstieg
Linie G (Alsterhalbring): Altona – Hallerstraße – Mundsburg – Burgstraße – Veddel

Noch 1950 war Hammerbrook eine Trümmerwüste, durch die der Viadukt der einstigen Hochbahnstrecke nach Rothenburgsort verläuft.

Vielfach basierten diese Trassenführungen auf den Kriegs- und Vorkriegsplanungen. Die Neubauten sollten im Innenstadtbereich zukünftig komplett im Untergrund verlaufen und langfristig der verkehrstechnischen Erschließung der Stadtteile Horn, Billstedt, Schnelsen, Altona, Lurup, Wilhelmsburg und Wandsbek dienen. In diese Gebiete waren nach den Bombenangriffen viele Menschen gezogen, die ehemals in der Innenstadt gewohnt hatten. Zunächst erhielt aber das alte Projekt, die südliche Verlängerung der Kelljunglinie über Jungfernstieg hinaus bis zum Hauptbahnhof, die höchste Priorität, mit der die verkehrstechnisch noch nicht erschlossenen Gebiete südlich der Steinstraße angebunden werden sollten.

Unterirdisch durch die Altstadt

Laut dem Wiederaufbauplan sollte dazu vor der Reesendammbrücke am Jungfernstieg ein neuer viergleisiger Bahnhof unter der Binnenalster entstehen, in den dann die Kelljunglinie geführt worden wäre. Den bereits existierenden Bahnsteig an der Haltestelle Jungfernstieg wollte man danach für eine neue Strecke vom Gänsemarkt nutzen. Doch die Vorstellungen veränderten sich.

Ging man anfänglich noch davon aus, mit der U-Bahn möglichst keiner vorhandenen Straßenbahnstrecke Konkurrenz machen zu wollen, stellte sich mit dem zunehmenden Individualverkehr heraus, dass die Straßenbahn immer langsamer vorankam und häufiger in Unfälle verwickelt war. Dieses Argument führte im Jahre 1955 zu einem veränderten Generalplan, dem sogenannten 200-Kilometer-Plan, der nun vorsah, das U-Bahnnetz verstärkt auszubauen, um mit ihm die Hauptverkehrsbedürfnisse abzudecken und den öffentlichen Nahverkehr an der Oberfläche im dicht bebauten Stadtgebiet zu entlasten und im Idealfall sogar überflüssig werden zu lassen. Damit war für Hamburg das Ende des Straßenbahnzeitalters eingeläutet.

Die Baubehörde änderte die Planungen der Altstadtverlängerung nun soweit ab, dass man von der bestehenden Haltestelle Jungfernstieg der Kelljunglinie ausging und den zweiten Bahnhof unter der Binnenalster in die Zukunft verschob. Die erste neue Haltestelle sollte am Messberg entstehen. Die Planung von 1955 enthielt zudem am Klosterwall eine weitere Haltestelle mit dem Namen »Alt-

Die Hamburger Innenstadt um den Michel nach dem Zweiten Weltkrieg (um 1950).

mannbrücke« (heute Steinstraße). Identisch zu den Vorkriegsplanungen sollte die Haltestelle Hauptbahnhof südlich der beiden bereits seit 1912 existierenden Bahnsteige einen weiteren, dritten Bahnsteig erhalten. Am 11. Oktober 1955 begannen am alten Fischmarkt in der Nähe der Petrikirche die Bauarbeiten dazu. Die Hochbahn übernahm die Bauleitung, während die Hansestadt das Projekt finanzierte. Insgesamt sollten sich die Bauarbeiten für den vergleichsweise kurzen Abschnitt mit seinen drei Stationen über fünf Jahre hinziehen. Allerdings ging es dabei auch durch das am dichtesten bebaute Gebiet in der Hamburger Innenstadt.

Die erste Netzerweiterung der Nachkriegszeit beginnt

Südlich der alten Station Jungfernstieg entstand in einer 15 Meter tiefen Baugrube zunächst ein neuer zweigeschossiger, etwa 363 Meter langer Tunnel unter der Bergstraße. Im Obergeschoss verband er für Fußgänger die beiden Haltestellen Jungfernstieg und Rathaus. Im Untergeschoss war Platz für ein Gleispaar der U-Bahn, dem späteren Streckentunnel zwischen Jungfernstieg und Messberg. Schnell war allerdings abzusehen, dass der ehrgeizige Zeitplan von nur zwei Jahren Bauzeit nicht einzuhalten war, denn nicht nur der morastige Untergrund der Innenstadt mit seinem hohen Grundwasserstand sorgte für Zeitverzögerungen, sondern auch die Bautätigkeit selbst. Grundstückseigentümer wehrten sich gegen den geplanten Abriss oder die Unterfahrung ihrer Häuser. Jeder einzelne Rammstoß verursachte Lärm und ließ die Gebäude von morgens 6 Uhr bis abends um 22 Uhr erschüttern. Zudem waren viele der alten Häuser auf unsicherem Untergrund gebaut, und auch die Gebäudeschäden des letzten Krieges waren zu diesem Zeitpunkt noch nicht vollständig beseitigt. Aufgrund dessen entschied man sich schließlich für ein anderes Rammverfahren, das ab August 1956 angewendet wurde: Statt mit langen schweren Stößen wurden die Spundwände nun mit kurzen Schlägen ins Erdreich getrieben. Eine schonende Bauweise, die allerdings auch langsamer war.

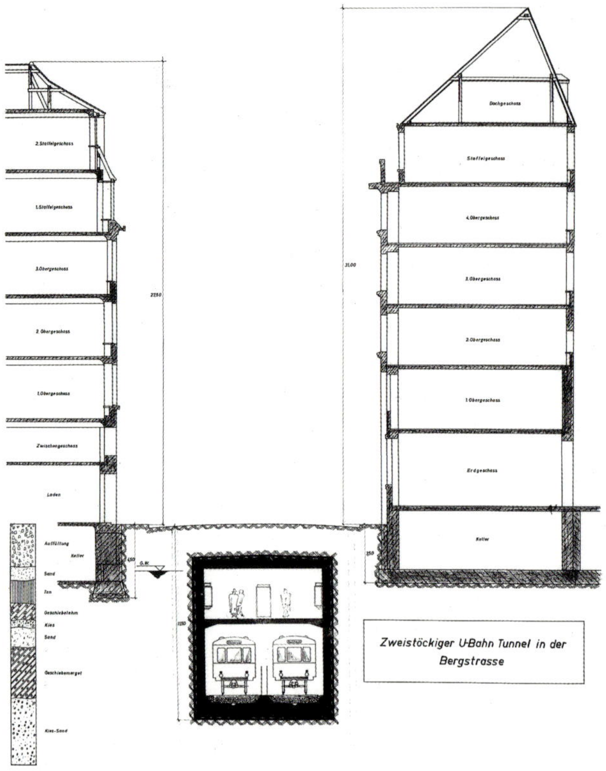

Oben: **Schnitt durch den zweistöckigen Tunnel in der Bergstraße, oben für Fußgänger, unten für die Strecke der U-Bahn zwischen Jungfernstieg und Messberg.**
Unten: **Plan zum U-Bahn-Anschluss für Wandsbek.**

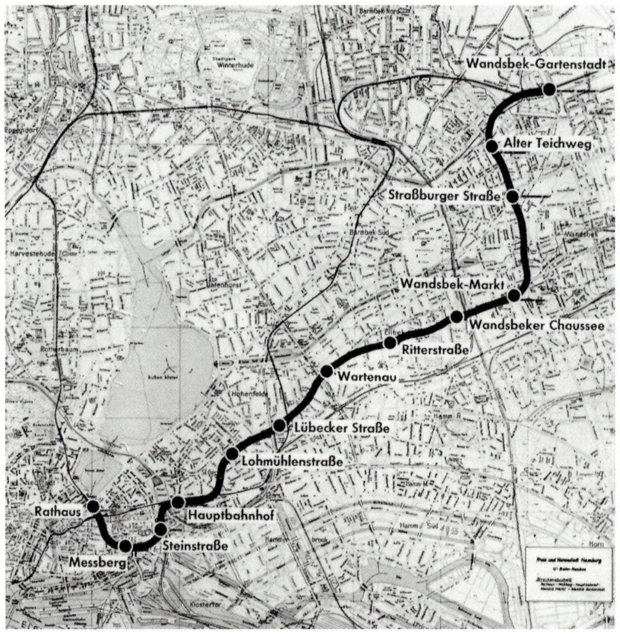

Der Verbindungsgang im Obergeschoss des U-Bahntunnels zwischen Ring- und Kelljunglinie.

Oben: **Tunnel unter der Rothenbaumchaussee;**
hier hätte sich in etwa die geplante Haltestelle Johnsallee befunden.
Unten: **Notausgang im Tunnel der Kelljunglinie unter der Rothenbaumchaussee (Höhe Moorweidenstraße).**

Oben: **Ungenutzte Bauvorleistung: Dieses 30 Meter lange Tunnelstück am Hauptbahnhof unter dem Tunnel der U3 sollte einer Linie in den Freihafen dienen, die nie gebaut wurde. Aus der Bauzeit hängen noch Lotschnüre der Vermessungsingenieure.**
Unten: **Gewölbetunnel der U-Bahn unter der Mönckebergstraße.**

Oben: **Reste des Tunnels der kriegszerstörten Linie nach Rothenburgsort in der Nähe des Hauptbahnhofes; bis 1958 befanden sich hier noch Gleisanlagen.**
Unten: **Zwischen 1931 und 1934 befand sich unter dem Jungfernstieg eine provisorische Haltestelle, wovon heute noch Wandmarkierungen zeugen.**

Direkt hinter der Haltestelle Hauptbahnhof-Süd befindet sich östlich die mittlerweile gleislose Rampe der 1943 zerstörten Zweiglinie nach Rothenburgsort. Rechts im Bild: Die Lichter eines Zugs der Linie U3 auf dem Weg in den Tieftunnel zum Berliner Tor.

Oben: **Die Haltestelle Hauptbahnhof (Süd) erhielt 1958 zusätzliche Ausgänge, so zum Zentralen Omnibusbahnhof; der Turm neben dem Treppenabgang diente einst der Entlüftung des unterirdischen Umspannwerks.**
Unten: **Tunnelbau in der Wandsbeker Chaussee (Anfang der 1960er Jahre).**

Oben: **Zwischen 1958 und 1960 entstand der dritte Bahnsteig der Haltestelle Hauptbahnhof (ab 1968 Hauptbahnhof-Süd).**
Unten: **1958/59 erhielt die Hamburger Hochbahn die ersten Neubaufahrzeuge seit den 1920er Jahren: Typ DT1.**

Tunnel-Baustelle am Wandsbeker Markt (1961).

An der Kreuzung Mönckebergstraße/Bergstraße musste die bestehende Ringlinie der U-Bahn unterfahren werden. An dieser Stelle verliefen seinerzeit zudem mehrere wichtige Straßenbahnlinien, deren Betrieb durch den Tunnelbau nicht beeinträchtigt werden durfte. Ein besonderes Problem stellte dort der 11500 Tonnen schwere Turm der Petrikirche aus dem 13. Jahrhundert dar, dessen Fundament nur etwa sieben Meter von der Tunnelwand der Neubaustrecke entfernt lag. Glücklicherweise trat hier nicht ein, was sich an anderer Stelle zeigte: Da die Arbeiten in einer Tiefe unterhalb des Grundwasserspiegels durchgeführt wurden, musste dieser zunächst abgesenkt werden, was Bodensenkungen zur Folge hatte. Dadurch sackten in Baustellennähe einige Gebäude geringfügig ab, wodurch Risse entstanden. Um Schadensersatzforderungen begleichen zu können, hatte sich die Stadt Hamburg als Bauherr bei Lloyds in London mit 0,5 % der Bausumme von 73 Millionen DM versichern lassen.

Während im weiteren Trassenverlauf noch gearbeitet wurde, konnte im Dezember 1957 wenigstens der zweigeschossige Tunnel bis zur Mönckebergstraße fertiggestellt werden. Wo im Untergeschoss des fertigen Tunnels ab Winter 1957/58 die Züge vom Jungfernstieg ihre Kehrfahrten machten, war man im Obergeschoss mit den letzten Arbeiten an der Fertigstellung des Verbindungstunnels beschäftigt. Nach den notwenigen Umbauarbeiten in der Haltestelle Rathausmarkt konnte der Fußgängertunnel am 1. Oktober 1958 eröffnet werden. Zeitgleich fasste die Hochbahn die Stationen Rathausmarkt und Jungfernstieg namentlich zu einer Station »Rathaus« zusammen, was allerdings im Zuge der Inbetriebnahme der Bahnsteige unter der Binnenalster am 2. Juli 1973 wieder rückgängig gemacht wurde, da dies bei den Fahrgästen zu einiger Verwirrung und »Fehlfahrten« geführt hatte. Der Verbindungstunnel wurde fortan von der Bevölkerung gut angenommen und so stark frequentiert, dass eine Teppichfirma 1963 hier kurzzeitig Teile des Tunnels mit Nylonteppich auslegte, um dort die Strapazierfähigkeit des Produktes zu testen.

Hinter der Petrikirche durchquert die Trasse die ältesten Teile der Hansestadt, was auch bei den Ausschachtungsarbeiten sichtbar wurde. Man stieß auf Fundamentreste, menschliche Skelettteile und vielfältige Spuren einer 1000-jährigen Kulturgeschichte, jedoch nicht auf vergrabene Reichtümer.

Oben: **U-Bahn-Bau in der Schmiedestraße: Die Dampfframme ließ die angrenzenden Häuser erzittern.**

Links: **Beseitigung von Kellermauern oberirdisch längst abgebrochener Häuser für die Trasse der U-Bahn.**

Tunnelbau in der Bergstraße für Hamburgs erste Neubaustrecke nach dem Zweiten Weltkrieg.

Oben: **Geschickt wird der U-Bahntunnel durch die enge Hamburger Innenstadt geführt (1958).**

Unten: **1958 fasste die Hochbahn die Stationen Rathausmarkt und Jungfernstieg vorübergehend zu einer Haltestelle zusammen.**

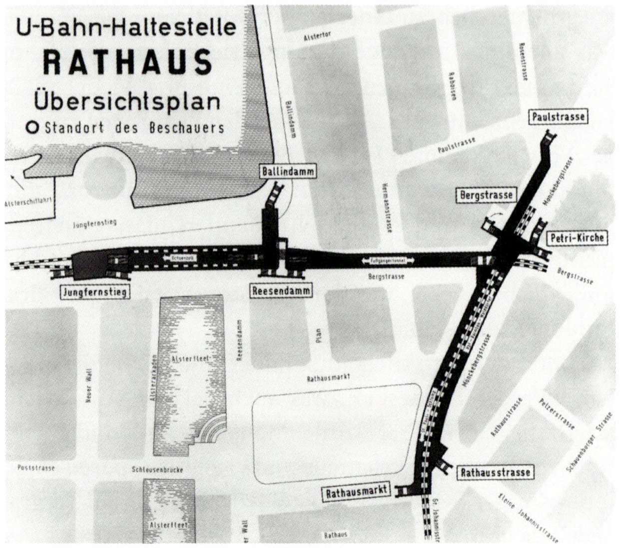

In der Nähe des alten Fischmarktes musste ein großes Geschäftshaus teilweise unterfahren werden, wofür das Gebäude mit einer komplizierten Pfahlkonstruktion abgefangen wurde. Kurz dahinter mündete die U-Bahnstrecke dann aber auf die Trasse der damals im Bau befindlichen Ost-West-Straße (heute: Willy-Brandt-Straße), wodurch die U-Bahnbauer endlich »freies Feld« hatten.

Am »Messberch« – wie der Hamburger dort seit 1458 zu sagen pflegt – wurde der Untergrund dann wieder problematisch, denn dieser Teil der Altstadt ist häufig von Überflutungen heimgesucht und auch für die Lagerung von allerlei Unrat benutzt worden, was entsprechende Spuren in der Unterwelt hinterließ. Hier entstand dann der erste unterirdische Haltestellenneubau nach dem Krieg. Die Station wurde etwas tiefer gesetzt, denn einerseits galt es, einen Fußgängertunnel zwischen den beiden Seiten der

Der Bahnsteig der Haltestelle Messberg im Rohbau. Das Haltestellenschild wurde schon mal provisorisch eingehängt.

Wassereinbruch beim Bau der Messberglinie (22. April 1959).

Ost-West-Straße zu integrieren, und anderseits sollte sich später eine weitere U-Bahnlinie zwischen dem Hafen und den Elbvororten anbinden lassen.

Diese zusätzliche Linie wurde bisher zwar nicht gebaut, aber noch heute findet sich etwa in der Mitte des Bahnsteiges eine Bauvorleistung in Form einer veränderten Stützenkonstruktion. Dort sollte nach der Inbetriebnahme des zweiten Bahnsteiges ein Übergang zum Umsteigen geschaffen werden.

Auch die nächste Haltestelle am Klosterwall, die Station Steinstraße, bekam ihre Besonderheit. Um den dort geplanten Straßenverkehrsknotenpunkt zu entlasten, baute man am südlichen Ausgang für Fußgänger und Radfahrer einen großzügigen Tunnel, von dem aus der Zugang zur U-Bahnhaltestelle möglich ist. Östlich der Haltestelle befahren die Radfahrer den Tunnel über eine Rampe. Auf der Westseite war aufgrund der dortigen Platzprobleme statt einer solchen Rampe nur eine Treppenanlage möglich.

Die Behörden erwarteten, dass besonders viele Radfahrer den Tunnel nutzen würden. Daher ließ man sich ein elektrisch getriebenes Fahrradförderband einfallen, über das die Drahtesel bequem wieder an die Oberfläche gebracht werden konnten. Leider erwies sich die Konstruktion mechanisch als so anfällig, dass sie kurz nach der Inbetriebnahme wieder abgeschaltet werden musste, jedoch in der Treppenanlage verblieb. So fragt sich noch heute mancher Passant, der daran vorbeikommt, was diese Konstruktion wohl zu bedeuten hat.

Per Schildvortrieb unter dem Hauptbahnhof hindurch

Nördlich der Haltestelle Steinstraße ging es unterirdisch bis zum Hauptbahnhof. Dabei standen die Ingenieure vor der Aufgabe, die im Betrieb befindlichen Gleisanlagen des Hauptbahnhofes sowie Transporttunnel der Bundespost zu unterqueren. Dies blieb aber nicht die einzige Schwierigkeit, denn im Bereich des neuen Tunnels lag früher ein

Trassenverlauf der U-Bahn am Chilehaus und Messberghof in Richtung Hauptbahnhof.

Im Startschacht der Schildvortriebsmaschine, Steinstraße.

alter Graben, der zu der ursprünglichen Stadtbefestigung gehörte und dessen Füllbodenmassen von stark wechselnder Konsistenz waren.

Die vorrangige Aufgabe bestand darin, den oberirdischen Bahnbetrieb durch den Bau des U-Bahntunnels nicht zu beeinträchtigen. Daher kam auf dieser Strecke erstmals in der Geschichte des Tunnelbaus bei der Hamburger U-Bahn der Schildvortrieb zum Einsatz. Ab April 1958 begann sich von der Steinstraße/Ecke Klosterwall aus die Schildvortriebsmaschine unter den Bahnanlagen des Hauptbahnhofes hindurchzuarbeiten. Auf 275 Metern entstanden jeweils zwei einzelne Tunnel mit einem Außendurchmesser von etwa 6,40 Metern pro Fahrtrichtung. An

Trotz Sicherungsmaßnahmen kam es zu Setzungsrissen an den Bahnsteigen des Hauptbahnhofes.

Streckenverlauf unterhalb des Posttunnels und der Gleisanlagen des Hamburger Hauptbahnhofes.

jedem Tag konnte nur eine Wegstrecke von etwa zwei Metern zurückgelegt werden, da vorn im Schild der Boden noch »von Hand« abgebaut werden musste. (Erst einige Jahre später kam beim Bau der Strecke Stellingen–Billstedt ein vollmechanischer Schürfkopf zum Einsatz.) Der dahinter entstehende Tunnel wurde zum Erdreich hin mit Betonsegmenten, den sogenannten Tübbingen, abgeschottet. Dafür stand ein hydraulischer Arm zur Verfügung. Im Gegensatz zur »offenen Bauweise« wurde durch diese »geschlossene Bauweise« der Bahnbetrieb weitgehend geschont. Um Absenkungen an den Bahnsteigen zu verhindern, wurden die Gleise zusätzlich gesichert, doch kam es vereinzelt trotzdem zu Setzungen mit entsprechenden Rissen in den unterquerten Bahnsteigen.

Die Baubehörde der Hansestadt war mit dem allgemeinen Tempo der Arbeiten nicht zufrieden. Der Tunnel unter der Bergstraße war bis zur Kreuzung an der Mönckebergstraße bereits in Betrieb und wurde als Abstell- und Kehranlage der Haltestelle Jungfernstieg genutzt, doch nach 2½ Jahren Bauzeit fuhren die Züge noch nicht einmal bis zum Messberg. Daraufhin erfolgte eine Änderung in der Aufgabenteilung: Fortan wurden die Strecken nicht mehr durch die Hochbahn gebaut, sondern allein durch die Baubehörde der Hansestadt. Nach der Fertigstellung

Links: **Schildvortriebsmaschine unter den Gleisbrücken kurz vor Erreichen des Zielschachtes.**

Rechts: **Der 70 Tonnen schwere Messerschild wurde hydraulisch durch den Untergrund gepresst. Dabei konnte 1958 eine Vortriebsgeschwindigkeit von etwa zwei Metern pro Tag erreicht werden.**

war die Hamburger Hochbahn AG nur noch für die Einrichtung der technischen Anlagen und den Betrieb zuständig. Tatsächlich ging es danach schneller voran. In die Haltestelle Hauptbahnhof-Süd wurde wie geplant ein weiterer Bahnsteig integriert, und unter der Großen Allee entstand eine zweigleisige Abstellanlage, womit Voraussetzungen geschaffen waren, um von hier aus in Richtung Osten weiterzubauen.

Nach Billstedt oder Wandsbek?

Bevor am 2. Oktober 1960 die U-Bahnstation Hauptbahnhof-Süd eröffnet wurde, diskutierte man darüber, wohin die anschließende Verlängerung führen sollte. In einer Denkschrift der Hamburger Hochbahn AG vom Dezember 1958 war von einer Fortführung in Richtung Norden nach Wandsbek die Rede, die bei Farmsen in die bestehende Strecke der Walddörfer-Bahn münden sollte. Die Vertreter der östlichen Stadtteile forderten dagegen eine Verlängerung in Richtung Billstedt. Der Senat entschied sich schließlich am 18. Februar 1959 für eine Verlängerung nach Wandsbek. Die Einfädelung zur Walddörfer-Bahn sollte allerdings statt in Farmsen bereits in Wandsbek-Gartenstadt erfolgen und am Alten Teichweg eine zusätzliche Haltestelle entstehen. Für diese Lösung sprachen ein viel höherer Verkehrswert durch eine bessere Erschließung des bereits dicht besiedelten Stadtteils Dulsberg sowie erhebliche Baukosteneinsparungen gegenüber der zunächst geplanten Strecke durch das damals noch vergleichsweise dünn besiedelte Gebiet um Hinschenfelde. Außerdem konnten durch die beschlossene Lösung mehr Straßenbahnlinien im Wandsbeker Raum stillgelegt werden. Auf der 9,2 Kilometer langen Strecke wurden neun neue Haltestellen angelegt, die bestehenden Stationen Lübecker Straße (Ringlinie) und Wandsbek-Gartenstadt (Walddörfer-Bahn) umgebaut und jeweils mit einem weiteren Bahnsteig ausgestattet.

Während an der Station am Hauptbahnhof noch gearbeitet wurde, begann der Tunnelbau in Richtung Wandsbek durch den Stadtteil St. Georg. Dies geschah im ersten Abschnitt in offener Bauweise bis zur Haltestelle mit dem Planungsnamen St. Georg, der jedoch noch vor der Eröffnung in Lohmühlenstraße geändert wurde. Nachdem die im U-Bahnbau noch junge Bauweise des Schild-

Während der Betrieb der Ringlinie am Hauptbhanhof ungestört weiterlief, vollzog sich darunter der Bau der kreuzenden Wandsbeker Strecke.

Luftbild von der U-Bahn-Baustelle an der Haltestelle Lohmühlenstraße.

vortriebs am Hauptbahnhof so erfolgreich eingesetzt worden war, wollte man hinter der Haltestelle Lohmühlenstraße auf einem 160 Meter langen Abschnitt eine weitere neue Tunnelbautechnik ausprobieren, die einen schnelleren Baufortschritt versprach: den Einbau von vorgefertigten Betonsegmenten. Auf dem gleichen Abschnitt gab es im Sommer 1959 noch einen weiteren Test zwischen der Lindenstraße und der Wallstraße. Jedoch traten Probleme beim Absenken der Segmente auf, so dass dieses Bauverfahren zunächst nicht weiter angewendet wurde. Die Erfahrungen mit diesen Tests gingen später allerdings in die Tunnelbautechnik anderer Strecken ein, beispielsweise nach Billstedt. Auf dem verbliebenen Abschnitt kam dann das bewährte Schalungsverfahren zum Einsatz.

An der nächsten Haltestelle, Lübecker Straße, musste die neue Linie die bestehende Strecke der Ringlinie unterfahren. Die dort befindliche alte Haltestelle der Ringlinie wurde dabei von ihrer ursprünglichen Lage im Einschnitt unter die Erde verlegt. Quer darunter entstand für die Neubaustrecke ein weiterer Bahnsteig. Die neu gebaute Ausgangsanlage der Umsteigehaltestelle setzte mit der Leichtigkeit ihrer architektonischen Form seinerzeit vollkommen neue Akzente.

Auf dem anschließenden Abschnitt erreicht die Trasse nach etwa 500 Meter die Straßenkreuzung Wartenau/Wandsbeker Chaussee. Hier wurde eine einfache Tunnelhaltestelle mit Mittelbahnsteig und einer Abstellanlage gebaut, die eigentlich nach dem angrenzenden Stadtteil Hohenfelde benannt werden sollte, aber letztlich den Namen Wartenau erhielt. Später war geplant, die Haltestelle als Umsteigestation für eine weitere Neubaustrecke (Alsterhalbring) umzubauen. An anderer Stelle entstanden in Hamburg zwar Bauleistungen für die damals geplante, aber bisher nicht gebaute Strecke, jedoch wurde an dieser Stelle aus unterschiedlichen Gründen auf Vorwegbauwerke verzichtet.

In Verlängerung der Lübecker Straße folgt die Wandsbeker Chaussee, unter der die U-Bahn vollständig entlanggeführt wurde, was man zugleich zum Ausbau der Straße nutzte. Auf diesem Abschnitt sollten zwischen Wartenau und der Haltestelle Wandsbeker Chaussee ursprünglich zwei weitere Haltestellen am Eilbeker Weg

Einsatz von vorgefertigten Tunnelelementen im Stadtteil St. Georg (Ende der 1950er Jahre).

An der Haltestelle Lübecker Straße kreuzt die Wandsbeker Strecke die in Betrieb befindliche Ringlinie der U-Bahn.

und an der Maxstraße entstehen. Aufgrund des zu geringen Abstandes wurde die Planung jedoch zugunsten einer einzelnen Haltestelle an der Ritterstraße verändert. Der Haltestelle folgt die nächste Station Wandsbeker Chaussee. Dort entstand ein Übergang zur S-Bahn, die an dieser Stelle bei laufendem Betrieb unterquert werden musste. Über der nächsten Haltestelle an der Wandsbeker Marktstraße entstand in einem ehemaligen Park eine ausgedehnte U-Bahn/Bus-Umsteigeanlage, die schnell zum Drehkreuz des öffentlichen Nahverkehrs der östlichen Stadtteile wurde. In der Hauptverkehrszeit beginnen und enden hier viele Verstärkerzüge.

Hinter der Haltestelle verlässt die Strecke den bisher nahezu geraden Verlauf und biegt in die Wandsbeker Allee ein. In der unterirdischen Kurve schuf man hier einen zweigeschossigen Tunnel, der im oberen Stockwerk für Fußgänger eingerichtet wurde. (Aufgrund zu geringer Nutzung ließ ihn die Stadt Hamburg allerdings in den 1990er Jahren wieder schließen.) Im unteren Stockwerk fand neben der Gleisstrecke noch eine Abstellanlage Platz. Den danach zu unterquerenden kleinen Fluss Wandse leitete man während der Bauzeit in einem Holztrog über die Baustelle hinweg.

Die Trasse folgt der Wandsbeker Allee und der sich ihr anschließenden Nordschleswiger Straße. Dort entstand an der Kreuzung Straßburger Straße eine gleichnamige Haltestelle und etwa 500 Meter weiter die Haltestelle Alter Teichweg, die als einzige der gesamten Linie über Seitenbahnsteige verfügt. Die neue unterirdische Strecke kommt vor ihrem Ziel Wandsbek-Gartenstadt wieder ans Tages-

»Geklebte« Testweiche, die sich seit 1962 ohne aktive Funktion im Tunnel zwischen den Haltestellen Wandsbeker Chaussee und Ritterstraße befindet.

licht. Der Tunnelmund liegt in einer Kleingartenanlage an der Sonderburger Straße. Danach wurde noch der Fluss Osterbek überquert, und kurz vor Erreichen der Walddörfer-Bahn trennte man das Gleispaar der Neubaustrecke. Während das stadtauswärts führende Gleis südlich in die Haltestelle Wandsbek-Gartenstadt hineinführte, unterquerte das stadteinwärts führende Gleis die Anlagen der Walddörfer-Bahn. Die durch die neue Strecke höher belastete Haltestelle Wandsbek-Gartenstadt erhielt durch den U-Bahnbau einen weiteren Bahnsteig, der nördlich des existierenden entstand. Das dortige Bahnsteigdach ist übrigens das alte vom Bahnhof in Farmsen, dass man nach dem zeitgleichen Neubau in Farmsen aus optischen Gründen auf dem neuen Bahnsteig in Wandsbek-Gartenstadt montierte. Seit der Inbetriebnahme halten die Züge der Wandsbeker Linie an den Außengleisen der Bahnsteige, die der Walddörfer-Bahn dagegen an den Innengleisen.

Insgesamt ging der Bau der Strecke ab 1960 recht zügig voran, was auch daran lag, dass man neue Technologien einsetzte. So wurde für den Tunnelbau beispielsweise ausschließlich Transportbeton benutzt, so dass nicht mehr vor Ort angemischt werden musste und Platz gespart werden konnte. Die alte hölzerne Brettschalung ersetzte man auf der Neubaustrecke erstmals durch großflächige Schaltafeln, die teilweise auf Wagen montiert waren und nach dem Aushärten des Betons schnell von einem Abschnitt zum nächsten gefahren werden konnten. Bis heute wird der U-Bahnbau vielerorts mit den damals entwickelten Methoden durchgeführt.

Auch im Gleisbau beschritt man neue Wege. Zwischen den Haltestellen Ritterstraße und Wandsbeker Chaussee findet sich noch heute im Tunnel ein rund 400 Meter langer Abschnitt, auf dem ein damals neuartiges Verfahren zur Verlegung der Streckengleise angewandt wurde. Unter Verzicht auf Schotter und Schwellen ruhen die Gleise dort in Gummi gelagert auf Stahlplatten, die direkt auf die Betonsohle des Tunnels geklebt und mit Metalldübeln gesichert wurden. Dadurch erhoffte man sich, die Tunnelhöhe zukünftiger Neubaustrecken um etwa 30 Zentimeter reduzieren zu können und Kosten einzusparen. Doch das schwellenlose Gleisklebeverfahren hat sich letztendlich nicht durchsetzen können, da die Vibrationen beim Befahren zu stark wurden und dadurch die Belastung der Anlieger zu groß war.

Am 2. Juli 1961 ging der erste Teil der Strecke über Lohmühlenstraße bis zur Lübecker Straße und am 1. Oktober 1961 eingleisig weiter bis zur Haltestelle Wartenau in Betrieb. Im 50. Jubiläumsjahr der Hamburger U-Bahn konnte dann am 28. Oktober 1962 die neue Umsteigeanlage Wandsbek Markt eröffnet werden. Die gesamte Strecke bis Wandsbek-Gartenstadt wurde am 4. August 1963 zur Nutzung übergeben.

In den 1950er Jahren wurde auch die Haltestelle Jungfernstieg modernisiert und die alten Rolltreppen aus den 1930er Jahren ersetzt.

Die Durchmesserlinie Stellingen – Billstedt

Nach der Wiederherstellung der Ringlinie, dem Ausbau der Altstadtunterquerung und ihrer Verlängerung nach Wandsbek beschloss der Senat 1961, als Nächstes eine sogenannte Durchmesserlinie in Angriff zu nehmen, die den Osten (Billstedt) mit dem Nordwesten (Stellingen) verbinden sollte. Aufgrund der Länge der Strecke wurde diese in drei Planungsabschnitte Mitte (Innenstadt), West (Stellingen) und Ost (Billstedt) aufgeteilt, die wiederum einzelne Baulose enthielten. Im Abschnitt West bezog man die alte Zweiglinie vom Schlump bis zum Hellkamp mit ein, die nun bis Hagenbecks Tierpark verlängert wurde. Wenn man diese Bestandsstrecke mitrechnet, beträgt die Gesamtlänge der Durchmesserlinie 16,8 Kilometer. Der unterirdische Teil der Trasse umfasst 6,6 Kilometer Tunnel im Rechteckprofil, die nahezu vollständig in offener Bauweise ausgeführt wurden. Der etwa 4,6 Kilometer lange Neubauabschnitt unter der Innenstadt war dabei der schwierigste und teuerste der gesamten Strecke.

Planungsabschnitt Mitte: Kostspielig unter der Innenstadt

Im dicht bebauten Gebiet der Innenstadt musste im Schildvortriebsverfahren unter Tage gearbeitet werden. Ausnahmen bilden nur die Anfahrtsschächte der Schildvortriebsmaschinen und die Haltestelle Jungfernstieg sowie ein 120 Meter langer Abschnitt am Georgsplatz (Hauptbahnhof).

Am 14. Mai 1962 begannen an mehreren Orten in der Innenstadt die Bauarbeiten. Das größte Vorhaben war die Umgestaltung des Verkehrsknotenpunktes Berliner Tor östlich des Hauptbahnhofs. Hier galt es nicht nur einen zweiten Bahnsteig zu erstellen, wie es lapidar in den Projektunterlagen hieß, sondern es ging um die Verlegung der kompletten, bisher oberirdischen Haltestelle unter die Erde. Parallel entstanden die dazugehörigen, sehr umfangreichen neuen Gleisanlagen. Dies war notwendig, da am Berliner Tor die Neubaustrecke aus der Innenstadt (Abschnitt Mitte) und der neue Billstedter Ast (Abschnitt Ost) auf die bestehende Ringlinie trafen und unter der Straße Beim Strohhause zusammengeführt werden mussten. Daher schuf man dort auf mehreren Ebenen unterirdische »Überwerfungsbauwerke«, was bedeutete, den alten Tunnel der Ringlinie zwischen Lindenplatz und Berliner Tor auf einer Länge von 510 Metern nahezu vollständig abzubrechen und umfassend zu erweitern. Die Ingenieure hatten dabei auch einen eingleisigen Verbindungstunnel zwischen der Durchmesserlinie und der Wandsbeker Strecke zu berücksichtigten.

Hausunterfahrung nördlich der Haltestelle Alter Teichweg.

Zunächst ging am 10. Mai 1964 der nördliche Bahnsteig der neuen Haltestelle Berliner Tor in Betrieb, der vorerst durch provisorische Holzwände von der restlichen Baustelle abgeschottet war. Der südliche Bahnsteig folgte erst zwei Jahre später. In der langen Zwischenzeit mussten die Fahrgäste den neuen Bahnsteig über provisorische Zugänge erreichen, wenn sie zu den Zügen der Ring-

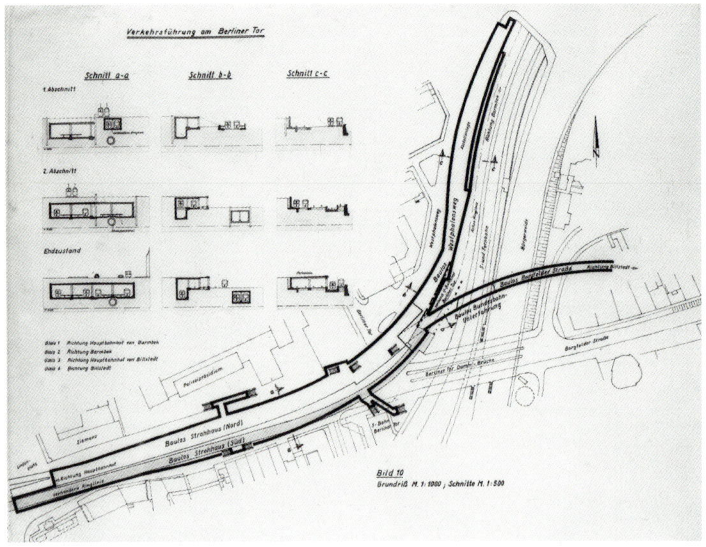

Die Umbauplanungen der Haltestelle Berliner Tor. Zuerst entstand bis Mai 1964 der Nord-, später der Südbahnsteig.

linie wollten. Gleichzeitig wurde die alte Haltestelle nach 52 Jahren Betrieb vollständig abgerissen.

Der Name des neuen Umsteigebahnhofs Berliner Tor stammt übrigens noch aus der Zeit, als Hamburg eine Festung war und am Berliner Tor ein Stadttor mit Zoll- und Akzisegebäude stand, das bis in die erste Hälfte des 19. Jahrhunderts die Vorstadt St. Georg von Borgfelde trennte. Nach ihm wurden 1844 die Straße und 1912 dann

Am 14. Mai 1962 begann der Abriss großer Teile des alten Tunnels der Ringlinie am Berliner Tor; die unterirdische Anlage ist dort heute mehr als doppelt so breit.

auch die erste Haltestelle benannt. Der Straßenname Beim Strohhause stammt dagegen aus dem 17. Jahrhundert, da sich hier einst die Strohspeicher der Hamburger Kavallerie befanden.

Für die Steuerung der unterirdischen Gleisanlagen entstand am Berliner Tor oberirdisch ein neues Stellwerk, von wo aus auch Teile der angrenzenden Streckenabschnitte und eine unterirdische Abstellanlage für 32 Wagen überwacht und gesteuert wurden. Da dieses aber viel später fertig wurde, als die neuen unterirdischen Gleisanlagen, behalf sich die Hochbahn mit einem provisorischen Stellwerk im Untergrund, das damals am neuen Nordbahnsteig der Haltestelle Berliner Tor, hinter der Ausfahrt in Richtung Hauptbahnhof, lag.

Während man am Berliner Tor die Bahnsteige noch ausbaute, begannen 1965 an zwei anderen Stellen des Mittelabschnitts der neuen Strecke die unterirdischen Arbeiten: in St. Georg am Georgsplatz und am Messegelände nahe der Karolinenstraße. Hier kamen seinerzeit hochmoderne Schildvortriebsmaschinen zum Einsatz, die sich von ihren Vorgängermodellen deutlich unterschieden. Hatte man beim Bau der Wandsbeker Strecke noch einen ausschließlich teilmechanischen Messerschildvortrieb verwendet, bei dem die anfallenden Bodenmassen per Hand abgebaut werden mussten, konnte man hier zusätzlich einen speziell entwickelten, vollmechanischen Schildvortrieb nutzen. Statt zwei Meter pro Tag schaffte dieser nun eine Vortriebsgeschwindigkeit von bis zu 16 Metern pro Tag. Pro Fahrtrichtung entstand ein Streckentunnel mit einem Innendurchmesser von 5,04 Meter. An den Haltestellen am Hauptbahnhof, am Gänsemarkt und an den Messehallen betrug der Durchmesser der Röhren 7,0 Meter.

Doch jeder Meter Vortrieb konnte neue Überraschungen bringen, auch wenn der Boden zuvor gründlich erkundet worden war. Stark wasserführende Schichten aus Sand und unverfestigtem Feinboden, dem sogenannten Schluff, wechselten mit weichen Torf- und Faulschlammschichten. Dazwischen gab es immer wieder harten Geschiebemergel (Till genannt) mit eingeschlossenen Steinblöcken. An vielen Stellen drohte zudem Grundwassereinbruch, weshalb vorher mit Hilfe von Brunnen der Grundwasserspiegel abgesenkt und mancherorts mit einem Überdruck von 1,5 Atmosphären gearbeitet wurde. Aufgrund der sehr unterschiedlichen Boden- und Grundwasserbedingungen wechselten mit der Beschaffenheit des Untergrundes

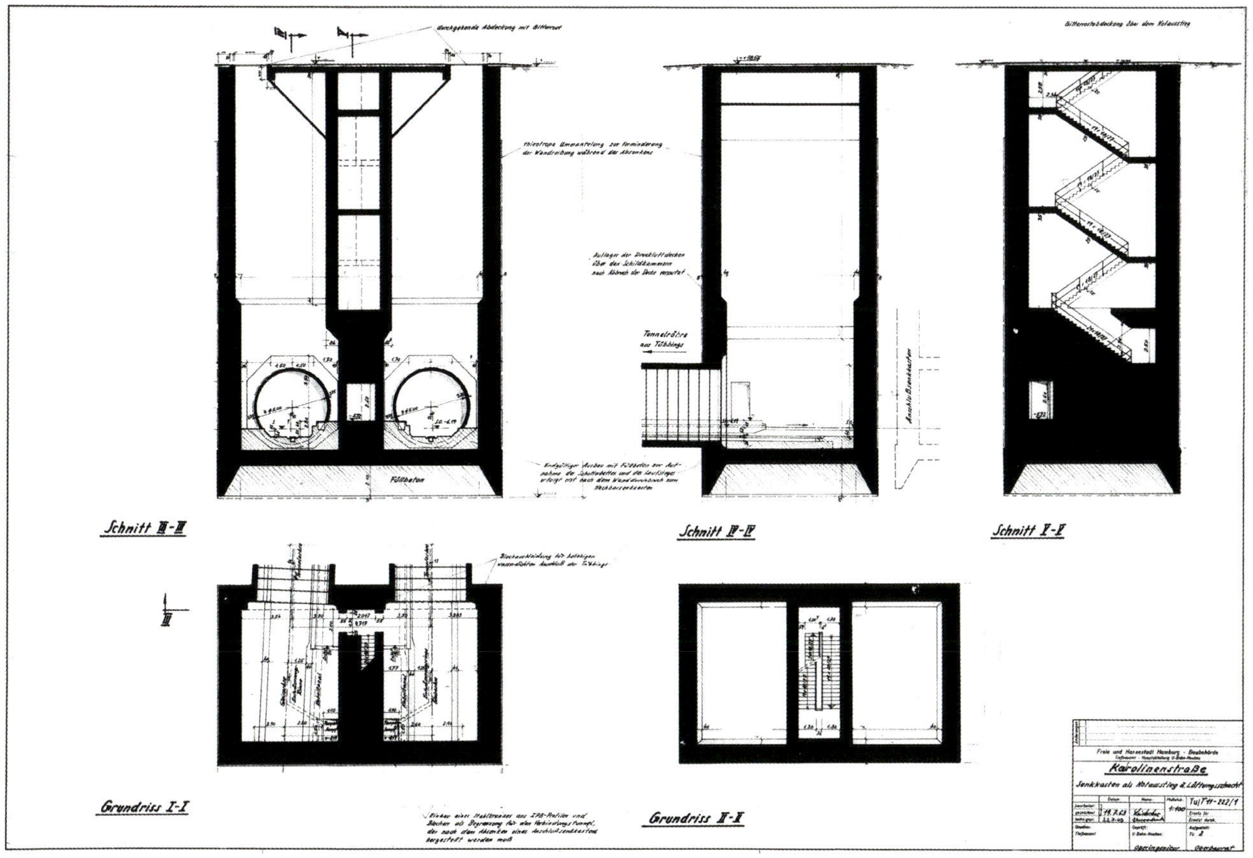

Oben: **Die ehemaligen Anfahrschächte der Schildvortriebsmaschinen dienen heute als Notausgänge und Fahrstuhlschächte.**

Links: **Einer der beiden mit Tübbingen ausgebauten Tunnel unter St. Georg; seit 1973 verkehrt dort die U-Bahnlinie zwischen Jungfernstieg und Berliner Tor.**
Rechts: **Eine der halbautomatischen Schildvortriebsmaschinen im Bauabschnitt unter St. Georg (etwa 1968).**

mehrfach die Bauweisen. Wo an einer Stelle, beispielsweise an der Musikhalle (Karl-Muck-Platz), die Streckentunnel mit dem vollmechanischen Schildvortrieb erstellt wurden, veränderte sich der Untergrund nur ein paar hundert Meter weiter derart, dass an der Karolinenstraße mit dem teilmechanischen Schildvortrieb gearbeitet werden musste. Um diese großen Maschinen nach unten bringen zu können, richtete man vor und nach jeder Haltestelle der Neubaustrecke einen Anfahrtschacht ein, der später für Notausstiege oder Aufzuganlagen verwendet wurde.

Die neue Innenstadtstrecke lag teilweise in einer Tiefe von bis zu 23 Metern (Tunneloberkante), da sie unter anderen Bahnlinien hindurchgeführt wurde. Am Hauptbahnhof befindet sich die Haltestelle 12 Meter unterhalb der Gleise des Fernbahnhofes, was entsprechend lange Fahrtreppen und Zugänge nach sich zog.

Das vergleichsweise kurze Stück zwischen Hauptbahnhof-Nord und Jungfernstieg erwies sich als eines der kompliziertesten, denn hier sollten zugleich die Voraussetzungen für künftige Projekte geschaffen werden. So entstand unter dem Georgsplatz neben dem nördlichen Streckengleis ein Tunnelstück als Bauvorleistung für eine damals geplante Strecke nach Lurup. (Der südliche Anschlusstunnel sollte erst beim späteren Bau dieser Linie entstehen.) Hier findet sich auch ein weiterer Tunnelanschlussstutzen, der nach dem Bau der zusätzlichen Strecke die Möglichkeit zum Bau eines Entlastungstunnels zwischen Hauptbahnhof und Jungfernstieg geboten hätte. Die Haltestelle Jungfernstieg selbst wurde dann als neuer Schnellbahnknoten das komplexeste Bauwerk der gesamten Hamburger U-Bahn überhaupt und verschlang 35 Millionen DM. (Ihr ist im Buch ein eigenes Kapitel gewidmet: Meisterwerk Schnellbahnknoten Jungfernstieg.)

In westlicher Richtung unterquert die Strecke sodann in einer Tiefe von mehr als 23 Meter den Tunnel der vorhandenen U-Bahnlinie zwischen Jungfernstieg und Stephansplatz. An der Haltestelle Gänsemarkt erreichte die Tunneloberkante wieder 16 Meter unter Grund. Entsprechend lang wurden auch hier die Rolltreppen zur Verteilerebene, über die dann die Ausgänge zur Straße erreicht werden können.

Nach Unterquerung des Karl-Muck-Platzes in einer erneuten Tiefe von 23 Metern entstand die Station Messehallen, die mit einer Erdüberdeckung von 20 Metern die tiefste Haltestelle in ganz Hamburg ist. Hier befinden sich auch die längsten Rolltreppen der Hansestadt. Nach 975 Metern endet die Innenstadtstrecke kurz vor der Haltestelle Schlump.

Die beiden Haltestellenröhren der Station Hauptbahnhof-Nord befinden sich mehr als 12 Meter unter den Gleisen des Hauptbahnhofes (kurz vor Inbetriebnahme am 29. September 1968).

In der Haltestelle Messehallen befinden sich 22 Meter unter der Erdoberfläche die längsten Rolltreppen der Hansestadt, die seit der Eröffnung mehrmals erneuert wurden.

Zugangsbauwerk zur Haltestelle Schlump (1953–1966).

Ab Sommer 1966 wurde die oberirdische Haltestelle Schlump abgebrochen und größtenteils in den Untergrund verlegt.

Planungsabschnitt West: Die Verlängerung bis Hagenbecks Tierpark

Parallel zum Innenstadtabschnitt gingen die Arbeiten im Planungsabschnitt West voran, wo es bauseits weniger Hindernisse als in der Innenstadt gab. Dabei sollten nun endlich die Stadtteile Lokstedt und Stellingen einen schnelleren Zugang zur Innenstadt erhalten. Dies wurde durch die Verlängerung der bereits bestehenden Zweiglinie nach Eimsbüttel erreicht, die statt der bisherigen Endstation am Hellkamp eine zusätzliche Haltestelle an der Lutterothstraße und eine neue Endstation an Hagenbecks Tierpark erhielt. Damit verbunden waren allerdings auch umfangreiche Umbauten an den Bestandsanlagen einschließlich des vollständigen Neubaus der Station Schlump, wozu während der 26-monatigen Bauarbeiten ein hölzerner Behelfsbahnhof (März 1966–Mai 1968) südlich der dortigen Straßenkreuzung entstand, der im Volksmund »Holzhausen« genannt wurde. Durch den sandigen Einschnitt, in dem der Holzbahnhof lag und daher ein wenig an ein altes Westerndorf erinnerte, hatten sich die U-Bahnfahrer sogar einen ganz besonderen Namen ausgedacht: Laramy-Station (nach einem US-Western aus dem Jahre 1955). Der Abriss des alten Zugangsbauwerkes passierte übrigens bereits zum zweiten Mal, denn nach umfangreichen Kriegsschäden musste das Gebäude im Jahre 1953 erneuert werden. Es war also noch gar nicht so alt, als es nun einem sehr außergewöhnlichen und extravaganten Bau des renommierten Hamburger Architekten Horst Sandtmann seinen Platz überlassen musste. Aufgrund der gewählten Form des Haltestellenbaus steht das Gebäude mittlerweile sogar unter Denkmalschutz.

Zeitgleich entstand unter der Schäferkampsallee eine umfangreiche Tunnelanlage mit Kehr- und Abstellgleisen, zu der neben einem unterirdischen Stellwerk auch ein Tiefbahnsteig gehört, der quer unter den Bahnsteigen der Ringlinie angelegt wurde. Von ihm fuhren später die Züge der Neubaustrecke ab. Daher war nun der bisherige Abzweig der Hellkamplinie von der Ringstrecke weitgehend überflüssig. Die kurze, zweigleisige Trasse zwischen den oberirdischen Bahnsteigen der Haltestelle Schlump und

Im Winter 1966/67 warten die Fahrgäste auf der provisorischen Haltestelle Schlump, die im Schanzenpark entstand.

dem neuen Tunnel unter der Schäferkampsallee wurde eingleisig zurückgebaut und wird heute nur noch für Betriebsfahrten genutzt.

Nicht nur am Schlump, sondern auch an der ehemaligen Haltestelle am Hellkamp standen umfangreiche Bauarbeiten an. Denn nach der ursprünglichen Planung sollte zusätzlich zur Station Hellkamp noch eine Haltestelle am Brehmweg entstehen, die allerdings nur 705 Meter von Hellkamp entfernt gewesen wäre. Aus Kostengründen entschied man sich jedoch dafür, statt der beiden Stationen eine Haltestelle an der Lutterothstraße

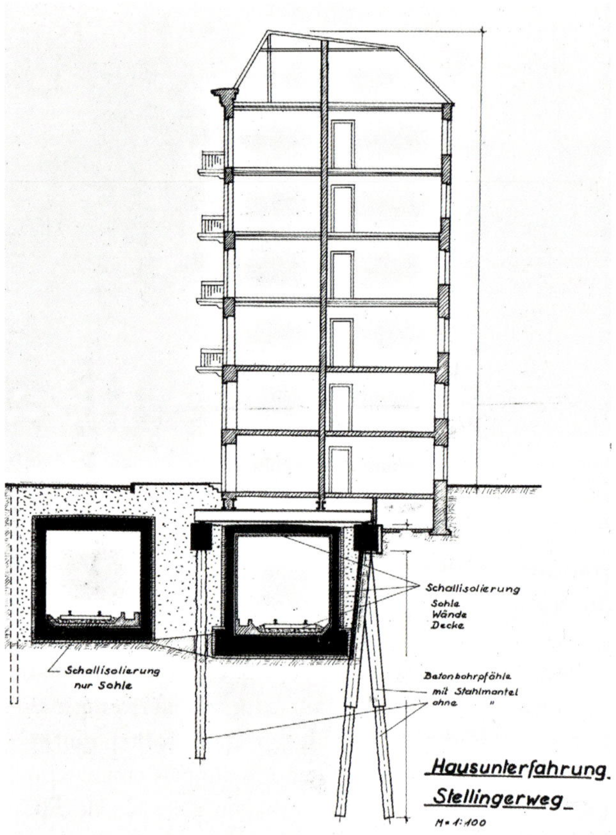

Schematische Darstellung der Unterfahrung eines Mehrfamilienhauses am Stellinger Weg, Ecke Methfesselstraße.

Komplizierte Unterfahrung eines bewohnten Mehrfamilienhauses am Stellinger Weg, Ecke Methfesselstraße.

einzurichten – rund 250 Meter vom Hellkamp entfernt. Als Kompromiss wurde die alte Endhaltestelle Hellkamp stillgelegt. Der Bahnsteig wurde abgebrochen, zugunsten einer neuen, geraden Gleistrasse entfernt und der Oberflächenzugang verschlossen.

Nördlich davon, hinter der ehemaligen Haltestelle, wurde der Tunnel der alten Abstellanlage abgebrochen. Dort verläuft die Strecke auf 120 Metern in zwei Einzeltunneln, wobei der Osttunnel ein 24 Meter hohes, sechsgeschossiges Wohnhaus unterfährt. Dafür musste das Haus vom Keller aus über 50 Bohrpfähle abgestützt werden, die dort bis zu 13 Meter tief in den Boden getrieben wurden. Die Pfähle verband man mit parallel verlaufenden Stahlbetonholmen, die so die Lasten des Hauses von einem Trägerrost aus Walzprofilen übernahmen. Erschwerend kam hinzu, dass dieses Haus während der gesamten Bauzeit

U-Bahnbau im Einschnitt an der Haltestelle Hagenbecks Tierpark (Eröffnung 30. Oktober 1966).

Eröffnungszug der Interimslinie U22 in der Haltestelle Gänsemarkt (31. Mai 1970).

bewohnt war. Es gelang tatsächlich, so präzise zu arbeiten, dass die »Setzung« des Hauses, also sein Nachsacken, nur 11 Millimeter betrug. Am Ende wurde der Tunnel mit schallschluckendem Material ausgekleidet, so dass die Mieter keiner zu starken Lärmbelästigung ausgesetzt waren. Insgesamt gestalteten sich die Arbeiten dort ähnlich schwierig wie beim ersten Bau des Tunnels zu Beginn des 20. Jahrhunderts. Die Straßen waren nach wie vor sehr eng, es gab keine Ausweichmöglichkeiten. Der gesamte Verkehr, inklusive der Straßenbahn, musste monatelang über die Baugrube geleitet werden. Der U-Bahnverkehr war dort wegen der Umbauarbeiten über ein Jahr lang unterbrochen und ging erst am 30. Mai 1965 wieder in Betrieb.

Zu diesem Zeitpunkt wurde noch an der Verlängerung über Lutterothstraße hinaus nach Hagenbecks Tierpark gebaut. Die Haltestelle Hellkamp existierte jedoch nicht mehr, und somit war Lutterothstraße die vorläufige Endstation der Linie. Da aber dort keine Kehrmöglichkeit für die Züge bestand und der alte Gleiswechsel durch den Abriss der ehemaligen Abstellanlage am Hellkamp ebenfalls nicht mehr genutzt werden konnte, verlegte man den Gleiswechsel kurzerhand in den geraden Bahnsteigbereich der ehemaligen Haltestelle Hellkamp, wo er bis zur Eröffnung der Verlängerung nach Hagenbecks Tierpark am 30. Oktober 1966 in Betrieb blieb. Bis zum Abschluss der Bauarbeiten auf dem innerstädtischen Abschnitt verkehrten die Züge von der Lutterothstraße über Schlump auf der Ringlinie über den Hafen bis zur Haltestelle Hauptbahnhof-Süd, wo die Züge auf der ehemaligen Rampe der im Krieg zerstörten Strecke nach Rothenburgsort ihre Kehrfahrten machten.

Die Station Hellkamp ist zwar aus den Fahrplanbüchern verschwunden, aber noch heute kann man im Tunnel die ursprüngliche Gleisführung entdecken, und im Deckenbereich zeugt eine veränderte Struktur vom früheren Ausgang der Haltestelle. Die alten braunen Kacheln wurden nach dem Jahr 2000 schwarz angestrichen, da Sprayer den Bereich eigenwillig »umgestaltet« hatten. An der Aufweitung der Tunnelwand kann der Fahrgast der U-Bahn noch immer die ungefähre Lage der alten Endstation Hellkamp entdecken.

Die Trasse im Verlängerungsstück bis Hagenbecks Tierpark sollte eigentlich gleich hinter der Haltestelle Lutterothstraße in einem offenen Einschnitt liegen, doch der hohe Grundwasserstand vor Ort machte die Planungen wieder einmal zunichte. So verlängerte man den Tunnel um weitere 450 Meter, und erst kurz vor der Endhaltestelle beginnt der 1,1 Kilometer lange Einschnitt, der an dieser Stelle 55 Meter breit und sechs Meter tief ist. Ein umfangreiches Netz von Entwässerungsleitungen sichert hier den Ablauf von Regen- und Grundwasser. Die neue Endhaltestelle erhielt Ausgänge, die den Fußgängern die Unterquerung der stark befahrenen Koppelstraße ermöglichen. Dahinter entstand noch eine sechsgleisige Abstellanlage, womit der Westabschnitt der Linie erst einmal beendet war. Am 30. Oktober 1966 ging er vollständig in Betrieb.

Planungsabschnitt Ost: Die Strecke K

Ein besserer Verkehrsanschluss der östlichen Stadtteile war bereits lange vor dem Bau des Planungsabschnitts Ost überfällig. Zwar hatte es von 1915 bis 1943 eine Zweiglinie nach Hammerbrook gegeben, aber die Stadtteile Borgfelde, Hamm, Horn und das Gebiet um Billstedt herum warteten noch immer auf eine schnelle Verbindung zur Innenstadt. An Vorsätzen dazu mangelte es nicht.

Bereits 1915 hatte es einen Vorschlag zum Bau einer Ost-West-Tangente zwischen Hellkamp und Horn gegeben, wovon am Stephansplatz ein Abzweig nach Norden in Richtung Ohlsdorf geführt werden sollte. Doch daraus wurde nichts. Nach dem Ersten Weltkrieg favorisierte man eine Vorortbahn nach Bergedorf (heutige S21), da es in Richtung Horn genügend Straßenbahnverbindungen gäbe. Geplant war außerdem die Einrichtung von Schnellstraßenbahnen, die an geeigneten Punkten an die Hochbahnstationen herangeführt werden sollten, um so eine Zubringerfunktion zu erfüllen. Das durchaus schlüssige Konzept ging in der Inflationskrise unter. Im Oktober 1925 folgte ein neuer Entwurf, der nun eine U-Bahnstrecke in der Geestkante bis zur Horner Rennbahn vorsah, die sich aus der Ringlinie am Hauptbahnhof ausfädeln sollte. Bei der weiteren Besiedlung Horns in den späten 1920er und 1930er Jahren sparte man daher die Geesthang-Trasse aus, um einen späteren Bahnbau zu ermöglichen.

Mit dem Groß-Hamburg-Gesetz von 1937, das die Eingemeindung vieler Ortschaften am Rande Hamburgs zum 1. April 1938 vorsah, fielen zahlreiche Gebiete an die Hansestadt, was eigentlich für den Verkehrsbau günstig war. Die damaligen Machthaber begannen auch mit der Planung einer Linie nach Horn, deren Bau 1941 starten sollte. Doch da war bereits Krieg.

Vorgesehen war eine neue Strecke, die am Berliner Tor aus dem Ring herausgeführt werden sollte. An der Burgstraße hatte man einen viergleisigen Bahnhof vorgesehen, um dort auch noch die Strecke des damals geplanten Alsterhalbrings einfädeln zu können. Dahinter sollte die Trasse nach Horn unterirdisch dem Geesthang folgen und nach einer Haltestelle »Hohle Rönne« (heute »Rauhes Haus«) in einem offenen Einschnitt bis an die Station Horner Rennbahn herangeführt werden. Für den Arbeiterstadtteil Horn plante man eine viergleisige, oberirdische Haltestelle, um bei Sportereignissen auf der angrenzenden Galopprennbahn dem Andrang gewachsen zu sein. Außerdem hatten die nationalsozialistischen Verkehrsstrategen in der Umgebung einen sogenannten »Autobahnhof für Lastkraftwagen« als Endpunkt der am 13. Mai 1937 eröffneten Reichsautobahn nach Lübeck vorgesehen, wofür ein personalintensiver Umschlagplatz mit gutem Schnellbahnanschluss benötigt wurde. Perspektivisch war an eine Weiterführung bis Legienstraße mit einem sich anschließenden Betriebsbahnhof Billstedt und darüber hinaus bis nach Kirchsteinbek gedacht, wo man sich eine Umsteigestation zur Südstormarnschen Kreisbahn vorstellte. Als Bauzeitraum waren die Jahre 1941 bis 1951 vorgesehen.

Nach dem Ende des Zweiten Weltkrieges ging es jedoch nicht um den Neubau von Strecken, sondern um die Reparatur der zerstörten Altanlagen. In den 1950er Jahren verfolgten die Planer dann das Konzept einer Verknüpfung der Messberg-Strecke mit einer künftigen Horner Linie, wofür in der Haltestelle Hauptbahnhof-Süd auch schon Vorleistungen erbracht wurden. Dies ist noch heute an einer Nische für den Abzweig am südöstlichen Bahnsteig der Linie U1 in der Station Hauptbahnhof-Süd zu erkennen. Doch der Senat entschied am 28. Juni 1961 schließlich, auf der Basis der Vorkriegsplanungen eine Strecke auf der freigehaltenen Trasse nach Horn zu errichten, die von der Station Berliner Tor abzweigen sollte.

Jahrzehntelang verkehrten nur Straßenbahnen nach Horn (Aufnahme vom 27. September 1928).

Berliner Tor im Sommer 1964: Das alte Bahnhofsgebäude der Hochbahn ist abgerissen, die Haltestelle bereits unter die Erde verlegt.

Beim Bau der Billstedter Strecke beschleunigten Schalwagen den Tunnelbau.

An der Burgstraße sollte ursprünglich mal der Alsterhalbring einfädeln. Die Abzweignische zeugt noch heute von dieser Planung.

Nach Jahrzehnten der Planung begann 1962, im 50. Jubiläumsjahr der Betriebsaufnahme der Hamburger Hochbahn, endlich der Bau. Östlich der Station Berliner Tor, einige Meter unter dem Stellwerk, wo die Ringlinie zur Lübecker Straße und die Gleise zur Abstellanlage abzweigten, wurde die Billstedter Strecke vom Kernnetz der Hochbahn ausgefädelt. Im ersten Abschnitt mussten sowohl die S-Bahngleise als auch die Fernbahngleise der Strecke Hamburg – Lübeck unterquert werden, danach wurde in 16,5 Meter Tiefe die Klaus-Groth-Straße gekreuzt. (Kurz dahinter lag damals auch der erste Gleiswechsel, der aufgrund zu geringer Nutzung später wieder entfernt wurde. Die Position ist aber heute noch gut zu erkennen, da in diesem Bereich die Tunneldecke freitragend ist. Zudem sind dort noch deutlich die Schienenstöße der ehemaligen Weichenanlage zu spüren, wenn ein U-Bahnzug darüber hinwegfährt.)

Durch den Einsatz moderner Schalwagen, einer damals relativ jungen Bauweise, konnte der Tunnel in einem durchgehenden Betonierverfahren kostengünstig und schnell vorangetrieben werden. Ohne jede Längsfuge erfolgte hier der Bau in jeweils 10,8 Meter langen Tunnelsegmenten aus wasserdichtem Beton. Vor der ersten unterirdischen Haltestelle Burgstraße schuf man eine zusätzliche Ein- und Ausfädelung für den immer noch geplanten Alsterhalbring, die sich in Form zweier Nischen in der nördlichen Tunnelwand hinter der Ausfahrt in Richtung Berliner Tor befindet. (Während der Bauzeit nutzte man eine Nische als Anlieferungspunkt für das Unterbaumaterial der Billstedter Strecke.) In den 1960er Jahren der Wirtschaftswunderzeit ging man noch von anhaltendem Wachstum aus, wozu auch ein umfangreiches Schnellbahn-Neubauprogramm gehörte. In diesem Zusammenhang war vorgesehen, die Station Burgstraße – wie bereits in den 1930er Jahren geplant – viergleisig auszubauen und den Fahrgästen einen weiteren unterirdischen Bahnsteig mit oberirdischer Übergangsmöglichkeit zwischen der neuen Ringstrecke und der Billstedter Strecke zu bieten. Der heutige Mittelbahnsteig wäre demnach der südliche von beiden geworden. Aber die Wirtschaftskrise Anfang der 1970er Jahre führte zum baldigen Ende der Alsterhalbring-Pläne. Geblieben von den Träumen sind die Tunnelnischen und eine unterirdische Fußgängeranlage sowie die relativ großzügige, überdachte Umsteigehaltestelle für den U-Bahn-, Bus- und Straßenbahnverkehr. Nachdem im Mai 1977 die Straßenbahn ihren Betrieb ein-

Umsteigeanlage zur Straßenbahn an der Burgstraße (1967).

stellte, ist daraus eine An- und Abfahrtsanlage für Linienbusse geworden.

Im östlichen Haltestellenbereich trafen die Bauarbeiter beim weiteren Vortrieb am Sievekingsdamm auf eine alte Bunkeranlage aus dem Zweiten Weltkrieg, die im Wesentlichen noch funktionstüchtig war. Sie musste nicht nur umständlich entfernt werden, sondern die Bestimmungen in der damaligen Zeit des Kalten Krieges sahen sogar vor, dass für jeden abgebrochenen Bunker ein Ersatzbau geschaffen werden musste, der in etwa die gleiche Schutzplatzanzahl haben sollte. Daher schufen die ausführenden Firmen im Thörlspark, südlich des Streckentunnels, zwei eingeschossige Ersatzbauten mit jeweils 50 Schutzplätzen. Sie existieren noch heute.

Im weiteren Verlauf konnte die Strecke ohne größere Hindernisse im offenen Einschnitt bis kurz vor die Haltestelle Hammer Kirche geführt wird. Hier gab es einen sieben Meter großen Geländesprung. (An der eiszeitlichen Kante auf dem Geestrücken teilt sich auch der Stadtteil seit 1951 in Hamm-Nord und Hamm-Mitte, was bei den alten Hamburgern früher »Oben-Hamm« und »Unten-Hamm« hieß. Der dritte Teil, Hamm-Süd in Richtung Bille, ist eher industriell geprägt.) Die Station wurde mit Mittelbahnsteigen ausgestattet und ansonsten relativ einfach gehalten. Ein Fußgängertunnel ermöglicht den unterirdischen Zugang zur Station von der Hammer Landstraße aus.

Hinter der Haltestelle Hammer Kirche richteten die Ingenieure einen 300 Meter langen Testabschnitt für Betonfertigteile ein. Ein Betonwerk produzierte die jeweils etwa zwischen zwei und sieben Tonnen schweren Bauelemente, die auf eine zuvor gegossene Ortsbetonsohle gestellt wurden. Jedes Segment bestand aus einer Mittelwand, zwei Außenwänden und zwei Deckenplatten. Dadurch wurden kürzere Bauzeiten erreicht, weshalb man später auf diese Technologie auch andernorts zurückgriff.

642 Meter weiter erreichte die Strecke sodann die Haltestelle Rauhes Haus, in einigen Planungsunterlagen zuvor noch Hammer Berg genannt. (Der Name geht auf den 1881 verstorbenen Theologen Johann Hinrich Wichern zurück, der hier in der Nähe 1833 eine Anstalt zur »Rettung verwahrloster und schwer erziehbarer Kinder« eingerichtet hatte und 1848 die Innere Mission der evangelischen Kirche gründete.) Die weitgehend aus Betonfertigteilen erstellte Station lehnt sich mit ihrer Nordseite an den Geesthang und ist auf ihrer Südseite vollständig verglast, was

Der Südausgang der Haltestelle Hammer Kirche (etwa 1970).

Die Strecke nach Billstedt verläuft an der Hammer Kirche im Geesthang.

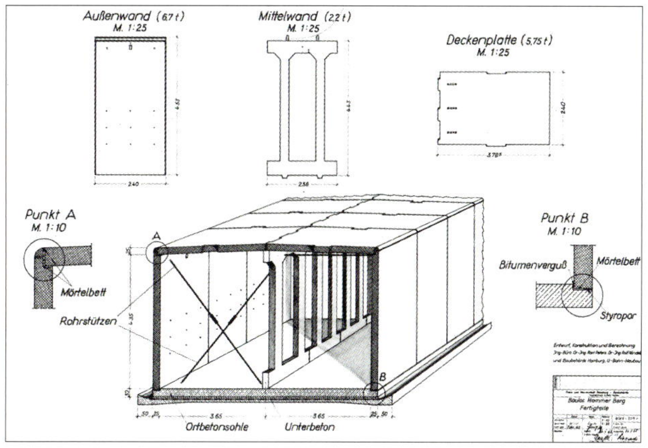

Technische Zeichnung der Tunnelfertigteile für den Bauabschnitt Hammer Berg.

Die freitragende Betondecke und die durchgehende Fensterfront verleihen der Haltestelle Rauhes Haus optische Großzügigkeit.

Ausschachtungsarbeiten an der Haltestelle Horner Rennbahn. Über dem Tunnel befindet sich heute ein Einkaufzentrum.

ihr einen gewissen Reiz von Großzügigkeit verleiht. Über den Seitenbahnsteigen »schwebt« eine Kanzel, von der aus früher die Züge abgefertigt wurden. Dort stand auch ein kleines Stellwerk für den doppelten Gleiswechsel westlich vor der Haltestelle, der bis etwa Mitte der 1990er existierte. Seit der Einführung der Zugfahrer-Selbstabfertigung stehen diese Räume leer.

Wassereinbruch bei Tunnelarbeiten an der Billstedter Strecke.

Hinter der Station unterquert die Trasse im Tunnel die Güterumgehungsbahn, verlässt den Geesthang und somit auch den Bereich von Hamm und verläuft in nord-östlicher Richtung rund 1200 Meter weiter unterirdisch bis zur Station Horner Rennbahn. In diesem Tunnelabschnitt traf man auf das gefürchtete aggressive Grundwasser, weshalb nicht nur die Baustelle ständig ausgepumpt und zusätzlich gesichert werden musste, sondern auch dicke Bitumenanstriche für den Tunnel erforderlich wurden. Die vorläufige Endhaltestelle wurde mit einem Mittelbahnsteig ausgestattet, der direkt unter der Straßenoberfläche liegt und zwei Ausgänge besitzt. Darüber entstand eine Bushaltestelle, an der bis in die 1970er Jahre eine Straßenbahnlinie in die Innenstadt ihren Endhaltepunkt hatte.

Mit der Eröffnung der vorläufigen Endstation am 2. Januar 1967 durch den damaligen Bürgermeister Prof. Dr. Weichmann erfolgte auch die Inbetriebnahme der bereits zuvor fertiggestellten Haltestellen Burgstraße, Hammer Kirche und Rauhes Haus. Dieser 4,7 Kilometer lange und 98 Millionen DM teure Neubauabschnitt ermöglichte es den Fahrgästen nun, mit der U-Bahn von der Horner Rennbahn das Rathaus in der Innenstadt binnen zwölf Minuten zu erreichen – mit der Straßenbahn hatte das vorher mindestens 27 Minuten gedauert. Das Gesamtnetz der Hochbahn AG hatte damit eine Länge von 82 Kilometern und verfügte über 71 Haltestellen.

Die Arbeiten gingen alsbald weiter, denn die Strecke sollte schließlich noch bis Billstedt geführt werden. Hinter dem Bahnhof Horner Rennbahn richtete man zwischen den Streckengleisen eine zweigleisige Abstellanlage ein, die in ihrer hinteren Hälfte inzwischen für alte U-Bahnwagen genutzt wird. (Noch im Jahre 2007 befanden sich hier abgestellte Wagen aus den späten 1950er Jahren der Baureihe DT1, die als Ersatzteilspender – etwa für den Museumspartywagen – dienten, sowie ein alter T-Wagen aus der Anfangszeit der Hamburger U-Bahn.) Für diese Abstellanlage ist in dem ehemaligen Haltestellenwärtergebäude auf dem Bahnsteig ein noch funktionsfähiges Drucktastenstellwerk untergebracht, das im Regelbetrieb heute allerdings von Billstedt aus ferngesteuert wird.

Etwa 1230 Meter hinter der Station Horner Rennbahn endet der unterirdische Abschnitt, und die Trasse erreicht auf Schiffbeker Gebiet die Haltestelle Legienstraße, die ursprünglich mal »Vierbergen« heißen sollte. Sie erhielt wegen der Aufweitung der Trasse durch eine geplante Abstellanlage zwei Seitenbahnsteige. Wie schon in der Station Rauhes Haus thront über dem Tunnelmund die Kanzel des Haltestellenwärters, die heute als Aufenthaltsraum für Hochbahnmitarbeiter dient. Die ersten Züge der U3 verkehrten am 24. September 1967 hierher. Für etwa zwei Jahre erfolgte der Betrieb der Haltestelle Legienstraße nur über das westliche Gleis. Für die Rückfahrt in Richtung Horner Rennbahn existierte seinerzeit eine Kehrweiche innerhalb der Haltestelle. Noch heute kann man im Tunnel die ehemalige Einfädelung auf das Gegengleis sehen – hier fehlen ein paar Deckenstützen.

Zwei Jahre später war dann auch das restliche Stück bis zur viergleisigen Endhaltestelle Billstedt bewältigt, worüber ein leistungsstarker Busbahnhof entstand. Er dient seit der Eröffnung der Haltestelle am 28. September 1969 als Umsteigeanlage für Fahrgäste aus dem südöstlichen Raum, etwa aus dem schleswig-holsteinischen Kreis Stormarn. Entsprechend großzügig ist die Station angelegt worden.

Noch vor Fertigstellung der Strecke bis Billstedt beschlossen Senat und Bürgerschaft am 22. März 1968 eine zusätzliche Verlängerung von 1,3 Kilometern bis zur Merkenstraße. Hinter den beiden östlichen Abstellgleisen der Haltestelle Billstedt wurde die Strecke daraufhin im Einschnitt weiter bis zum Schleemer Bach geführt. Darauf folgte ein etwa 900 Meter langer Tunnelabschnitt, der in offener Bauweise erstellt wurde und in dem auch die Haltestelle Merkenstraße liegt. Die Station ist mit einem Mittelbahnsteig ausgestattet und liegt etwas tiefer als die meisten anderen Stationen dieser Strecke. Daher war hier die Integration einer Fußgängerverteilerebene zwischen dem Bahnsteig und der Oberfläche möglich. Aufgrund der Tiefe befindet sich die Sohle der Anlage unter dem Grundwasserspiegel, weshalb der Tunnel besonders abgedichtet werden musste. Nach der Eröffnung der Haltestelle am 31. Mai 1970 sollte die Merkenstraße für rund 20 Jahre die Endhaltestelle der Linie U3 sein.

Luftbild der Haltestelle Billstedt von West nach Ost; im Vordergrund die Abstellanlage, dahinter der Haltestellenkomplex.

Meisterwerk Schnellbahnknoten Jungfernstieg

Zwischen den Straßen Jungfernstieg und Ballindamm erreichte der Bau der U-Bahn-Durchmesserstrecke von Südosten nach Nordwesten den Umsteigebahnhof Jungfernstieg, der statt des heutigen Haltestellennamens ursprünglich den Namen Ballindamm erhalten sollte, da man vermeiden wollte, dass der Fahrgast ihn mit der bereits vorhandenen Haltestelle Jungfernstieg verwechseln würde.

Die Vorarbeiten zu der damals größten unterirdischen Baustelle Hamburgs begannen Ende 1967, und im Gegensatz zu den weiteren, neuen U-Bahnhaltestellen im Innenstadtbereich, die alle im Schildvortrieb gebaut wurden, erstellte man diese aufgrund der Dimensionen vollständig in offener Bauweise. Die Baugrube entstand hier größtenteils im Wasser der Binnenalster an einer Stelle, die seit 1924 bereits mehrfach Gegenstand von Haltestellenplanungen war.

Über den Baufortschritt konnten sich interessierte Bürger auf einer extra errichteten Aussichtsplattform informieren. Bis zur Fertigstellung im Jahre 1973 entstand dort Hamburgs größter unterirdischer Verkehrsknotenpunkt, der schnell in der Lage war, täglich über 100 000 Fahrgäste zu bewältigen.

Die Haltestelle sollte aber nicht nur der U-Bahn dienen, sondern auch einen bequemen Umstieg zur parallel entstandenen City-S-Bahn bieten. Diese S-Bahnstrecke verbindet heute den Hauptbahnhof über eine vollständig unterirdische Innenstadtstrecke mit dem Hafen und reicht über St. Pauli bis nach Altona.

Die Station Jungfernstieg wird dabei vom Hauptbahnhof aus durch einen Tunnel erreicht, der ab der Lombardsbrücke quer durch die Binnenalster gebaut wurde. Der Bahnsteig der S-Bahn verläuft hier quer unter der bereits seit 1934 existierenden Haltestelle Jungfernstieg der Kelljunglinie der Hamburger Hochbahn AG und befindet sich teilweise unter der Binnenalster, der Resendammbrücke und der Kleinen Alster, also fast vollständig unter Wasser. (Hinzu kam, dass im Bereich der Alsterschleuse die Strecke der S-Bahn unter den Schleusenkammern hindurchführte, weshalb die alte Schleuse abgebrochen und vollständig ersetzt werden musste.) Die Bahnsteigoberkante der S-Bahn liegt hier etwa 10,9 Meter unterhalb der Wasseroberfläche.

Ein Stockwerk tiefer entstand unter der Binnenalster eine weitere Ebene mit einem Bahnsteig für die U-Bahn, deren Sohle bei etwa 18,5 Metern unter der Wasseroberfläche liegt. Viergleisig sollte sie insgesamt zwei neue Linien aufnehmen können, zunächst die Durchmesserlinie zwischen Billstedt und Stellingen, später noch eine damals geplante zwischen Winterhude und Lurup. Alleine die Rohbaukosten dieser Station betrugen über 35 Millionen DM.

Die Baustelle war eine ingenieurtechnische Meisterleistung und eine besondere Herausforderung für alle Betei-

1954 durften die Autobesitzer noch auf dem Mittelstreifen des Jungfernstiegs parken.

Die Komplexität des Schnellbahnknotens Jungfernstieg konnte der Passant 1969 anhand der Bauschilder nur erahnen.

Die südliche Binnenalster als Großbaustelle (Aufnahme vom 10. Mai 1969).

ligten. Zum einen durften der Oberflächenverkehr und die Alsterschifffahrt nicht behindert werden, und zum anderen musste der Wasserabfluss der Alster während der gesamten Bauphase gewährleistet sein – immerhin 80 Kubikmeter Wasser pro Sekunde passierten die Baustelle über eine 20 Meter breite Wasserbrücke. Zur Absicherung der 36 Meter breiten Baugrube wurde eine etwa 25 Meter lange Spundwand in die Erde gerammt sowie zusätzlich noch neun Meter lange Spundwände für die sogenannten Fangdämme. Diese hielten nicht nur das Wasser aus der Baugrube fern, sondern ermöglichten auch die Zufahrt zur Baustelle. Gehalten wurden die Dämme durch insgesamt 3000 starke Erdanker, die jeweils bis zu 30 Meter lang waren und den gesamten Erd- und Wasserdruck aufnehmen konnten. Immerhin lastete auf den Wänden ein Druck von mehr als 100 000 Tonnen. Diese Anker befinden sich noch heute im Boden, während die Spundwände der Fangdämme wieder entfernt wurden.

Damit die Spundwände dem gewaltigen Wasserdruck der Alster standhielten, wurden diese mit tausenden Erdankern tief im Boden der Binnenalster fixiert.

Untergrundarbeiten in mehreren Etagen: Auf der Sohle sind die Konturen des Bahnsteigs der Linie U2 zu erkennen.

Wasserbrücke über die Tunnelbaustelle zur Ableitung der Alster während der Zeit der Bauarbeiten.

Die Dimensionen dieser Baustelle erforderten besondere Überwachungsmaßnahmen. Um die Auswirkungen der Bodenbewegungen auf die Spundwände zu beobachten, wurden Laserstrahlen eingesetzt. Zudem installierte man eine weitere lasergesteuerte Überwachungsanlage auf dem alten Bahnsteig der Kelljunglinie, die sicherstellen sollte, dass mögliche Bodensetzungen sofort bemerkt werden konnten. Glücklicherweise zeigten sich keine Schäden. Nach dem Ende der Bauarbeiten wurde die Anlage wieder abgebaut. In dem Bereich der Bestandshaltestelle, die teilweise unter der Reesendammbrücke liegt, war der Bau besonders schwierig. In mehreren Arbeitsschritten musste die alte Haltestelle gesichert und der Geschiebemergel darunter gegen Wassereinbruch chemisch verfestigt werden. Im Schutz dieser stabilisierten Schichten wurden drei Stollen unter dem U-Bahntunnel hindurchgetrieben und darin die Tunnelaußenwände und die Längsbalken der Tunnelsohle hergestellt. So entstand eine Stützkonstruktion, auf der sich der alte U-Bahntunnel sicher setzen konnte. Nachdem dieser mit dem der City-S-Bahn eine Einheit bildete, brach man den Bahnsteig und die Sohle der vorhandenen U-Bahnstation durch und ersetzte diese durch eine Zwischendecke mit einer festen Übergangstreppe.

Nach und nach wurden die neuen Bahnsteige erstellt. Die insgesamt drei Bahnsteigebenen wuchsen zusammen. Die vierte Ebene wurde als großzügige Fußgängerpassage mit Läden und umfangreichen Oberflächenzugängen ausgestaltet, die hier teilweise nur wenige Meter über dem Wasserspiegel liegen. Um Hochwasserschäden an der Haltestelle zu vermeiden, wird seitdem der Wasserpegel von Hamburgs großem Binnensee im Schleusenhaus am Schaartorkanal computergesteuert überwacht, und bei drohendem Hochwasser der Alster pumpt man die überschüssigen Wassermassen umgehend in die Elbe. Zudem schützt diese Anlage auch vor Rückstau des Elbwassers.

Trotzdem wurde der Schnellbahnknoten noch zusätzlich umfangreich gegen Wassereinbruch gesichert. Über den Gleisen sorgen zwölf große Stahltore (drei für die S-Bahn und acht für die U-Bahn) für entsprechenden Schutz, von denen jedes Einzelne einen halben Meter stark ist und bis zu zehn Tonnen wiegt. Sensoren würden einen Wassereinbruch binnen kurzer Zeit melden. Die jeweiligen Strecken- oder Betriebszentralen erhalten in diesem Fall Alarm und schließen die Wehrtore mechanisch. So lässt sich das Tunnelsystem innerhalb kurzer Zeit vollständig abschotten. Die gefährdeten Bereiche wurden außerdem durch Hochleistungspumpen abgesichert, die 250 Liter Wasser pro Sekunde absaugen können. Von der Dimensionierung wären die Pumpen sogar in der Lage, innerhalb weniger Minuten das Becken eines großen Hallenbades trockenzulegen.

In der Fußgängerebene unter dem Alsteranleger, die als sogenannte Mehrzweckanlage auch dem Zivilschutz dient,

Bau der City-S-Bahn unter der Binnenalster auf dem Weg vom Hauptbahnhof zum Jungfernstieg.

befinden sich weitere Wehrtore in den Oberflächenzugängen sowie an den Zugängen zu den Bahnsteigen. Diese Tore erfüllen nicht nur eine Funktion als Hochwasserschutz, sondern könnten den Schutzraum im Krisenfall auch vor den Auswirkungen von gefährlichen Kampfstoffen und atomarer Strahlung abriegeln. In den letzten Jahren wurden im Zuge der Neugestaltung des Jungfernstiegs und des Alsteranlegers noch zusätzliche sogenannte Dammbalkensperren an der Oberfläche installiert, die bereits dort das Wasser zurückhalten sollen.

Die Haltestelle Jungfernstieg war das letzte Bauwerk der neuen Durchmesserlinie zwischen Stellingen und Billstedt, die bereits ab 1968 in mehreren Teilstrecken eröffnet wurde. So fuhren bereits ab September 1968 Pendelzüge als Interimslinie U21 zwischen Barmbek und Hauptbahnhof sowie ab Mai 1970 als U22 zwischen dem neu erbauten

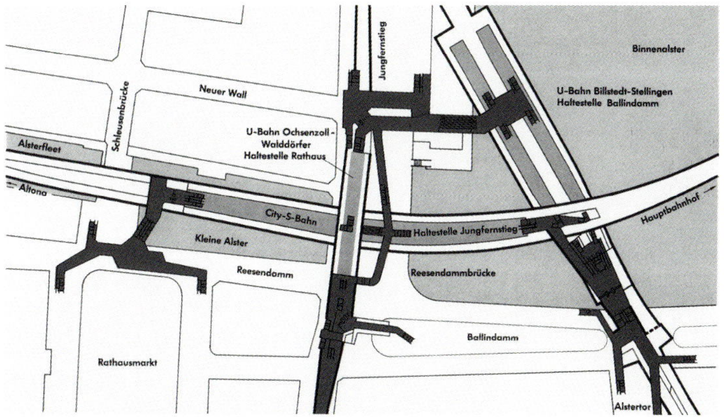

Schema des Schnellbahnknotens Jungfernstieg, der teilweise unter der Alster liegt.

Bahnhof Schlump (Tiefbahnsteig) und Gänsemarkt. Es sollte aber nicht mehr lange dauern, bis die Linie U2 auf neuer Trasse zwischen Hagenbecks Tierpark und Wandsbek-Gartenstadt verkehren konnte.

»Hamburgs neuer Superbahnhof« titelte schließlich das »Hamburger Abendblatt« am 2. Juni 1973, als die U-Bahnstation Jungfernstieg feierlich mit einem Volksfest eröffnet wurde. Nicht das übliche Wort »Zurückbleiben bitte« hallte als Erstes über die Lautsprecher, sondern ein kräftiges »Moin«. Gesprochen vom damaligen Ersten Bürgermeister Peter Schulz.

Nach über fünf Jahren Bauzeit, in denen 40 000 Kubikmeter Beton vergossen, 4000 Tonnen Stahl verbaut und 170 000 Kubikmeter Erde bewegt worden waren, drängten sich nun mehr als 20 000 Hamburger auf dem jüngstem Bahnhof, um das Wunderwerk zu bestaunen. Auf den beiden mittleren Gleisen der untersten Ebene fuhren die Züge der Linie U2 ab, die äußeren blieben für die geplante Strecke Lurup – Winterhude frei.

An der darüberliegenden Ebene der City-S-Bahn wurde zu diesem Zeitpunkt jedoch noch weitergebaut. Die Strecke ging erst zwei Jahre später, am 30. Mai 1975, in Betrieb – natürlich wieder verbunden mit einem großen Volksfest. Dabei wurde der erste Zug, der zu einer Eröffnungsfahrt zur vorläufigen Endhaltestelle Landungsbrücken startete, durch das Hamburger Original Helga Feddersen auf den Namen »Alster« getauft. Danach hatte die Bevölkerung zwei Tage lang Gelegenheit, die neue S-Bahnlinie kostenlos kennenzulernen.

Im Frühjahr 1973 war der Innenausbau des Tiefbahnsteiges der Linie U2 am Jungfernstieg fast abgeschlossen, nur die Abdeckungen der meisten Lampen fehlten noch.

Trotzdem dauerte es einige Zeit, bis die Hamburger die neue Linie annahmen. Die Züge waren in den ersten Monaten nur spärlich besetzt, schließlich verkehrte die Interimslinie S10 ab 1. Juni 1975 vorerst auch nur von Barmbek über Jungfernstieg bis zu den Landungsbrücken, die restliche Strecke bis Altona war noch im Bau und ging erst vier Jahre später in Betrieb. (Aufgrund der geringen Nachfrage wurde der Nachtverkehr im Januar 1977 sogar gänzlich eingestellt und der S-Bahnsteig der Haltestelle Jungfernstieg zu später Stunde abgesperrt.)

Mit der Eröffnung der City-S-Bahn zwischen Hauptbahnhof und Altona am 19. April 1979 war nicht nur der Linienname S10 Vergangenheit, sondern endete auch die Zeit, in der die S1 über die oberirdische Strecke der Verbindungsbahn am Dammtor verkehrte. Die Änderung der Linienführung erfolgte ab 21. April 1979 nun über die neue Strecke von Poppenbüttel über Jungfernstieg und Altona nach Blankenese/Wedel und zurück. Vorerst verkehrte die S2 noch über Dammtor, bis diese nach der Inbetriebnahme der Verbindungsstrecke zwischen Altona und Diebsteich im Jahre 1981 auch über die City-S-Bahn geführt wurde. Es war die Geburtsstunde der S11 und S21, wobei die S21 nur werktags während der Hauptverkehrszeit über Dammtor führte und die S11 die ständige Verbindung zwischen Hauptbahnhof und Altona abdeckte. Dies blieb so bis September 1983, als die Harburger S-Bahn ihren Betrieb aufnahm und die Citylinienführung der S2 und S21 getauscht wurden. Mit der neuen Harburger Linie S3 konnte der Fahrgast nun bequem direkt vom Jungfernstieg aus die Stadtteile südlich der Elbe erreichen. Ab 1984 ging es bis nach Neugraben, und seit 2007 geht es sogar bis nach Stade. Die S11 verkehrt mittlerweile nur noch während der Hauptverkehrszeiten, werktags zwischen Blankenese, Dammtor, Ohlsdorf und zurück.

Für 1983 war auch die Inbetriebnahme der verbliebenen, bis dato leeren, äußeren Gleisströge der untersten Ebene der Haltestelle Jungfernstieg durch eine U-Bahnlinie zwischen Lurup – Winterhude geplant, deren Bau jedoch kurz vor Beginn der Arbeiten aufgrund der Finanzkrise im Herbst 1974 gestoppt wurde. Danach sah es etwa drei Jahrzehnte so aus, als ob diese Bauvorleistung gänzlich umsonst gewesen sein sollte. Mit dem Beschluss, eine Stichstrecke der U-Bahn (U4) in die Hafencity vom Jungfernstieg auszufädeln, gewannen die vorgehaltenen Gleisströge aber wieder an Bedeutung. Zwar ist die Anbindung nach Lurup noch bis heute in den Flächennutzungsplänen der Hansestadt verzeichnet, wird tatsächlich jedoch schon seit langer Zeit nicht mehr verfolgt. Mit der Umnutzung der Bahnsteige für die U4 wird die Anbindung der Luruper-Strecke an die Station Jungfernstieg höchst unwahrscheinlich.

Nach den bisherigen Planungen soll der Tunnelbohrer der Schildvortriebsmaschine im Jahr 2009 vom Hafen aus erstmals den Bereich der Station Jungfernstieg erreichen, und im Jahr 2011 könnte die U-Bahn nach 4,2 Kilometer langer Fahrt die Innenstadt mit der Hafencity verbinden. Eine spätere Weiterführung der Linie nach Wilhelmsburg ist möglich, da die Abstellanlagen hinter der Endstation in der Hafencity so ausgeführt werden, dass der Baakenhafen ohne größere Probleme untertunnelt werden kann. Am dortigen Streckenende sollen zukünftig Bauvorleistungen den späteren »Sprung über die Elbe« vereinfachen.

Heute nutzen an Werktagen etwa 105 000 Menschen den Schnellbahnknoten Jungfernstieg, womit er die am stärksten frequentierte Haltestelle im Innenstadtbereich ist. Durch die Anbindung der neuen U4 an die Hafencity wird es vermutlich zu einem weiteren Fahrgastzuwachs kommen. Probleme dürften damit nicht verbunden sein, denn ursprünglich hat man die Anlage sogar für bis zu 300 000 Fahrgäste am Tag konzipiert.

Verplant? Eine Schnellbahn zwischen Winterhude und Lurup – U4

Die Gebiete westlich von Altona und nördlich der Elbvororte sollten schon seit der zweiten Hälfte des 19. Jahrhunderts enger an das Hamburger Verkehrsnetz angeschlossen werden, doch bis heute ist es nicht so recht gelungen. Viele Städte in Deutschland kennen ähnliche Situationen. Wenn ein Verkehrsprojekt erst einmal gestoppt wird und die Verantwortlichen sich auf neue Prioritäten verständigen, ist es schwer, ein gescheitertes oder zurückgestelltes Vorhaben wieder zu aktivieren. Auf diese Weise ist beispielsweise in Berlin die U-Bahn in den nordöstlichen Stadtteil Weißensee mehrfach geplant und mit Bauvorleistungen versehen, doch nie gebaut worden. So verhält es sich auch mit der Strecke nach Lurup.

Nachdem ab 1860 erstmals die Elbvororte durch die Eisenbahn erschlossen waren und die Strecke bis Blankenese 1907 elektrifiziert wurde, stellte man Überlegungen an, auch die geringer besiedelten Gebiete im preußischen Lurup einzubeziehen. Die Gemeinde, die zu Beginn des 20. Jahrhundertes wie viele der pinnebergischen Landgemeinden noch durch ein vorindustrielles Erscheinungsbild geprägt war, hatte zu diesem Zeitpunkt nur etwa 400 Einwohner, daher bestand zumindest nicht die dringende Notwendigkeit einer Anbindung. Es blieb vorerst bei den Überlegungen.

Konkret wurden sie erst nach Überwindung der Inflationskrise von 1923, als Altonas Bausenator und Stadtplaner Gustav Oelsner einen Generalbauplan für Altona und andere preußische Gebiete erstellte, der für den Bereich um Lurup eine größere Wohnungsbebauung mit Einzel- und Reihenhäusern vorsah. Nachdem Lurup 1927 mit Wirkung des Groß-Altona-Gesetzes zu Altona eingemeindet worden war, bediente eine Buslinie den neuen Stadtteil. In den darauffolgenden Jahren entstand eine vorstädtische Kleinsiedlung mit vielen jungen, kinderreichen Familien, die vorwiegend aus den dicht besiedelten inneren Altonaer Stadtteilen stammten. Die vorwiegend armen Leute nutzen in der Zeit der Weltwirtschaftskrise als Wohnunterkunft alte Bauwagen, Wagen der Reichsbahn und sogar ausrangierte Straßenbahnwaggons. Außerdem zogen viele frühere Beschäftigte aus der fischverarbeitenden Industrie Altonas hierher, die sich günstig gebrauchte Fischkisten beschaffen konnten. (Aus dieser Zeit stammt das Schmähwort »Fischkistenhaus«, das den Charakter des anspruchslosen, einfachen Wohnens vor der Stadt beschrieb.)

Ab etwa Mitte der 1930er Jahre wollten die nationalsozialistischen Machthaber dann die Stadt Hamburg erweitern und um ehemals preußische Gebiete ergänzen, die damit auch ihre bisherige Selbständigkeit verlieren sollten. Diese Pläne mündeten im Groß-Hamburg-Gesetz von 1937, durch welches Lurup genau wie Altona ein Stadtteil der »Einheitsgemeinde Hamburg« wurde. Im Generalplan des Schnellbahnnetzes von 1935 war bereits im Vorfeld der Eingemeindung durch die vorgesehene verkehrstechnische Achsenbildung auch eine Verbindung nach Lurup vorgesehen. Noch im Kriegsjahr 1942, als Arbeitskräfte und Baumaterial längst zur Mangelware gehörten, stellte man Entwürfe für Bahnhöfe der neuen Strecke vor. Danach sollte der Altonaer Fernbahnhof zu einem Kreuzungsbahnhof für zwei U-Bahnlinien ausgebaut werden, wobei die viergleisige U-Bahnstation quer unter den Reichsbahn- und S-Bahngleisen angedacht war. Eine der Linien sollte von der Holstenstraße kommend nach Neumühlen verzweigt werden, die andere – von der Reeperbahn kommend – war in Richtung Lurup vorgesehen. Dort war am Streckenende (in der Nähe von Osdorf) eine umfangreiche Abstellanlage geplant.

Nach Ausrufung des »totalen Krieges« in Folge der Niederlage bei Stalingrad verschwanden diese Planungen 1943 schnell wieder in den Schubladen. Nachdem der Krieg auf die deutschen Gebiete zurückfiel und Hamburg schwer bombardiert wurde, siedelten sich in Lurup viele Flüchtlinge und obdachlose Hamburger an. Nach dem Ende des Zweiten Weltkrieges schien daher eine Schnellbahnanbindung des Stadtteils sinnvoll, doch die Beseitigung der Kriegsschäden hatte Vorrang. Im Oktober 1950 richtete man übergangsweise erstmal eine Straßenbahnlinie ein – als zweite Neubaustrecke nach dem Krieg überhaupt. (Es sollte auch die letzte Erweiterung des Streckennetzes der Hamburger Straßenbahn sein, denn ab 1954 begann bereits der Rückbau der Straßenbahnlinien zugunsten neuer U-Bahnstrecken.) Beim Bau der neuen Schnellbahnverbindungen hatte Lurup allerdings keinen Vorrang, andere Strecken, wie etwa nach Wandsbek, waren wichtiger.

Den nächsten Hoffnungsschimmer gab es Anfang der 1960er Jahre, als sich die Bundesbahn mit den Erweite-

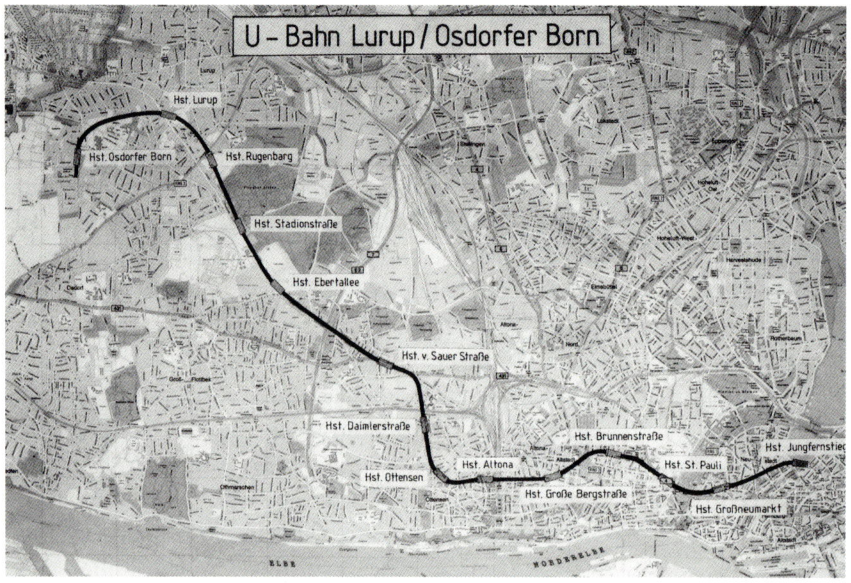

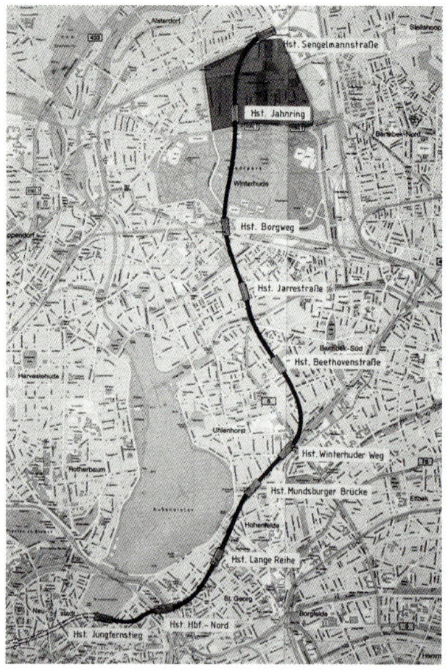

Links: **Der Westabschnitt der bis in die 1990er Jahre geplanten Linie Lurup – Winterhude.** Rechts: **Für den Ostabschnitt der geplanten Linie wurden am Jungfernstieg, Hauptbahnhof-Nord und an der Sengelmannstraße bereits Bauvorleistungen erbracht.**

rungen der S-Bahnstrecken befasste. Das Kernstück dieser Planungen war die City-S-Bahn zwischen dem Hamburger Hauptbahnhof und Altona, ein Projekt, das dem Hamburger Senat im Jahr 1963 vorgestellt wurde. Dort sah man diese Linie als eine willkommene Ergänzung für den Hamburger Verkehrsverbund, der 1965 entstand. Der Bau der City-S-Bahn begann am 14. Oktober 1967. Die Bezirksversammlung von Altona drängte zugleich auf eine Fortführung dieser Strecke, um die schnell wachsenden Stadtteile Lurup, Osdorf und Schenefeld anschließen zu können. Zu diesem Zeitpunkt arbeitete der noch junge Verkehrsverbund bereits vorausschauend (zusammen mit der Baubehörde) an Plänen zur Entwicklung einer U-Bahnlinie zwischen der Sengelmannstraße im Stadtteil Winterhude und Lurup, die den internen Planungsnamen »L-Strecke« erhielt.

Neben Lurup und Bahrenfeld sollte gleichzeitig auch am Altonaer Bahnhof mit dem Bau begonnen werden. In Altona war in 14 Meter Tiefe unter der Haltestelle der City-S-Bahn ein drittes Haltestellengeschoss vorgesehen. Dies wäre übrigens der tiefste Punkt auf dieser Neubaustrecke gewesen. Da die Stromabnehmer der U-Bahn keinen oberirdischen Streckenverlauf im Straßenraum zulassen und für Bahndämme und Viadukte weitgehend der Platz fehlte, sollte fast die Hälfte der Strecke in Tunnellage ausgeführt werden. Dem jeweiligen Straßenverlauf folgend, sollte die unterirdische Trasse geschickt in den Straßenverlauf eingebunden werden, so dass im dicht besiedelten Westen Altonas, im Gebiet von Ottensen, so gut wie keine Gebäude hätten zerstört werden müssen.

Weitere Tunnelhaltestellen waren unter anderem an der Großen Brunnenstraße, der Daimlerstraße, Von-Sauer-Straße und der Ebertallee vorgesehen. Danach wäre die Strecke im offenen Einschnitt oberirdisch weiter westlich bis zur Haltestelle Stadionstraße und der folgenden Station Rugenbarg geführt worden. Dahinter sollte die Linie bis zur Haltestelle Lurup wieder in Tieflage als Tunnelstrecke ausgeführt werden. Nordöstlich hinter der Station Lurup wäre im Einschnitt ein Abstellbahnhof entstanden, und nach einem leichten südwestlichen Knick hätte die Haltestelle Osdorfer Born vorerst den Endpunkt der geplanten Linie markiert. Später wollte man die Strecke sogar bis nach Schenefeld verlängern.

Problematischer war der gedachte Streckenverlauf der neuen U-Bahn von Altona in Richtung Innenstadt. Er sollte weitgehend parallel zur geplanten City-S-Bahn verlaufen, was die Bundesbahn zum Anlass nahm, die Anbindung Lurups durch die Hochbahn generell in Frage zu

Einer der beiden ungenutzten Gleiströge der Haltestelle Jungfernstieg; ab 2012 fährt von hier die U-Bahn in die Hafencity.

2006/07 wurde die Haltestelle Hauptbahnhof-Nord behindertengerecht ausgebaut. In die leeren Gleiströge kamen Aufzüge.

stellen und eine bundeseigene S-Bahn vorzuschlagen. Dafür gibt es sogar eine kleine Bauvorleistung am nördlichen Tunnelmund der S-Bahn unter dem Bahnhof Altona, der dort eine größere Aufweitung aufweist. Dieses Vorhaben der Bundesbahn lehnte der Senat jedoch ab. Es folgte eine jahrelange Auseinandersetzung, bis im November 1974 die Bundesbahn schließlich auf ihren Anspruch einer eigenen S-Bahn von Altona nach Lurup verzichtete.

Die Hamburger Baubehörde sorgte derweil dafür, dass notwendige Vorleistungen für die neue Strecke geschaffen wurden: Beispielsweise ließ man neue Straßen in Osdorf »schnellbahnfreundlich« gestalten, und auch unter dem S-Bahnhof Altona soll sich eine Bauvorleistung in Form einer verstärkten Bodenplatte befinden, um darunter problemlos eine weitere Station errichten zu können. Für die Zugänge zu den Bahnsteigen der U-Bahn sah man innerhalb der Verteilerebene über der S-Bahnhaltestelle zugleich den notwendigen Platz vor. Beim Bau der Autobahn A7 zum neuen Elbtunnel wurden (nördlich der Brücke an der Bahrenfelder Chaussee) Schalwände in den Untergrund eingebracht, die einen späteren Tunnelbau ebenfalls ohne deutliche Verkehrseinschränkungen erlauben würden. Auch wurden Haltestellen an den späteren Bedarf angepasst. Die größten Bauvorleistungen befinden sich in den Stationen Hauptbahnhof-Nord, Jungfernstieg (Tiefbahnsteig) und Sengelmannstraße. Diese Haltestellen wurden alle bereits viergleisig ausgebaut. An der Bestandshaltestelle Sengelmannstraße sollte zunächst der nördliche Endpunkt der Linie sein. Hier war ein Übergang zur Linie U1 vorgesehen. Die Züge der U1 wären dann an den Bahnsteigkanten der Außengleise vorgefahren und die Luruper-Linie auf dem Innengleispaar. Südlich der Haltestelle war für die neue Linie eine Tunnelrampe geplant. Dahinter sollte die Strecke das Bestandsgleis nach Ohlsdorf unterqueren und unterirdisch in Richtung Borgweg abzweigen. In der anderen Richtung war später hinter der Station ein westlicher Abzweig als

Die alten Hinweisschilder bezeichnen noch Ausgänge, die längst verschlossen sind. Auch die Straßenbahn (links unten auf dem Schild) ist oberirdisch längst Geschichte.

unterirdische Stichstrecke über Alsterdorf zum Flughafen vorgesehen (Südtrasse). Eine Variante zur Anbindung des Flughafens war die Streckenführung auf der Bestandstrasse der U1 bis nach Ohlsdorf. Dort hätte man dann eine Stichstrecke bis zum Flughafen (Nordtrasse) führen können. Diese Nordtrasse wurde dann in etwa für die heutige Strecke der Flughafen-S-Bahn gewählt.

Vorgesehen war eine Inbetriebnahme der gesamten Neubaustrecke von Winterhude nach Lurup nach einer Bauzeit von acht Jahren für 1983. Der schon vorher fertiggestellte Ast zwischen Altona und Lurup wäre bis dahin bereits als sogenannte »Inselbahn« betrieben worden, so dass es dort erstmal keine Gleisverbindung zum übrigen U-Bahnnetz geben sollte. Vermutlich wären für diesen Inselbetrieb einige in die Jahre gekommene Zugeinheiten vom Typ DT 1 aus dem Kernnetz herausgenommen und per Tieflader zum Abstellgelände am Osdorfer Born gebracht worden, auf dem auch kleine Wartungsarbeiten hätten erledigt werden können – nicht nur durch diesen Umstand hätte man den Inselbetrieb sicherlich nicht kostendeckend gestalten können.

Der finanzielle Aspekt war dann auch der Hauptgrund, die Planungen nicht weiter fortzuführen. Bereits die Finanzkrise Mitte der 1970er Jahre machte alle Vorleistungen für die Luruper-Linie zunichte. In der mittelfristigen Finanzplanung der Stadt für die nächsten fünf Jahre tat sich ein gigantisches Defizit von 1,3 Milliarden Mark auf, was am 31. Oktober 1974 zum Rücktritt des damaligen Ersten Bürgermeisters von Hamburg, Peter Schulz, führte. Sein Nachfolger Hans-Ulrich Klose legte alle Schnellbahnplanungen umgehend auf Eis, lediglich die schon fast fertige City-S-Bahn sollte noch zu Ende gebaut werden.

Am Hauptbahnhof-Nord wurden kurz nach der Eröffnung der Haltestelle die ungenutzen Bahnsteige wieder verschlossen. Der Bahnsteig in der Nordröhre wird seit 1994 für eine Kunstinstallation genutzt. Da die Luruper-Strecke zwischen Hauptbahnhof und Jungfernstieg auf dem Gleiskörper der U2 fahren sollte, existieren an den jeweiligen Ein- und Ausfädelpunkten am Hauptbahnhof und am Jungfernstieg entsprechende Tunnelstutzen, in denen die Hochbahn heute Material lagert. Allerdings plante man auch gleich ein, die Bahn zwischen den beiden Haltestellen bei stärkerer Nutzung auf einem eigenen Gleiskörper fahren zu lassen, und installierte entsprechende Anfahrschächte für die Schildvortriebsmaschinen.

Immerhin fand die Hochbahn-Verwaltung eine intelligente Verwendung für die leeren Gleiströge am Tiefbahnsteig der Haltestellte Jungfernstieg (U2), denn sie sollen künftig für die neue U-Bahnlinie in die Hafencity genutzt werden. Die beiden leeren Außentröge in der Haltestelle Hauptbahnhof-Nord dienen mittlerweile einem anderen Zweck als der Gleisaufnahme: Beim behindertengerechten Ausbau der Station erfolgte dort der Einbau der Fahrstühle zwischen Straßenoberfläche und den Bahnsteigen – ein deutliches Zeichen dafür, dass man die Strecke nach Lurup offenbar abgeschrieben hat.

Unterirdisch bis nach Bramfeld?

Ähnlich wie Lurup erging es im Nordosten Hamburgs dem Stadtteil Bramfeld. Seit dem Groß-Hamburg-Gesetz von 1937 gehört das einstige Dorf nordöstlich von Barmbek zu Hamburg. Bis heute hat es vielerlei Nahverkehrsplanungen erlebt. Beispielsweise sah man frühzeitig vor, hierhin eine Zweiglinie der Walddörfer-Bahn zu legen, die man am Bahnhof Habichtstraße ausfädeln und über den Friedhof Ohlsdorf oberirdisch bis auf Bramfelder Gebiet führen wollte, doch stets waren andere Strecken wichtiger gewesen.

Statt einer U-Bahnanbindung schuf man im Jahre 1926 zunächst eine Straßenbahnlinie (Nr. 4), die wenigstens bis an den südlichen Rand Bramfelds, in den Ortsteil Hellbrook, reichte.

Einen neuen Anlauf gab es erst nach dem Zweiten Weltkrieg, als sich hier viele Ausgebombte niederließen und die Hamburger Hochbahn AG eine weitere Straßenbahnstrecke bis zur Owiesenstraße in Bramfeld führte. Die Linie wurde aufgrund der Agrarstruktur in Bramfeld im Volksmund »Rhabarberexpress« genannt und verkehrte ab dem 16. Mai 1948 zwischen Bramfeld und dem Hauptbahnhof. Zum 1. Dezember 1948 wurde sie dann bis zum Endpunkt, etwa in Höhe der heutigen Berner Chaussee, verlängert. Ab 1955 verkehrten die Züge sogar zwischen Flughafen, Hauptbahnhof, Barmbek und Owiesenstraße. Doch das Glück hielt nicht lange an. Mit dem Fahrplanwechsel am 30. Mai 1965 legte die Hamburger Hochbahn AG den Streckenabschnitt zwischen Hauptbahnhof und Bramfeld still.

1968 beschloss der Senat den Bau einer unterirdischen U-Bahnstrecke von Barmbek nach Bramfeld, denn ab dem Jahr darauf sollte im Barmfelder Ortsteil Steilshoop eine Großsiedlung entstehen, die unterhalb des Ohlsdorfer Hauptfriedhofs in der Nähe des Bramfelder Sees angelegt wurde. Am Reißbrett entworfen und auf einem ehemaligen Kleingartengelände erbaut, wuchs eine Trabantenstadt für mehr als 20 000 Bewohner. Daher sollte die neue Linie direkt im Herzen der Siedlung, unter der Gründgensstraße, eine Steilshooper Haltestelle erhalten. Im entstehenden Einkaufszentrum gestaltete man den Eingangsbereich schon mal etwas großzügiger, um dann später auch einen direkten Zugang zur neuen Station einrichten zu können. Doch die Finanzkrise Mitte der 1970er Jahre beendete auch hier alle Hoffnungen. Immerhin nahm man die geplante Bahntrasse in den Flächennutzungsplan auf.

Daran knüpften die Planer 1988 wieder an, als erneut eine U-Bahnlinie nach Bramfeld ins Gespräch kam. Nun sollte eine rund 5,5 Kilometer lange Strecke mit fünf Haltestellen ab Barmbek errichtet werden. Es war eine Trasse vorgesehen, die sich kurz vor der Station Habichtstraße aus dem Ring ausfädeln und dann vollständig unterirdisch über Steilshoop bis weiter nach Bramfeld verlaufen sollte. Haltestellen sollten am Schwalbenplatz und Ellingersweg sowie am Einkaufszentrum CCS in Steilshoop entstehen, bevor die Trasse im südlichen Bogen weiter nach Bramfeld schwenken würde. Im Herzen Bramfelds waren dann Haltestellen an der Ellernreihe und der Heukoppel vorgesehen. Die Ingenieure rechneten mit einer Fertigstellung um das Jahr 2000. Aber auch dieses Vorhaben wanderte wieder in die Plankammer, da die veranschlagten Bau- und Betriebskosten die finanziellen Möglichkeiten der Stadt überforderten.

Alternativ begann man über moderne Straßenbahnen nachzudenken, wie sie in anderen deutschen Großstädten erfolgreich eingesetzt werden. Dazu entstanden seit 1989 zahlreiche teure Gutachten, in denen die leisen und bequemen Niederflurfahrzeuge zumeist gut abschnitten, doch zu einer Entscheidung kam es nicht.

Zu Beginn des neuen Jahrtausends, als die Planungen einer U-Bahnlinie 4 in die neue Hafencity auf den Tisch kamen, wo ein modernes, innerstädtisches Stadtquartier entsteht, wurde auch wieder über eine U-Bahn nach Bramfeld nachgedacht, die mit der Hafencity-U-Bahn verknüpft werden sollte. Nach jüngsten Plänen sind nun auf einer Länge von 5,3 Kilometern für insgesamt 260 Millionen Euro fünf Tunnelhaltestellen vorgesehen, die alle preisgünstig in offener Bauweise errichtet werden sollen. Dazu hat man die Planungen der letzten Jahrzehnte noch einmal überarbeitet und die Trassenführung ab dem CCS jetzt im nördlichen Bogen an Bramfeld herangeführt. Eine Station soll am Borchertring und eine in Bramfeld am Dorfplatz entstehen. Der Flächennutzungsplan von 2004 sieht sogar eine Erweiterung der Linie bis nach Karlshöhe vor. Die Hochbahn AG rechnet auf diesem Abschnitt mit 25 000 Fahrgästen täglich. Diese Linie sollte über Barmbek und Teile des alten Ostrings bis zum Jungfernstieg verkehren.

Doch auch diesmal entschied man sich letztlich zugunsten einer leistungsfähigen Streckenführung zwischen Billstedt und Hafencity vorerst gegen die Bramfeld-Linie. Zunächst wird erst einmal die Strecke zwischen Jungfernstieg und Hafencity gebaut.

Schnellbahnplanungen zur Anbindung der Stadtteile Steilshoop und Bramfeld (1986).

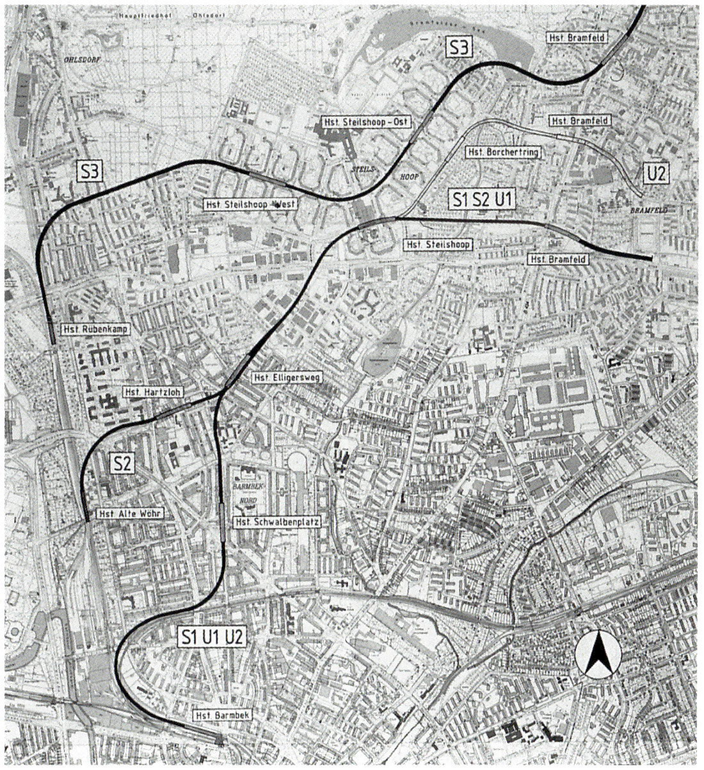

Streckenverlängerung im Norden: Eine U-Bahn für Niendorf

Bedingt durch die Rezession Anfang der 1970er Jahre stockte der U-Bahn-Bau, man konzentrierte sich erst einmal wieder aufs Planen. Dazu gehörte auch der Ausbau nach Niendorf nordwestlich des Hamburger Stadtkerns. Viele Jahrhunderte war Niendorf nur ein Bauerndorf und gehörte zur Herrschaft Pinneberg, die 1640 an Dänemark fiel. Erst nach dem Deutsch-Dänischen Krieg (1864) ging Niendorf 1867 an Preußen. Wohlhabende Hamburger entdeckten den Ort zu Beginn des 20. Jahrhunderts als Sommersitz und später als Wohnort. Im Jahre 1927 vereinte sich Niendorf mit seinen Nachbargemeinden Schnelsen und Lokstedt zu einer Großgemeinde und kam nach dem Groß-Hamburg-Gesetz von 1937 in die Verwaltung der Hansestadt. Nach dem zweiten Weltkrieg wurden einige Moorgebiete in der Gegend abgetorft, und es entstanden neue Baugebiete. Die Bevölkerung wuchs bis auf über 40 000 Einwohner.

Bereits frühzeitig bestand in Niendorf der Wunsch nach einer guten Verkehrsverbindung in die Hamburger Innenstadt. Daher erreichte bereits im August 1907 erstmals eine Straßenbahn, kommend vom Hamburger Rathausmarkt, den Niendorfer Marktplatz. Diese Strecke wurde fünf Jahre später sogar noch bis Schnelsen verlängert. Nach dem Kahlschlag im Hamburger Straßenbahnnetz ab Mitte der 1950er Jahre blieb diese Linie als letzte noch übrig und wurde erst in der Nacht zum 1. Oktober 1978 eingestellt. Zuvor war beschlossen worden, die U2 über Hagenbecks Tierpark hinaus nach Niendorf zu verlängern. Für eine alternative Neubaustrecke vom Stephansplatz durch das Grindelviertel über Hoheluft und Lokstedt fehlte einfach das Geld.

Gebaut werden sollte auf die billigste Weise, also in Form eines offenen Einschnitts. Doch Einsprüche von Seiten des Umweltschutzes führten dazu, dass man sich schließlich doch für die unterirdische Variante entschied. In Hagenbeck wurde die Abstellanlage am Streckenende der Bestandstrasse der U2 soweit umgebaut, dass dort eine Weiterführung direkt und ohne Halt bis zum Niendorfer Markt erfolgen sollte. Gedacht war nur an diese eine neue Haltestelle, was die Planer nicht mit fehlendem Geld, sondern mit einer zu geringen Bevölkerungsdichte an der

Gazellenkamp: Bau der U-Bahnstrecke nach Niendorf Markt.

In den Gleisunterbau der Strecke nach Niendorf wurden Lärmschutzmatten integriert.

Die Haltestelle Hagendeel wurde nur spartanisch mit sehr schmalen Seitenbahnsteigen ausgestattet.

Trasse begründeten. Das sah die Bezirksversammlung von Eimsbüttel allerdings anders und setzte mit einigem Aufwand durch, dass an der Straße Hagendeel zumindest eine zweite Station in die neue Trasse integriert wurde. (Ihr ist bis heute der Sparstift anzusehen: Sie wurde nur sehr spartanisch ausgestattet und verfügt über zwei ungewöhnlich schmale Seitenbahnsteige.)

Am 7. Juli 1979, fast ein Jahr nach Einstellung der Straßenbahnlinie, erfolgte der erste Spatenstich für die U-Bahn-Verlängerung. Doch gebaut wurde eher auf Sparflamme, die Arbeiten zogen sich über viele Jahre hin. Bis 1982 entstanden zunächst das neue Zentralstellwerk hinter Hagenbecks Tierpark, über das die gesamte Neubaustrecke später ferngesteuert wurde, und die Rampen für den Streckenbau.

Parallel dazu fiel der Entschluss, die Strecke gleich weiterzubauen und bis nach Niendorf Nord zu verlängern, wo ein großes Neubauviertel entstand. 1984 begannen die Arbeiten an diesem zweiten Bauabschnitt, während im ersten Abschnitt die Rohbauten ihrer Vollendung entgegengingen. Es folgten der Gleisbau und die Installation der technischen Ausrüstungen. Die neue Strecke nutzten die Ingenieure, um moderne Techniken auszuprobieren. So wurde zwischen den Stationen Hagendeel und Niendorf Markt auf 400 Metern Länge erstmals beim Hamburger U-Bahn-Bau eine etwas breitere Stromschiene aus Aluminium installiert. Zudem wurde beim Gleisbau auf den Lärmschutz geachtet, statt der üblichen Schwellen wählte man hier gummigelagerte Gleistragplatten aus Stahlbeton.

Am 5. November 1984 erreichte erstmals offiziell ein U-Bahnzug mit Vertretern aus Politik und Presse die vorläufige Endhaltestelle am Niendorfer Marktplatz. Allerdings war zu diesem Zeitpunkt die elektrische Streckenausrüstung noch nicht fertig, und so wurde der eingesetzte Museumswagen T220 durch eine Diesellok gezogen.

Erst ein gutes halbes Jahr später, am 1. Juni 1985, wurde der Streckenabschnitt für den öffentlichen Verkehr freigegeben. Zu den Verzögerungen hatte beigetragen, dass die Haltestelle Niendorf Markt zu einer »Mehrzweckanlage« für 3300 Menschen hergerichtet werden musste, was zu deutsch hieß, eine abriegelbare Bunkeranlage zu schaffen.

Der zweite, 2,4 Kilometer lange Bauabschnitt mit seinen drei Haltestellen bis Niendorf Nord sollte eigentlich bis 1987 vollendet sein, doch dauerte es schließlich bis 1991. Das lag zum einen an dem bautechnisch schwierigeren Untergrund mit stark eisenhaltigem Grundwasser dicht unter der Erdoberfläche, zum anderen an der schmalen zweispurigen Paul-Sorge-Straße, unter der entlang gebaut werden musste, ohne die angrenzenden Häuser zu beschädigen. Hinzu kamen viele Klagen von Anwohnern, die sich unzulässig beeinträchtig sahen. Den Stadtvätern waren diese Verzögerungen nicht unlieb, denn zu diesem Zeitpunkt war eigentlich gar kein Geld für den U-Bahn-Bau vorhanden.

Die neuen Haltestellen Joachim-Mähl-Straße und Schippelsweg wurden auch eher spartanisch eingerichtet, aber zugleich für den Zivilschutz im Katastrophen- oder Kriegsfall als Mehrzweckanlagen mit einer Kapazität für jeweils 1100 Menschen ausgestattet. Die Endhaltestelle Niendorf Nord hätte sogar 3650 Menschen Schutz bieten können. Die vollständige Inbetriebnahme der Strecke erfolgte durch Bürgermeister Dr. Klaus von Dohnanyi am 9. März 1991.

Ursprünglich geplante Trasse für die Linie nach Mümmelmannsberg (Südtrasse) mit der letztlich realisierten Nordtrasse (Vertikal im Bild).

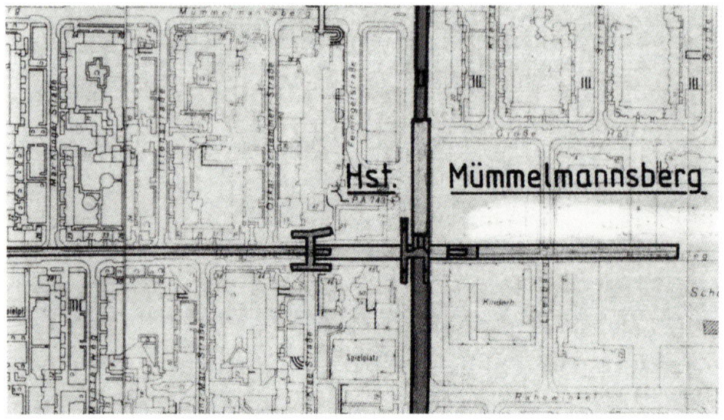

Verlängerung im Osten: Eine U-Bahn nach Mümmelmannsberg

Bis zum Ende der 1970er Jahre entstand im Osten Hamburgs kurz vor der Stadtgrenze eine Großsiedlung für über 20 000 Menschen. Es war eine dieser damals hochmodernen Neubaugebiete, die seit den 1960er Jahren überall in Deutschland auf der grünen Wiese entstanden. Die Planer wählten dafür ein fast unbesiedeltes Gebiet von 2,4 Quadratkilometern Fläche, das von der Autobahn A1 nach Lübeck, der Stadtgrenze, einem Naturschutzgebiet und der Schnellstraße nach Bergedorf begrenzt wird. Seit etwa 1938 führte bereits die Straße Mümmelmannsberg durch das Gelände, in dem zu jener Zeit viele Haasen anzutreffen waren. Vermutlich deshalb wählten die damaligen

Am 26. August 1987 startete die »Bergmännische Bauweise« – der Schildvortrieb auf dem Weg nach Mümmelmannsberg.

Machthaber einen Roman des heimatverbundenen Heidedichters Hermann Löns über den philosophierenden Hasen »Mümmelmann« als Namensquelle. Nach der Straße wurde später dann auch die Großsiedlung benannt, die in dem Gebiet zwischen 1970 und 1979 entstand. Anfänglich wurde das Neubaugebiet hoch gelobt, doch das abgelegene Viertel mit einem wachsenden Anteil von Arbeitslosen- und Sozialhilfeempfängern verwandelte sich bald in ein soziales Getto, das den Beinamen »Bunny-Hill« erhielt. Eine bessere Anbindung an die Innenstadt wurde daher auch politisch wichtig, denn die eine Eilbuslinie dorthin war zur Hauptverkehrszeit ständig hoffnungslos überfüllt. Eigentlich war mal vorgesehen, eine eigenständige U-Bahn-Strecke über Kirchsteinbek nach Mümmelmannsberg zu führen, aber dies hätte einen starken Eingriff in private Grundstücke mit entstehenden Grunderwerbskosten bedeutet. Zudem wäre durch das Gebiet am Geesthang mit seinen unterschiedlichen Höhenstrukturen eine vollständig unterirdische Strecke nur unter großen baulichen Schwierigkeiten möglich gewesen, und der zu querende Grünzug an der Glinder Au hätte ein weiteres Problem dargestellt. Unterschiedliche Gutachten wechselten sich ab, bis es 1979 zu der Entscheidung kam, die Billstedter Strecke um drei Kilometer zu verlängern. Nach der Station Merkenstraße war noch eine zusätzliche Haltestelle an der Steinfurther Allee vorgesehen. Wegen der dichten Bebauung und einem zu durchquerenden Naturschutzgebiet wählten die Planer die umweltschonende Bauweise des unterirdischen Schildvortriebs.

Das entsprechende Planfeststellungsverfahren brauchte seine Zeit, so dass der symbolische Spatenstich erst am 20. Juni 1984 erfolgte. Zunächst führte die Trasse ca. einen Kilometer unter der Möllner Landstraße entlang und zweigte dann in südlicher Richtung ab. Hier entstand die Haltestelle Steinfurther Allee mit einem dazugehörigen Busbahnhof und einer Park & Ride-Anlage für die Pendler ins Umland. Über diese Kombination erhielt die Haltestelle eine zusätzliche Attraktivität: Für rund 5000 tägliche Fahrgäste aus dem schleswig-holsteinischem Landkreis Stormarn brachte dies eine Fahrzeitersparnis um mehrere Minuten.

Die Haltestelle erhielt zwei Seitenbahnsteige mit einem Ausgang in der Mitte, in den jeweils ein Fahrstuhl integriert wurde. Dass die Planer diese Bahnsteigvariante gewählt hatten, war nicht ohne Grund, denn man plante zu dieser Zeit noch die Anbindung der Stadt Glinde an das Hamburger Schnellbahnnetz, und dann wäre nach einem Umbau eine leichtere Ausfädelung möglich gewesen. Ähnlich wie bei den neu gebauten Stationen im Norden richtete man auch hier im Osten die Haltestellen gleich

An der Autobahnbrücke Oststeinbeker Weg befand sich ein Schacht der Schildvortriebmaschine.

Bahnsteig der Haltestelle Mümmelmannsberg kurz vor der Fertigstellung des Innenausbaus.

Messerschildvortriebsmaschine »Mümmelmann«: Zusammenbau beim Hersteller.

Bau der Haltestelle Steinfurther Allee: Hinten im Bild die Schutztore für die Zweitfunktion der Haltestelle als Zivilschutzbunker.

Hinter der Abstellanlage der Haltestelle Merkenstraße wurde der Tunnel in Richtung Steinfurther Allee einfach verlängert. Das Bild zeigt den Tunnelanschluss an die Bestandsstrecke.

als »Mehrzweckanlage« her, sodass im Kriegs- oder Katastrophenfall hier 2500 Menschen eine strahlenschutzsichere Unterkunft gefunden hätten. (Dazu mehr im Bunker-Kapitel.)

Hinter der Station stießen die Tunnelbauer im Juni 1986 auf eine alte, unterirdische Hausmülldeponie, deren Inhalt erst auf die Deponie in Schönberg entsorgt werden musste. Danach ging es an die Unterquerung der Autobahn A1, die dazu im Frühjahr 1987 teilweise gesperrt werden musste. Die komplizierten Bauarbeiten dauerten hier länger als ein Jahr. Es folgte der Abschnitt im Schildvortriebsverfahren unter dem Naturschutzgebiet an Steinfurths Diek, bis es dann auf Mümmelmannsberger Gebiet einfacher wurde. Hier mündet die Strecke direkt in die Kandinskyallee, wo in offener Bauweise in Höhe des Havighorster Redders die Endhaltestelle entstand. (Ebenfalls als »Mehrzweckbau«, ausgelegt für 3500 Personen.) Sie ging am 29. September 1990 glücklich in Betrieb – mehr als zehn Jahre nach Fertigstellung des Neubaugebietes. Von nun an war man in 20 Minuten Reisezeit am Hauptbahnhof, was deutlich zur Überwindung der Gettosituation von Mümmelmannsberg beitrug.

Das heutige Streckenende befindet sich auf einem Grünstreifen an einem Kreisverkehr in der Nähe der Schnellstraße B5 nach Bergedorf und ist so geformt, dass dort eine spätere Verlängerung in Richtung Lohbrügge möglich ist.

Die lange Geschichte einer Schnellbahn zum Flughafen

Der internationale Flughafen der Stadt Hamburg liegt im nördlichen Stadtteil Fuhlsbüttel. Er ist heute nicht nur der viertgrößte, sondern auch der älteste Flughafen Deutschlands. Nach seiner Eröffnung als Luftschiffhafen im Jahre 1911 entwickelte sich der »Hamburg Airport« nach dem Zweiten Weltkrieg zum Luftkreuz des Nordens. Besonders nach der Einführung der Strahlturbinen-Verkehrsflugzeuge (Düsenjets) stieg das Passagieraufkommen stetig an. Im Jahre 1960 nutzten rund 935 000 Fluggäste den Hamburger Terminal, zehn Jahre später waren es bereits 3,1 Millionen. Heute werden pro Jahr mehr als 12 Millionen Passagiere abgefertigt. Diese Entwicklung führte zu Überlegungen, den innerstädtischen Flughafen aufgrund der Platzbegrenzungen und Belastungen für die Anwohner weiter ins Umland zu verlagern. Hierzu wurde bereits 1962 ein vorausschauender Staatsvertrag zwischen Hamburg und Schleswig-Holstein geschlossen, der einen neuen Großflughafen 24 Kilometer weiter nördlich in Kaltenkirchen vorsah. Dazu erfolgte 1972 die Einleitung des Planfeststellungsverfahrens. Die Finanzkrise der Stadt in jenen Jahren brachte das Projekt aber zum Erliegen. 1980 hat das Verwaltungsgericht Hamburg den Planfeststellungsbeschluss wieder aufgehoben. Nachdem sich 1981 auch der Bund aus dem Projekt Großflughafen Kaltenkirchen zurückgezogen hatte, wurde das Vorhaben 1983 endgültig zu den Akten gelegt.

Die lange Zeit anhaltende Unklarheit über den künftigen Standort hatte natürlich auch ihre Auswirkungen auf die Verkehrsplanung. Ursprünglich war man davon ausgegangen, eine Schnellbahnanbindung des Flughafens Fuhlsbüttel zu schaffen. Dafür war an eine neue U-Bahnlinie ab der Haltestelle Sengelmannstraße (City Nord) gedacht. Dann kam die Umorientierung auf Kaltenkirchen. Als Übergangslösung schuf man vom U- und S-Bahnhof Ohlsdorf eine direkte Busverbindung nach Fuhlsbüttel.

Eines der ersten Bauwerke des Hamburger Flughafens war die Fuhlsbütteler Luftschiffhalle (Aufnahme 1914), die nach dem Ersten Weltkrieg 1921 gesprengt wurde.

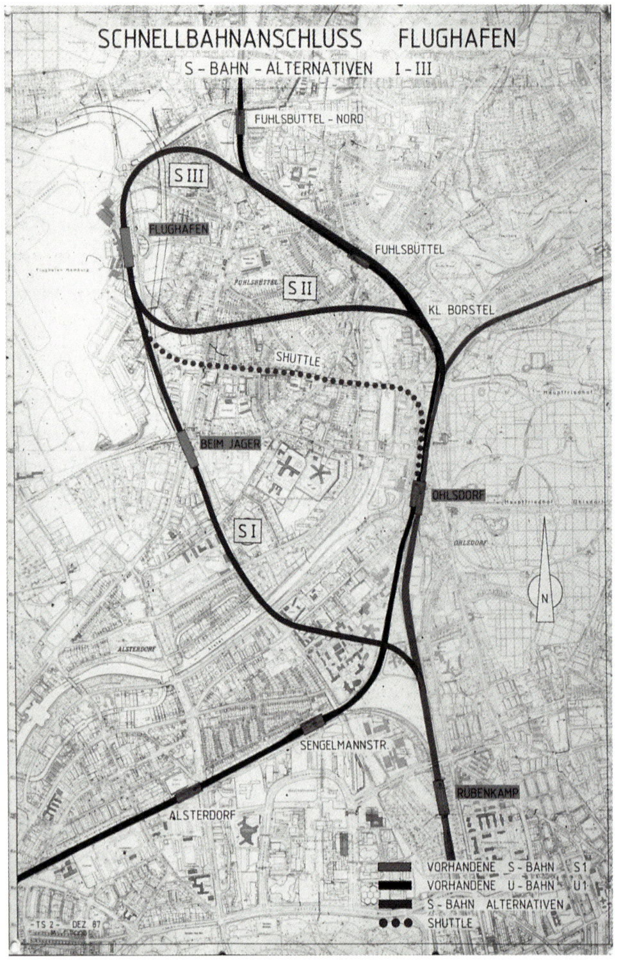

Planungen für mögliche S-Bahn-Trassen zum Flughafen (1987).

Planungen für eine alternative U-Bahn-Trasse (1987).

Nachdem klar war, dass in Kaltenkirchen kein neuer Flughafen entstehen würde, nahm man die Anschlussplanungen für Fuhlsbüttel wieder auf. Verschiedenste Trassenvorschläge wurden geprüft, darunter eine Verschwenkung der U-Bahnlinie U1 zwischen den Haltestellen Fuhlsbüttel und Fuhlsbüttel-Nord hinüber zum Flughafen. Doch am Ende entschied man sich für den kürzesten Weg, und zwar für eine Stichstrecke vom Bahnhof Ohlsdorf aus. Diese sollte angesichts der knappen Kassen aber nicht als Hamburger U-Bahn, sondern als S-Bahn in Regie der Bundesbahn entstehen.

Offiziell erfolgte 1991 der erste Spatenstich, doch danach geschah erst einmal gar nichts. Die beteiligten Seiten konnten sich nicht so richtig über die Finanzierung verständigen. Lediglich beim Bau des neuen Terminals 4 schuf man 1993 die baulichen Voraussetzungen für eine spätere Schnellbahnanbindung. Erst acht Jahre später fiel die endgültige Entscheidung zum Bau der S-Bahnstrecke. Zehn Jahre nach dem ersten Spatenstich erfolgte im April 2001 der zweite. Nun begannen die Arbeiten an der insgesamt 3,3 Kilometer langen Strecke tatsächlich.

Startpunkt war der Terminal 4, wo der Bahnhof »Flughafen« in 14 Metern Tiefe unterhalb der Ankunftsebene entstand. Er erhielt zwei geräumige Aufzüge und mehrere Fahrtreppen. Die Bauarbeiten gestalteten sich ziemlich schwierig, da der Grundwasserspiegel hier ein bis zwei Meter unterhalb der Oberfläche liegt. Tief in das Erdreich eingebrachte Stahlbetonwände schufen die Vor-

Tunnel unter dem Flughafen, der bereits in den 1990er Jahren als »Vorwegbauwerk« entstanden ist.

Installation der Lichtdecke in der S-Bahn-Station Flughafen (2007).

aussetzungen für die Arbeit in einer trockenen Baugrube. Danach konnte man auf der Strecke in Richtung Ohlsdorf ein sogenanntes Vorwegbauwerk aus dem Jahr 1993 nutzen. Damals hatte man vorsorglich auf rund 230 Metern Länge Schlitzwände in den Boden eingebracht, die mit einem dicken Stahlbetondeckel versehen worden waren. In diesem Bereich ist die Installation der Weichen für den S-Bahnhof vorgesehen. Nun folgte auf etwa 1,8 Kilometern die Schildvortriebsstrecke, die zwei einzelne Röhren pro Fahrtrichtung entstehen ließ. Extra dafür wurde eine passende Schildvortriebsmaschine angefertigt, die den Namen »Sofia« erhielt und ab dem 6. Dezember 2004 am Flughafen eingesetzt wurde. Diese rund 7,5 Millionen Euro teure, 65 Meter lange und rund 390 Tonnen schwere Maschine bohrte sich nun mit einer Geschwindigkeit von etwa 10 Metern pro Tag in Richtung Ohlsdorf.

Damit der Zeitplan eingehalten werden konnte, musste die Maschine rund um die Uhr arbeiten. Im Dreischichtbetrieb arbeiteten jeweils sechs Mann unten an der Maschine und weitere sechs oberirdisch. Sobald sich die Ma-

Acht Rolltreppen und zwei Fahrstühle führen zun Bahnsteig.

Schildvortriebstunnel der Flughafen-S-Bahn.

schine mit ihrem rotierenden Schneidrad unter Überdruck wieder ein paar Meter vorgearbeitet hatte, wurde direkt dahinter der Tunnel mit den sogenannten Tübbingen ausgekleidet und somit vor Einsturz gesichert. Von diesen Betonsegmenten, die einzeln fast 30 Tonnen wiegen und eine Wandstärke von etwa 40 Zentimetern haben, wurden 16 100 Stück verbaut, die man einzeln mit einer kleinen Diesellok durch den fertigen Tunnel zur Maschine brachte. Zusammen bilden sie etwa 2300 Ringe. Insgesamt wurden rund 130 000 Kubikmeter Erdraum abgebaut.

Damit später die S-Bahnzüge sowie ein Laufsteg und die technischen Installationen in der Röhre Platz haben, erhielt der Kreistunnel einen Innendurchmesser von 5,80 Metern und einen Außendurchmesser von 6,60 Metern. Nachdem die erste Röhre fertiggestellt war, wurde die Schildvortriebsmaschine aus dem Zielschacht in Ohlsdorf herausgenommen und wieder in den Startschacht am Flughafen hinabgelassen. Dann konnte der Bau der zweiten Röhre beginnen.

Vor dem Terminal 2 führt ein Fahrstuhl direkt auf den Bahnsteig der Flughafen-S-Bahn (2008).

Dabei unterquerte die Trasse nicht nur mehrere Wohngebiete, sondern in elf Metern Tiefe am Ende auch noch die Alster. An ihrer tiefsten Stelle verläuft die für eine Reisegeschwindigkeit von maximal 100 km/h ausgelegte Strecke rund 30 Meter unterhalb der Oberfläche. Gesetzliche Vorschriften machten hier den Einbau von zwei Notausstiegen am Brombeerweg und an der Etzestraße erforderlich, die aufgrund des hohen Grundwasserspiegels in der sogenannten Caissonbautechnik erstellt wurden. Diese Methode kam bereits beim Bau des ersten Hamburger Elbtunnels zum Einsatz. Der Caisson (Kasten) besteht dabei aus einem hohlen, zylindrischen Gebilde, das in das Erdreich abgesenkt wird. Um das Grundwasser am Eindringen zu hindern, wird der Caisson pneumatisch unter Überdruck gesetzt. Das bewährte Verfahren konnte problemlos angewandt werden. Am Startschacht am Hornkamp und am Zielschacht an der Wellingsbütteler Landstraße entstanden auf diese Weise zusätzliche Notausstiege.

An der Wellingsbütteler Landstraße endet die Schildvortriebstrecke. Der restliche Tunnel wurde dann auf einer Länge von etwa 170 Metern in offener Bauweise erstellt. Dahinter folgt der Trog, in dem die Strecke in der Nähe der U-Bahnhaltestelle Klein-Borstel den Untergrund verlässt und kurz danach auf der erweiterten S-Bahnbrücke die Fuhlsbüttler Landstraße überquert. Anschließend erfolgt am Bahnhof Ohlsdorf die Einfädelung in die Stammstrecke.

Nach siebenjähriger Bauzeit ging die Strecke am 12. Dezember 2008 um 4:29 Uhr offiziell in Betrieb. Mit der S-Bahn erreicht man den Flughafen vom Hauptbahnhof aus nun in 25 Minuten. Schlussendlich hat die Streckenerweiterung etwa 280 Millionen Euro gekostet. Die Endhaltestelle »Airport« ist die 60. Haltestelle im Hamburger S-Bahn-Netz.

Das Zeitalter der Rohrpost

Mit 2000 Briefen durch den Untergrund

Im Zeitalter von Internet und Electronic Mail wirkt das einst hochmoderne Transport- und Kommunikationsmittel Rohrpost wie ein Relikt vergangener Zeiten. Dabei kann sich die ältere Generation sehr wohl noch an jene Anlagen erinnern, in denen Briefe oder kleinere Päckchen von Postamt zu Postamt geschickt oder innerhalb größerer Gebäude transportiert wurden.

Die Entwicklung der »pneumatischen Bahnen« geht auf die Zeit um 1810 zurück, als sich einige Erfinder mit dieser neuen Beförderungstechnik befassten. Durch lange, dicht abgeschlossene Rohrsysteme wurden genau eingepasste Büchsen per Luftdruck verschickt. Von einer Sendeanlage aus konnten sie mit einer Geschwindigkeit von bis zu zehn Metern pro Sekunde zum Empfänger »gepustet« oder »gesaugt« werden. Die dafür notwenige Luft wurde von einem Gebläse erzeugt, das zunächst nicht elektrisch, sondern dampfgetrieben war.

Nachdem in London 1853 zwischen der Börse (London Stock Exchange) und dem Telegrafenamt (Central Telegraph Office) weltweit die erste Stadtrohrpostanlage in Betrieb ging, dauerte es nicht lange, bis in Deutschland nach Berlin (1865) auch in Hamburg am 1. Februar 1887 die erste Strecke mit einem Rohrdurchmesser von rund 6,5 Zentimeter ihre Funktion aufnahm. Analog zur Situation in London verband sie das Telegrafenamt in der Börse am Adolphsplatz durch eine rund zwei Kilometer lange Rohrleitung aus Schmiedeeisen mit dem Haupttelegrafenamt in der Ringstraße (heute: Gorch-Fock-Wall, Ecke Caffamacherreihe). Dort befand sich auch die Maschinenstation.

Damals galt die Rohrpost als das »Non-Plus-Ultra« im schnellen Posttransport. Nach und nach wurden weitere Ämter an das Stadtnetz angeschlossen, das im Jahre 1912 bereits eine Gesamtlänge von 19,5 Kilometern hatte. Sogar das Postamt im damals noch jungen Hamburger Hauptbahnhof hatte seit 1907 einen Anschluss. Dort befand sich auch ganz in der Nähe, an der Steintordammbrücke, ein Eilpostpavillion, der parallel mit dem Hauptbahnhof entstanden und mit ihm über eine eigene Rohrpoststrecke verbunden war. Ab 1913 bestand vom Pavillon auch eine

1887 wurde der erste »Stadtrohrpostapparat« in Hamburg installiert.

Sende- und Empfangsstation für die Stadtrohrpost im Eilpostpavillon am Hauptbahnhof.

Aufgrund seiner markanten Leuchtreklame wurde der Eilpostpavillon im Volksmund auch »Nivea-Pavillon« genannt.

Verbindung zum Postamt 18 in der Mönckebergstraße, die als Entlastungsstrecke konzipiert war und sogar über ein Fahrrohr je Richtung verfügte, wobei andere Postämter mit einem Saug-Druckluftsystem bis 1920 nur mit einem Fahrrohr ausgestattet waren. Zudem war der Pavillon über ein 248 Meter langes Fahrrohr mit dem damaligen Paket- und Briefverteilzentrum am Hühnerposten, dem Postamt 1, verbunden. Der Pavillon spielte nicht nur für die Rohrpost eine besondere Rolle, sondern für die gesamte Eilpostverteilung zwischen der Stadt und der Eisenbahn. Denn von dort gab es einen direkten Anschluss zu einem Tunnel, der unter allen Bahngleisen des Hauptbahnhofes durchführte. Die sortierten Postsäcke gelangten über Aufzüge auf die Dienstbahnsteige und von dort in die jeweiligen Züge – umgekehrt lief das natürlich genauso.

Da in den 1920er Jahren noch nicht alle Postämter über einen Rohrpostanschluss für Eilsendungen verfügten, dachte man sich eine Zwischenlösung aus: Die Fahrzeuge der Hamburger Straßenbahn erhielten Briefkästen und übernahmen die Beförderung von Eilbriefen und Telegrammen. Als zentrale Entleerungsstelle für die Briefkästen der Straßenbahn fungierte dabei der Pavillon an der Steintordammbrücke, der in den Folgejahren durch die Zunahme des Telegrammverkehrs noch eine direkte Rohrpostverbindung zum Haupttelegrafenamt erhielt.

Im Vergleich zu anderen Großstädten ging der Netzausbau in Hamburg nicht so zügig voran wie gewünscht, da die Post ihre Mittel hier eher für andere Vorhaben einsetzte. Dabei hatte die Stadt durchaus eine Reihe von Bauvorleistungen erbracht, wie etwa im Elbtunnel an den St.-Pauli-Landungsbrücken: Dort installierte man um 1924 zwei Fahrrohre, um später auch die Postämter südlich der Elbe anschließen zu können. Doch die Post machte davon keinen Gebrauch.

Um 1938 beförderte die Stadtrohrpost täglich etwa 3000 Telegramme und 1400 Eilbriefe, Tendenz steigend. Nach der Schaffung von Groß-Hamburg im selben Jahr sollte das Rohrpostnetz großflächig bis zum Flughafen ausgebaut werden, doch dann kam der Krieg dazwischen, und das Geld floss eher in die Rüstungsforschung, wozu die Post eine eigene Forschungsanstalt auf dem Seeberg in Kleinmachnow bei Berlin einrichtete.

Ab 1941 war an einen Ausbau ohnehin nicht mehr zu denken, denn nun galt es vor allem, die Schäden am Hamburger Rohrpostnetz infolge der Bombenangriffe der Royal Airforce zu beseitigen. Als etwa ein Blindgänger direkt vor dem Eingang der Reichspostdirektion am Stephansplatz gesprengt wurde, nahmen die dort liegenden Fahrrohre der Rohrpost schweren Schaden. Die größten Schäden erlitt das Rohrpostnetz ab 1943, was auf diversen Strecken zur Einstellung des Betriebes führte. Aber nicht nur die Fahrrohre wurden beschädigt, sondern auch diverse Maschinen und Geräte. Die Ersatzteilbeschaffung war problematisch. In einigen Fällen konnten die Techniker auf die bereits angeschafften, aber noch nicht installierten Geräte der geplanten Flughafenlinie zurückgreifen, um so den Betrieb notdürftig auf wichtigen Strecken aufrechterhalten zu können.

Erst Jahre nach dem Krieg konnten nach Abschluss der Reparaturarbeiten kleinere Erweiterungen vorgenommen werden, während andere Strecken stillgelegt wurden. So erhielt 1961 beispielsweise das Postscheckamt in der Innenstadt am Rödingsmarkt einen Anschluss an das Netz der Stadtrohrpost. Das Hamburger Rohrpostnetz hatte zu dieser Zeit eine Ausdehnung von rund 40 Kilimeter, was knapp unter der Vorkriegsgröße von 43 Kilometern lag. (Im Vergleich zu anderen Städten – in Berlin gab es mehr als 400 Kilometer Rohrpostleitungen – war dies aber eher bescheiden.)

Das System arbeitete an der Grenze seiner Belastbarkeit, und das Postaufkommen nahm ständig zu. Man begann, nach neuen Lösungen zu suchen. Bereits Mitte der 1950er Jahre wurden erste Überlegungen angestellt, statt der üblichen 6,5 Zentimeter dicken Rohre Rohrpostanlagen mit 25 Zentimeter Durchmesser zu schaffen. Als Teststrecke wollte man den Posttunnel unter dem Hauptbahnhof verwenden, doch der war leider an einigen Stellen zu eng dafür.

Zwischen 1957 und 1959 entwickelte die Post dann zentral das Konzept einer Großrohrpost, die in allen Städten des Bundesgebietes mit einer Einwohnerzahl über 100 000 eingesetzt werden sollte. Erfolgreiche Beispiele aus anderen Ländern gab es bereits. In den Vereinigten Staaten etwa betrieb die US-Postverwaltung mehrere 20-Zentimeter-Anlagen. In Deutschland wollte man nun noch einen Schritt weiter gehen und plante Rohre mit 45 Zentimetern Innendurchmesser. In Hamburg entstand dazu ab September 1960 eine Pilotanlage: Als Erstes baute man eine kurze Versuchsstrecke zwischen dem zentralen Briefein- und -abgangsamt am Hauptbahnhof (PA 3) und dem bedeutenden Briefannahme- und -zustellamt Hamburg 11. Sie wurde dann Teil der späteren 1765 Meter langen Betriebsstrecke. Die ersten, 0,85 Meter langen, Büchsen fassten jeweils rund 1000 Briefe und wurden im Wendebetrieb hin und herbefördert. Sie erbrachten den Beweis, dass es technisch möglich ist, große Mengen Briefpost mit einer solchen Rohrpostanlage zu befördern.

Die einzelnen Büchsen »fuhren« dabei mit einer Geschwindigkeit von etwa zehn Metern pro Sekunde. Anfangs hatten sie Rollen, später erhielten sie Laufräder. Die Rohre fertigte man damals aus acht Zentimeter starkem Asbest-Zement (Eternit). Der Antrieb erfolgte über Saug- oder Pressluft. Die Rohre verlegte man unisoliert in etwa 1,50 bis 2,00 Meter Tiefe, an anderen Stellen testweise auch

Die Zentrale der Hamburger Stadtrohrpost am Stephansplatz.

Eine Büchse der Großrohrpost für 1000 Briefe.

bis zu 6,00 Meter unter der Erde. Bei Kurven durfte der Radius nicht enger als 9,00 Meter sein, damit später auch der Einsatz von Langbüchsen möglich wurde. Tatsächlich kamen alsbald Büchsen mit einer Länge von 1,6 Meter zum Einsatz, die mehr als 2000 Briefe auf einmal befördern konnten.

Man rechnete pro Fahrrohr mit einer Kapazität von 150 Büchsen pro Stunde, was einer Gesamtleistung von 300 000 Standardbriefen in der Stunde entsprach. Technisch wäre die Anlage sogar in der Lage gewesen, in Spitzenzeiten fünf bis sechs Büchsen pro Minute abzusenden, was eine Stundenkapazität von etwa 600 000 Briefen bedeutet hätte.

Die ersten Probefahrten verliefen so erfolgreich, dass die Deutsche Bundespost am 2. Dezember 1960 Presse- und Medienvertreter einlud, um ihnen die Teststrecke zwischen dem Neubau des Postscheckamtes (HH11) und dem Postamt am Hühnerposten (HH1) vorzuführen. Nach der hochambitionierten Präsentation des Chefingenieurs war das Echo begeistert.

Am Adolphsplatz lagen die Rohre der Großrohrpost nur knapp unter dem Asphalt; neben den Rohren liegen die Kanäle für die Steuerleitungen.

Zwischen dem U-Bahn-Tunnel und den Straßenbahnschienen verliefen die Rohrpostrohre auf engstem Raum in einer Wanne.

Bis zur endgültigen Fertigstellung der Anlage fehlten aber noch 250 Meter bei der unterirdischen Verlegung, die sich hier im Stadtzentrum als besonders schwierig erwiesen. In Richtung der Börse mussten die Rohre unterirdisch den U-Bahntunnel zwischen Rathaus und Rödingsmarkt überqueren, der hier aber dicht unter der Erdoberfläche verlief. Zwischen den Straßenbahnschienen und der Tunneloberkante gab es nur 60 bis 70 Zentimeter Erdreich, das zudem ständigen Erschütterungen ausgesetzt war. Deshalb mussten für den Querungsabschnitt spezielle Straßenbahngleise angefertigt und über der Tunneldecke der U-Bahn eine besondere Wannenkonstruktion eingebaut werden. Die Postrohre erhielten eine Stahlbetoneinbettung.

Um den Bahnbetrieb am Hauptbahnhof nicht zu stören, pressten die Bauarbeiter die hierfür mit Stahlmänteln umgebenen Fahrrohre unter dem 50 Meter breiten Bahndamm hindurch. Dies brachte erneute Komplikationen mit sich, da man hier auf steinharten Lehmboden traf. Außerdem stieß man zusätzlich auf ein sehr altes Abwassersiel. Die Stadtverwaltung stufte dieses als »totes Siel« ein, weshalb man sich entschloss, es kurzerhand zu durchbrechen. Doch kaum hatte man es angeschlagen, so notierte die Pressestelle der Oberpostdirektion Hamburg, ergoss sich »dessen gewaltiger Inhalt scheußlich stinkend in die Baugrube sowie in die Rohrleitung«. Die stinkende Brühe breitete sich in der ganzen Gegend aus, was die Anwohner entsprechend empörte. Die Schachtgrube verwandelte sich tagelang in einen übelriechenden Sumpf. Zu allem Unglück lag direkt daneben ein wichtiges Stellwerk der Bundesbahn, das nun einzustürzen drohte. In letzter Minute gelang es, die Schachtwände zu verstärken und das Gebäude zu stabilisieren.

Kurz nach dem Jahreswechsel 1961/62 war die erste, rund 1,5 Millionen DM teure Strecke trotz allem auf voller Länge fertiggestellt, so dass im Postscheckamt am 8. Februar 1962 der damalige Bundespostminister Richard Stücklen den symbolischen »Roten Knopf« drücken konnte. Er schickte die letzte technische Testbüchse auf die vier Minuten lange Reise zum Hühnerposten, danach begann der reguläre Betrieb. Zunächst setze man serienmäßig die gut erprobten 1000-Briefe-Büchsen ein, die Versuchsreihe mit den größeren 2000er Büchsen lief noch weiter.

Nach der Flutkatastrophe 1962 mussten in der Innenstadt auch die Keller der Postämter leer gepumpt werden. Die Großrohrpost wurde durch die Flut stark beschädigt.

Bauarbeiter an einem alten Abwasserrohr, das leer sein sollte, aber nach dem Abschlagen seinen Inhalt in die Baugrube ergoss.

Anlage zur Vorluftabnahme der Großrohrpost in der Station im Postamt Hamburg 11.

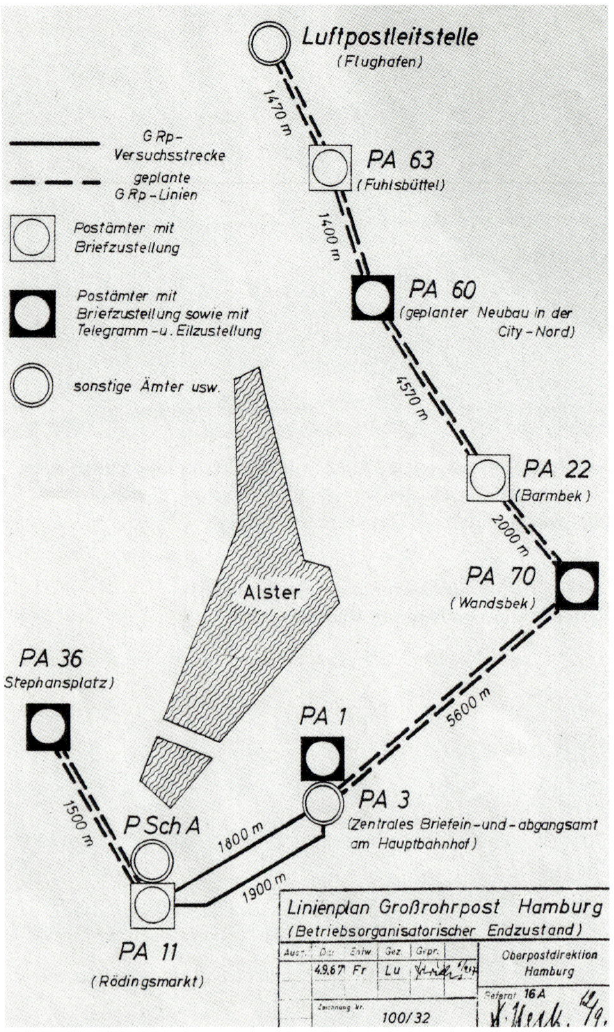

Planungen für den Ausbau der Großrohrpost bis zum Flughafen.

Brief mit Sonderstempel vom ersten Betriebstag der Hamburger Großrohrpost (23. Mai 1967).

Die Freude über das neue Beförderungssystem währte nicht lange. Gut eine Woche nach der Eröffnung brach über Hamburg eine verheerende Sturmflut herein. In der Nacht zum 17. Februar 1962 drückte der Sturm »Vincinette« aus nord-westlicher Richtung die Wassermassen der Nordsee mit voller Wucht in die Elbe hinein. Deiche brachen, das Hamburger Stadtgebiet wurde in weiten Teilen überflutet, 318 Menschen starben. Zu den materiellen Opfern gehörte auch die neue Großrohrpost. Die Fahrrohre waren genau wie die Keller beider Postämter voll Wasser gelaufen. Keine Maschine, kein Ventil, keine elektrische Steuerung war noch betriebsfähig. Es brauchte ein halbes Jahr, die Anlage wieder instandzusetzen, und ein weiteres Vierteljahr, um die Betriebsversuche wieder unter Normalbedingungen durchführen zu können.

Als zum Jahreswechsel 1962/63 alle Anlagen schließlich ordentlich liefen, waren auch die Planungen für eine Doppellinie in Richtung Flughafen abgeschlossen. Im neuen Jahr sollte die 17 Kilometer lange Trasse in Angriff genommen werden, mit der dann auch gesicherte Ergebnisse im Fernbetrieb erzielt werden konnten. Wenn nach zwei Jahren alles erfolgreich funktioniert hätte, war schließlich an den Bau eines Gesamtnetzes von bis zu 133 Kilometern gedacht, darunter mit Linien nach Altona und nach Harburg. An dieser entscheidenden Stelle gab das Bundespostministerium jedoch die Finanzmittel für den Ausbau nicht frei.

Hamburg besann sich nun auf das Machbare. 1963 begann man mit dem Bau der so genannten Gegenlinie, einer 2,4 Kilometer langen Strecke, die entgegengesetzt zur bereits vorhandenen Trasse verlief und deren Bau bis zum Jahreswechsel 1964/65 abgeschlossen wurde. Sie nahm diesmal allerdings einen etwas anderen Weg, da der freie Raum unter den Straßen der Hamburger Innenstadt keine zwei Fahrrohre zugelassen hätte. Zudem schloss man auf der Gegenlinie nun gleich noch andere Postämter mit an.

Die gut funktionierende Anlage weckte weltweit Neugierde in der Fachwelt. Interessenten aus dem In- und Ausland besichtigten das Hamburger Erfolgsprojekt. Pa-

Steuerpult der Relais-Wählersteuerung der Großrohrpost.

rallel dazu ging es auch mit der Entwicklung der langen Transportbüchse für 2000 Briefe voran, weshalb beschlossen wurde, im Herbst 1965 einige Stationseinrichtungen für die größeren Büchsen entsprechend umzubauen, was zusätzliche Kosten von beinahe einer Million DM bedeutete. Die Baukosten der Gegenlinie hatten rund 2,5 Millionen DM betragen. Nach einem Testbetrieb ging die erweiterte Anlage ab Mitte 1966 mit »echter« Post in den Regelbetrieb. Zwischen dem Postscheckamt (Postamt 11) am Rödingsmarkt und dem Postamt 1/3 am Hauptbahnhof wurden täglich bis zu 17 Stunden die Briefsendungen so erfolgreich transportiert, dass die Installation einer vollautomatischen Anlage folgte, die bereits etwa ein Jahr später, am 23. Mai 1967, in Betrieb ging.

Mit den Jahren traten allerdings auch die ersten Verschleißerscheinungen auf. Verstärkt wurden auch Schwachstellen sichtbar. Besonders belastet waren dabei die Räder der Büchsen, denn sie mussten durch die Verbindungsstöße der einzelnen Rohrsegmente – und das waren immerhin rund 300 Stück pro Kilometer – laufend Unebenheiten überfahren und wurden dadurch extrem abgenutzt. Der schwierige Untergrund Hamburgs und die vielen Baustellen in der Innenstadt der 1960er Jahre führten immer wieder zu Absenkungen im Erdreich. Zudem litten die Fahrrohre unter den Erschütterungen des Oberflächenverkehrs, was immer wieder zu Beschädigungen und Versetzungen einzelner Segmente führte. Die Büchsen konnten aber nur Unebenheiten von bis zu 4 Millimeter problemlos überfahren, so dass es zu schweren Schäden an den Rädern kam. Nur wie sollte man ermitteln, wo genau sich die Schadensstellen befanden? Mit Hilfe akustischer Messgeräte, die ausströmende Druckluft wahrnahmen, konnte vielfach die ungefähre Lage lokalisiert werden. Auch wurde mit einer Messbüchse mit eingebautem Tonbandgerät experimentiert. In vielen Fällen blieb anfangs oft nichts anderes übrig, als einen Techniker auf einem kleinen Schlitten zur persönlichen Begutachtung an den defekten Rohrabschnitt zu bugsieren – teilweise unter Lebensgefahr. Nachdem das Bundespostministerium dies 1962 verboten hatte, entwickelten die Techniker eine »Fotobüchse« mit eigenem Antrieb und eigener Beleuchtung, die Film- und Fotoaufnahmen vom Zustand der Röhren machen konnte.

Während in anderen Städten Deutschlands die kleineren Stadtrohrpostanlagen ab Ende der 1950er Jahre Stück für Stück stillgelegt wurden, hielt man in Hamburg noch vergleichsweise lange an diesem Transportsystem fest. 1965 funktionierte hier das Netz der Stadtrohrpost noch in

Eine »Film- und Foto-Büchse«, mit der man den Zustand der Röhren untersuchen konnte.

Chefingenieur Heck inspizierte die Fahrrohre höchstpersönlich.

der alten Ausdehnung von 40 Kilometern. Man nahm sogar noch die 100. Sende- und Empfangsanlage in Betrieb. Das blieb bis etwa Mitte der 1970er Jahre so. Zu diesem Zeitpunkt nahmen auch die Schäden an der Großrohrpost spürbar zu, denn der zunehmende Oberflächenverkehr ließ das Eternit-Rohrsystem brüchig werden. Immer häufiger kam es zu Betriebsunterbrechungen. Trotz des hohen Automatisierungsgrades war der Betrieb dadurch fast doppelt so teuer wie der personal- und zeitintensive Brieftransport über den Straßenverkehr, so dass beim Bundespostministerium über die vollständige Stilllegung beraten wurde. Nach 16 Jahren kam dann 1976 das Aus für die so erfolgversprechend gestartete Hamburger Großrohrpost. In den Jahren nach der Stilllegung wurden die technischen Anlagen in den Postämtern abgebaut, die Rohre verblieben jedoch oft noch in der Erde. Daher trifft man bei Tiefbauarbeiten in der Hamburger Innenstadt auch heute noch vereinzelt auf die Reste der alten Anlage.

Die Hamburger Großrohrpost sollte ursprünglich das Brieftransportsystem modernisieren und effizienter gestalten sowie die altbewährte Stadtrohrpost ablösen. Diese hatte in Hamburg allerdings nie eine wirklich bedeutende Größe erreicht, zumal das Leitungsnetz seit dem Zweiten Weltkrieg (bis auf kleinere Änderungen) nicht mehr erweitert worden war. In den 1970er Jahren verabschiedete sich die Bundespost dann ganz von der Rohrpost als Transportsystem. Parallel wurde auch an der Oberfläche die Postverteilung aus der Innenstadt verbannt.

Für den Posttransport spielt die Rohrpost in Deutschland heute keine Rolle mehr. Überlebt haben lediglich noch einige firmen- und behördeninterne Hausrohrpostnetze.

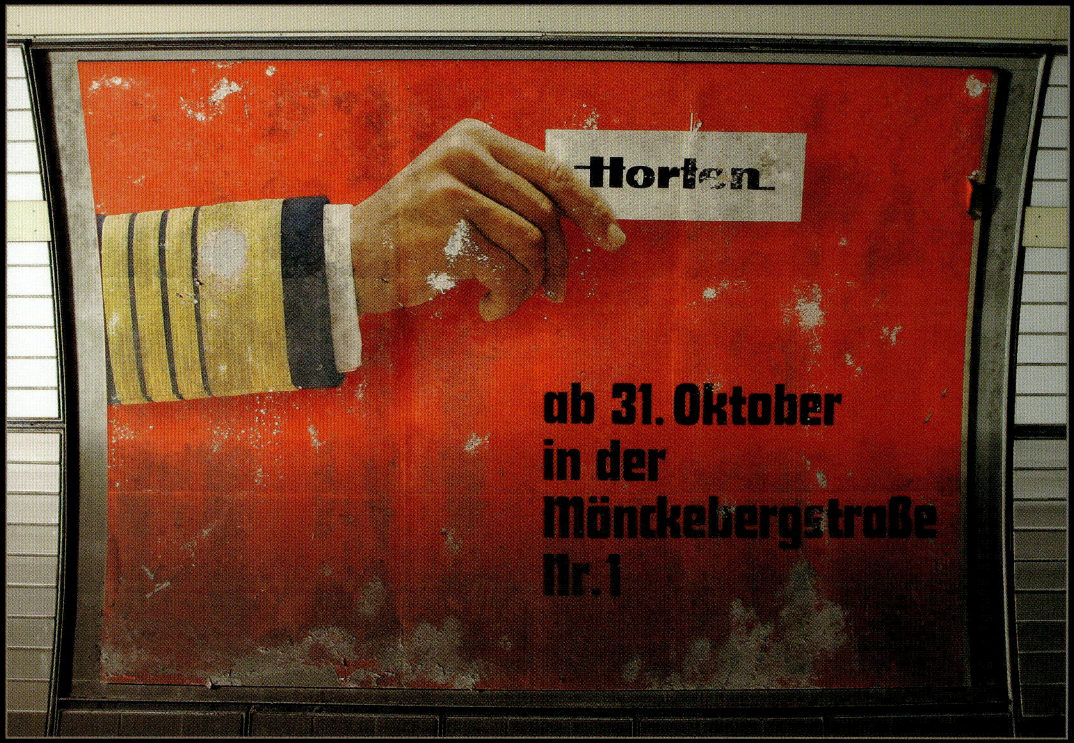

Oben: **In einem der ungenutzten Bahnsteige der Haltestelle Hauptbahnhof-Nord verweisen seit 40 Jahren Plakate auf eine Kaufhauseröffnung vom 31. Oktober 1968.**
Unten: **Plakate aus dem Jahr 1968 in der Haltestelle Hauptbahnhof-Nord an den Wänden der beiden ungenutzten Bahnsteige (2007).**

Oben: **Am Hauptbahnhof-Nord befinden sich 12 Meter unterhalb der Gleise der Fernbahn vier Bahnsteigröhren, von denen nur zwei genutzt werden; die beiden anderen waren für die nicht gebaute Linie zwischen Lurup und Winterhude gedacht.**
Unten: **Streckentunnel der U2 in Richtung Jungfernstieg; er entstand im Schildvortriebsverfahren.**

Die beiden äußeren Bahnsteige der Station Hauptbahnhof-Nord wurden nicht vollständig ausgebaut;
Oben: **Die ungenutzte Südröhre.**
Unten: **Eine Kunstinstallation von 1994 in der Nordröhre.**

Oben und unten: **Bis Mitte der 1960er Jahre war dies die U-Bahn-Endhaltestelle Hellkamp. Kacheln mit Stuckelementen an den Wänden zeugen von der einstige Nutzung.**

Oben: **Tunnel der Hellkamplinie, 1965 wurde hier ein Gleis wieder abgebaut, das verbliebene dient nur noch Betriebsfahrten.**
Unten: **Im Tunnel der Linie U2: Der Abzweig links führt in den alten »Moorkamptunnel«, rechts geht es in Richtung Innenstadt.**

Oben: **Kurzkehranlage der Flughafen-S-Bahn direkt vor der Endhaltestelle vor dem Flughafen-Terminal 2 (2009).**
Unten: **Mächtige Stahltore schützen am Jungfernstieg das U-Bahn-Netz vor Wassereinbruch.**

Oben: **Profilmesswagen in der Abstellanlage unter dem Einkaufszentrum Horner Rennbahn; dahinter stehen zwei ausgemusterte DT1-Zugeinheiten.**
Unten: **Abstellanlage der Haltestelle Stephansplatz unter dem Vorplatz des S- und Fernbahnhofs Dammtor.**

Oben: **Absenken einer Schildvortriebsmaschine in den Tunnel unter der Reeperbahn (etwa in Höhe des Hans-Albers-Platzes) in den 1970er Jahren.**
Unten: **Stalagmiten im Schildvortriebstunnel der Linie U2 unter der Hamburger Innenstadt (vor der Inbetriebnahme, etwa 1967); die Tropfsteine entstanden durch das Einsickern karbonathaltigen Wassers.**

Der Hauptbahnhof und seine Unterwelt

Geplant, gebaut, genutzt
und teilweise geschlossen

Zum Hamburger Hauptbahnhof gehört eine komplizierte unterirdische Welt. Dort finden sich nicht nur die Haltestellen für U- und S-Bahn und umfangreiche Verteilerebenen für die Fußgänger, sondern auch weitere, für die Öffentlichkeit nicht zugängliche Tunnelanlagen.

Der Posttunnel

Als man zu Beginn des 20. Jahrhunderts den Hamburger Hauptbahnhof konzipierte, sollte in der Stadt nicht nur der Personenverkehr verbessert werden, sondern auch der Güter- und der Postverkehr. Während der Hauptbahnhof gebaut wurde, entstand parallel in der direkten Nachbarschaft zwischen 1902 und 1906 ein zentrales Brief- und Paketverteilzentrum. Das Postamt am Hühnerposten erhielt einen eigenen, überdachten Kopfbahnhof mit sieben Verladebahnsteigen. Für die ganz eiligen Briefe und Telegramme richtete die Reichspost in einem Pavillon an der Steintorwallbrücke die bereits erwähnte Eilbriefumschlagstelle ein, in der bis 1958 auch der zuständige Posten für die Entleerung der Straßenbahnbriefkästen untergebracht war. Von den Zügen gelangten die eintreffenden Eilpoststücke auf die Dienstbahnsteige und von dort per Aufzug in eine quer unter den Bahngleisen verlaufende Tunnelanlage, die bereits beim Bau des Hauptbahnhofes mit entstand. Dort unten konnten die Postbediensteten in geräumigen, unterirdischen Hallen die Paketwagen für die Züge aufstellen und direkt dem jeweiligen Gleis zuordnen. Darüber hinaus bestand für den Brieftransport etwa auf Höhe von Gleis 8 eine weitere unterirdische Verbindung, die aus dem Posttunnel hinüber zum Postamt am Hühnerposten führte. Nach der Fertigstellung des Paketpostamtes am Diebsteich im Jahre 1974 verlor der Standort am Hauptbahnhof seine Bedeutung. Die Brief- und Paketabfertigung wurde hier 1997 endgültig aufgegeben. Damit verloren auch der Posttunnel und der Pavillon ihre Funktion. Den Gleisanschluss am Postbahnhof ließ die Bahn abbrechen und durch ein Parkhaus ersetzen. Zwischen Ende 2002 und Anfang 2004 folgten dann der Abbruch der noch vorhandenen Aufzugsanlagen und die Teilverfüllung der Posttunnel (Gleis 8–14). Eine vollständige Verfüllung kam nicht in Frage, da sonst ein zu großer Belastungskörper für den quer und darunter verlaufenden U-Bahntunnel der Linie U1 entstanden wäre.

Übersicht zu den Tunnelanlagen am Hamburger Hauptbahnhof.

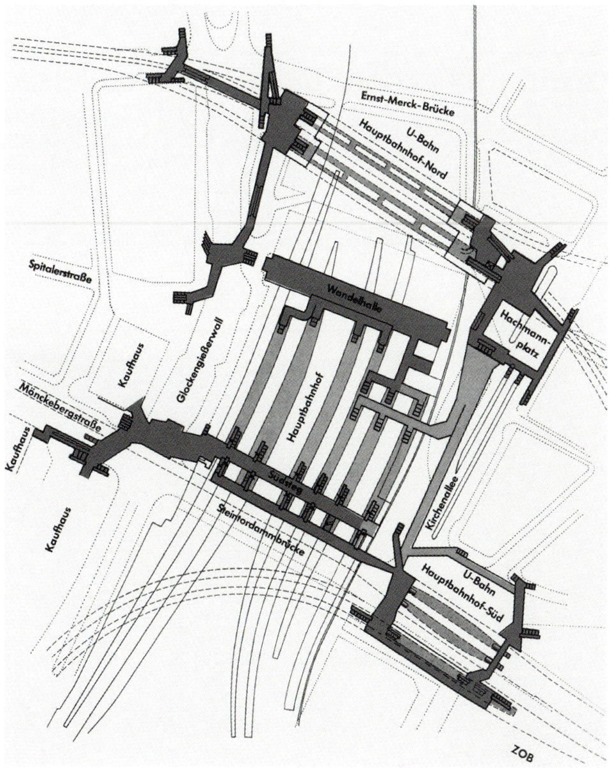

Der Südstegtunnel

Zur gleichen Zeit wie der Posttunnel entstand in der bauzeitlichen Frühphase des Hamburger Hauptbahnhofs auch ein zweiteiliger Tunnel, der quer unter allen Bahnsteigen direkt vor dem Südportal der Bahnhofshalle hindurchläuft. Die südliche Tunnelhälfte war für eine spätere »Kleinbahn« gedacht und blieb nach der Eröffnung im Jahre 1906 zunächst ungenutzt. Die nördliche Tunnelhälfte diente von Anfang an als Fußgängerunterführung, und von dieser als Südstegtunnel bezeichneten Anlage hatte man damals die Möglichkeit, jeden einzelnen Bahnsteig unterirdisch zu erreichen. Jedoch gab es nach der Eröffnung zunächst noch keinen Tunnelzugang vom Gehweg außerhalb der Bahnhofshalle. Das östliche Tunnelende war für die ersten sechs Jahre mit einem Bretterverschlag verschlossen. Erst nach der Inbetriebnahme der Hamburger U-Bahn wurde diese Holzwand entfernt, wodurch ein unterirdischer Übergang zur U-Bahn entstand.

Postamt am Hühnerposten.

Beamte schieben Postwagen mit Eilbriefen durch den Tunnel zu den Zügen (1938).

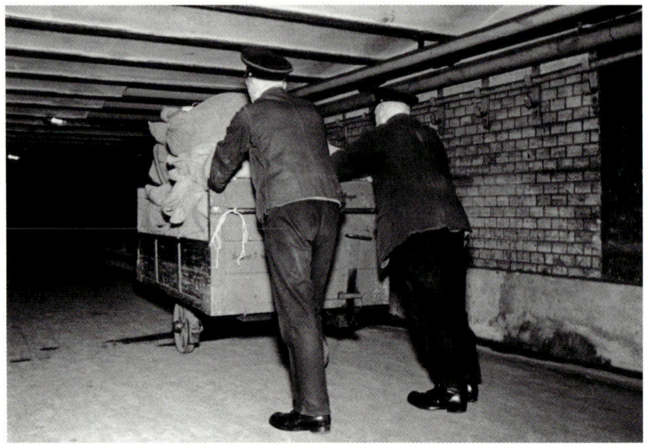

Auf der Westseite blieb der Tunnel dagegen noch lange Zeit verschlossen. Zwar war im Jahre 1924 vorgesehen, den Tunnel an dieser Stelle zu öffnen und mit einem unterirdischen Zugang zum geplanten Messehaus am Steintorwall (Gebäude des Naturhistorischen Museums, im Krieg zerstört) zu ergänzen. So wäre ein direkter Zugang in die Mönckebergstraße entstanden, doch sollte es zunächst bei den Planungen bleiben. Erst im Zweiten Weltkrieg kam man darauf zurück. Nun aber für einen ganz anderen Zweck: Nach den ersten Bombenangriffen auf Hamburg begann die Reichsbahn ab 1941, unter dem Steintorwall Hamburgs größten Tiefbunker zu errichten. Um von der Bahnhofshalle einen direkten unterirdischen Zugang zum Bunker zu schaffen, wurde der Südstegtunnel um einige Meter verlängert und an den Bunker angeschlossen. Bei der Planung des Bunkers griff man übrigens wieder den lang gehegten Wunsch auf, einen Personentunnel in die Mönckebergstraße zu bauen, was aber nicht umgesetzt wurde. Nach Ende des Krieges sollte der Bunker dann umgebaut werden und die ehemaligen Zugänge zum Schutzraum als Teil der Tunnelverlängerung in die Mönckebergstraße dienen. Als man dies 1953 prüfte, stellte man aber fest, dass sich die Anlage zu tief in der Erde befand und man für den Aufgang zur Mönckebergstraße zu viele Treppenstufen gebraucht hätte, was fürs Publikum – selbst beim Einbau von Rolltreppen – zu umständlich gewesen wäre. Man entschied sich daher in späteren Jahren für einen Fußgängertunnel, der als Verlängerung des oberirdischen Südsteges in der Bahnhofshalle beginnt und sodann den Bunker nicht durch-, sondern überquert. Seit den 1960er Jahren haben die Fußgänger so die Möglichkeit, vor Verkehr und Wetter geschützt in die Mönckebergstraße zu gelangen.

Die Funktion des Bunkers blieb in der Zeit des Kalten Krieges erhalten. Ende der 1960er Jahre baute man am Ende des Südstegtunnels im Eingangsbereich des Bunkers sogar noch eine neue Personenschleuse, eine sogenannte Dosieranlage, ein. Sie fing aber überraschend schnell zu rosten an. Bei genauer Erforschung der Ursache stellte man fest, dass sich genau über dem Bunker ein Revisionsschacht befand, über dem die Fahrzeuge standen, mit

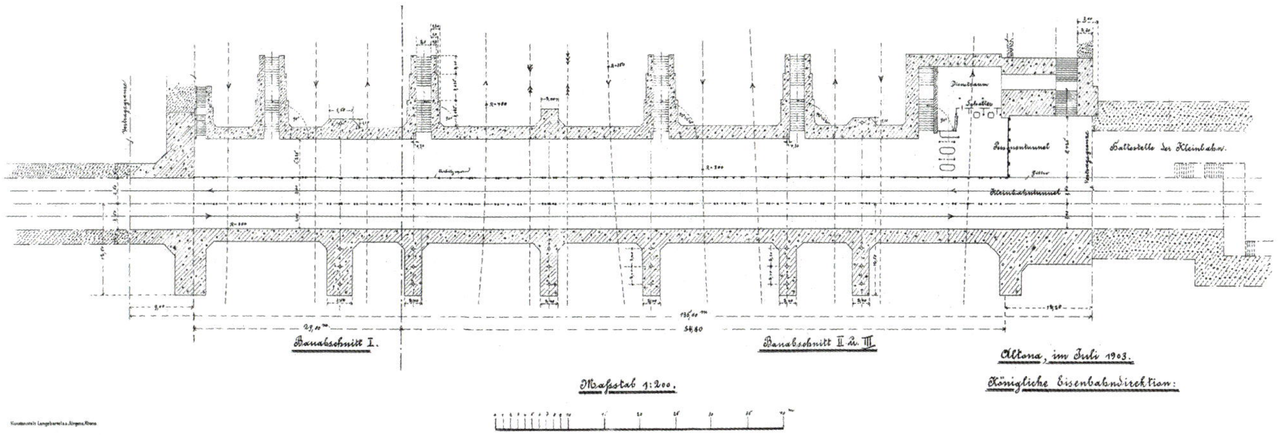

Plan der geteilten Tunnelanlage: oben der Südstegtunnel, unten der Tunnel der »Kleinbahn« (1903).

denen früher die Speisewagen mit Stangeneis (zur Kühlung der Lebensmittel) versorgt wurden. Ende 1970 erging dann die Weisung, Eiswagen andernorts zu parken.

In den 1980er Jahren verkam der unterirdische Weg zu den Fernzügen allmählich. Hier trafen sich Alkoholiker und Rauschgiftabhängige, weshalb in den Medien der Name »Drogentunnel« aufkam. Von Überfällen auf Passanten wurde berichtet, weshalb immer weniger Menschen ihn nutzten. Da seit Anfang der 1990er Jahre die Reisenden auch oberirdisch trockenen Fußes alle Bahnsteige von der U-Bahn aus erreichen konnten, wurde beschlossen, den Südstegtunnel größtenteils zu verschließen und nur noch einen Zugang zu den S-Bahngleisen der Bahnhofshalle zu erhalten.

Zum Jahreswechsel 1991/92 haben Bauarbeiter die nicht mehr benötigten Abgänge in der Bahnhofshalle mit Deckeln verschlossen und den Tunnel hinter den S-Bahnzugängen vermauert. Dabei wurden zugleich Türen eingesetzt, um die Gänge noch als Lagerräume zu nutzen.

Als im Spätherbst 2007 nach über 100 Jahren Betrieb die alten Gleisbrücken über dem Tunnel ausgetauscht werden mussten, nutze man dies zu weitergehenden Um-

Übergang zu den Fernbahnsteigen am Hamburger Hauptbahnhof (1954).

Der erste U-Bahntunnel der Hansestadt Hamburg: Der »Kleinbahntunnel« unterhalb des Hauptbahnhofes.

Der Südstegtunnel ist heute verschlossen; dort befinden sich technische Anlagen und Verbindungsrohre des Hauptbahnhofes.

Plakate längst vergessener Ausstellungen zeugen noch heute von dem Verschluss des Südstegtunnels im Dezember 1991.

bauten. Man öffnete den alten Ausgang des Tunnels und richtete hier einen Notausstieg ein. Dabei traten die Bauarbeiter gewissermaßen eine Zeitreise an. Sie kamen in eine Welt, in der die Zeit konserviert schien. Es gab Hinweistafeln auf Oberflächenzugänge, die längst nicht mehr existierten, und an den Wänden hingen Plakate, die für eine Münzbörse des Jahres 1991 warben.

Bei der Bevölkerung ist der Tunnel inzwischen fast vollständig vergessen. Kaum jemandem ist noch bewusst, dass er gerade ein Stück des alten Südstegtunnels nutzt, wenn er von der U-Bahn unterirdisch zur S-Bahn eilt.

Der Tunnelbahnsteig 0

Die Netzerweiterungen der Hamburger S-Bahn führten bereits Mitte der 1920er und in der zweiten Hälfte der 1950er Jahre zu Überlegungen, wie man der steigenden Zugfolge am Hauptbahnhof gerecht werden könnte, ohne den Bahnhof selbst maßgeblich zu verändern. Die Lösung war ein zusätzlicher Bahnsteig, der nicht in der Bahnhofshalle liegen sollte. Im Gegensatz zu den Planungen der 1920er Jahren, wo ein Bahnsteig unter dem Glockengießerwall entstehen sollte, sahen die Planer der 1950er Jah-

Ein gedeckelter Treppenaufgang: Früher ging es hier direkt zu den Bahnsteigen.

Nur noch der Zugang zu den S-Bahn-Gleisen ist vom Südstegtunnel aus möglich, der restliche Tunnel liegt hinter Metalltüren.

ren, den Bau einer Anlage unter dem Bahnhofsvorplatz an der Kirchenallee vor. Allerdings dauerte es noch mehr als 20 Jahre, bis dort die Bauarbeiten begannen. Im Zusammenhang mit dem Bau der Streckenerweiterung nach Harburg entstand Ende der 1970er Jahre schließlich der sogenannte Tunnelbahnsteig 0. Wieder einmal waren die Ingenieure besonders gefordert: Mehrere U-Bahnstrecken mussten kreuzungsfrei geschnitten werden, und die Brücke des Steintordamms, den Südstegtunnel und das Museum für Kunst und Gewerbe galt es zu unterfahren. Ab dem 28. September 1980 hielten die S-Bahnzüge in Richtung Westen nicht mehr in der Bahnhofshalle, sondern an Gleis 1 im Tunnel unter der Kirchenallee. Acht Monate nach der Inbetriebnahme dieses ersten Gleises folgte am 31. Mai 1981 das zweite Gleis am Bahnsteig 0, wodurch der Hauptbahnhof nun über sechs Bahnsteige verfügte. Seit diesem Zeitpunkt verkehren nur noch die S-Bahnzüge in Richtung Osten in der Bahnhofshalle.

Als an der Kirchenallee noch die Straßenbahn fuhr, bestand von den Verkehrsinseln direkter Zugang zur unterirdischen Welt am Hauptbahnhof.

Der Ringtunnel am Hachmannplatz

Seit Kriegsende war das Gebiet um den Hauptbahnhof herum bis zum Ende der 1970er Jahre fast immer eine einzige Baustelle. Für den Fahrzeugverkehr entstand der Wallringtunnel, für die U-Bahn errichtete man in der Station Hauptbahnhof-Süd einen weiteren Bahnsteig für die Wandsbeker-Linie sowie den Streckentunnel zum Messberg. Später wurde dann zeitgleich an der City-S-Bahn, an der U-Bahnstation Hauptbahnhof-Nord und an vielen neuen Fußgängertunneln gebaut. Hinzu kam noch der Tunnelbahnsteig 0.

In jenen Jahren verfolgte man fast überall in Europa das Konzept der autogerechten Stadt, weshalb die Fußgängerströme an den Verkehrsknotenpunkten zumeist in den Untergrund verlegt wurden. Um auch einem Zuwachs gerecht werden zu können, legte man die Anlagen gleich großdimensioniert an. Auf beiden Seiten des Hauptbahnhofs errichtete man ab 1965 bereits die Fahrgastzugänge zur neuen U-Bahnhaltestelle Hauptbahnhof-Nord, die nach ihrer Eröffnung im Herbst 1968 zunächst von einer und später von einer weiteren, noch zu bauenden Strecke erreicht werden sollte. Über diese Tunnelanlagen konnten die Fußgänger damals auch die Kunsthalle am Glockengießerwall und auf der Ostseite die Straßenbahnhaltestelle auf dem Mittelstreifen der Kirchenallee erreichen. Abgehend von einer Ringtunnelanlage, die sich um den Bunker unter dem Hachmannplatz zog, entstanden Ausgänge am Schauspielhaus, an der Kirchenallee, auf den Hachmannplatz und zur Bremer Reihe. Dieses Unterführungssystem konnte ab dem 15. Februar 1968 genutzt werden, also bereits ein halbes Jahr bevor am neuen U-Bahnhof Hauptbahnhof-Nord die ersten Züge hielten. Die gebaute Anlage ist allerdings nur eine deutlich abgespeckte Version, denn eigentlich sollte gleich eine direkte Verbindung zwischen den Fernbahnsteigen des Hauptbahnhofes und der Haltestelle der U-Bahn entstehen – Planungen, die allerdings erst mit dem Bau der Luruper Linie erfolgen sollten und ab 1974 auf unabsehbare Zeit zurückgestellt wurden. Mit dem Abschied von der Straßenbahn in den 1970er Jahren verlor der Bahnhofsvorplatz an der Kirchenallee einen wichtigen Zubringer. Am 2. Mai 1977 wurde der Straßenbahnverkehr auf der Kirchenallee eingestellt, wodurch die kurz zuvor geschaffene Straßenbahn-/Bus-Umsteigehaltestelle ihre eigentliche Funktion verlor. Im Zuge der Neugestaltung zwischen Hachmann- und Steintorplatz (1979–1983) verschwanden dann die beiden Straßenbahninseln auf der Kirchenallee, von denen die westliche heute unter der Fahrbahn und die östliche auf dem Mittelstreifen

Die Zwischenebene unter dem Taxiplatz am Glockengießerwall wurde in den 1990er Jahren verschlossen; Rohre leiten hier das Oberflächenwasser ab.

Die seit 1999 verschlossene Tunnelwelt unter der Kirchenallee und dem Hachmannplatz.

liegt. Dort deutet ein Lüftungsgitter noch auf den ehemaligen Ausgang hin.

Ein zweiter Zubringer verschwand, bevor er überhaupt gebaut wurde. Die aus finanziellen Nöten nicht errichtete Luruper-Linie bewirkte am Hauptbahnhof-Nord, dass das prognostizierte Verkehrsaufkommen hier nie erreicht wurde. Viele Tunnelanlagen verwaisten zusehends. Mitte der 1990er Jahre nutzten pro Tag lediglich etwa 8500 Personen die Fahrtreppen zur Tunnelanlage aufwärts und rund 5700 Personen abwärts – ausgelegt war die Anlage jedoch für ein Vielfaches. Die wenig frequentierten Tunnel zogen alsbald »dunkle Gestalten« an, wie die Boulevardpresse zu berichten wusste. Drogenabhängige setzten sich hier ihre Spritzen, Obdachlose quartierten sich für die Nacht ein. Die Behörden reagierten mit der Aktion »sauberer Bahnhof«. Dazu gehörte auch der »Rückbau entbehrlicher Tunnelanlagen«. Nach dem Südstegtunnel schloss man die Zwischenebene unter dem Taxiplatz am Glockengießerwall. Nun sollten noch jene Teile des Ringtunnels unter dem Hachmannplatz verschwinden, die mittlerweile als »illegaler Fixerraum« galten. Da der Bunker weiterhin betriebsbereit gehalten werden sollte, kam eine Verfüllung des Ringtunnels nicht in Frage, weshalb die Oberflächenzugänge nur gedeckelt wurden und die unterirdischen Zugänge Türen erhielten. Es verblieben einsame Tunnelbereiche, die wenig attraktiv waren, was entsprechende Kritik in der Öffentlichkeit auslöste. Der Senat forderte daraufhin 1997 ein »Koordiniertes Handlungskonzept zur Schließung« der gesamten Tunnelanlage, und das Ganze wurde in der Baubehörde zur Chefsache erklärt. Mitte 1999 kam dann das Ende des einst teuer angelegten Ringtunnels. Alle Auf- und Abgänge wurden verschlossen. Heute gibt es nur noch etwas Leben unter dem Hachmannplatz. Der Zugang zur Bremer Reihe dient heute einem Blumenhändler als Lagerraum, und hin und wieder wird das Bauwerk von Schauspielstudenten für Inszenierungen genutzt.

Der Wallringtunnel

Eine der bekanntesten unterirdischen Anlagen in der Nähe des Hamburger Hauptbahnhofs ist zweifelsohne der Wallringtunnel – ein Bauwerk, das ausschließlich dem Autoverkehr vorbehalten ist. Es geht zurück auf die Umgestaltungspläne der Nationalsozialisten, die Groß-Hamburg als »Führerstadt« mit mehreren Verkehrsachsen durchziehen wollten. Der von Hitler empfohlene »Architekt für die Neugestaltung der Hansestadt Hamburg«, Konstanty Gutschow, sollte anfänglich das Elbufer großdeutsch umgestalten, dann wurde er für den Wiederaufbau nach der Bombardierung zuständig. Er entwickelte noch 1944 einen Generalbebauungsplan für Hamburg, wonach auch im Bereich des Hauptbahnhofes ein Teil der Ringstraße in den Untergrund verlegt werden sollte. Dazu kam es während des Krieges nicht mehr, danach hatte man mit dem Wiederaufbau zu tun.

Als dann in den Wirtschaftswunderjahren der private Autoverkehr Jahr für Jahr stark zunahm und im Sommer 1960 pro Tag am Wallring mehr als 50000 Fahrzeuge gezählt wurden, holte man die alten Planungen

Wallringtunnel: Luftbild der Baustelle am Klosterwall (Sommer 1964).

Stau in der Hamburger Innenstadt zu Beginn der 1960er Jahre – der Wallringtunnel sollte Abhilfe schaffen.

wieder aus der Schublade. Im Bereich der alten Wallanlagen, zwischen Deichtorplatz und Ferdinandstor, sollte nun ein moderner Straßentunnel im Bereich Klosterwall-Glockengießerwall entstehen, der als erstes Teilstück einer großen Entlastungsachse konzipiert war, wozu auch eine Hochstraße über der Esplanade gehörte. (Sie wurde allerdings nie gebaut.) Das Projekt erhielt den Namen Wallringtunnel.

Darin wollten die Planer erstmalig ein neuartiges Automatisierungssystem einsetzen, um mit möglichst wenig Personal auskommen zu können. Dafür fand in einem kleineren, 130 Meter langen Tunnel am Deichtor ab 1962 die Erprobung statt. Nach dem Ende der Internationalen Gartenbauausstellung begannen dann im Oktober 1963 die Ausschachtungsarbeiten. Sie fielen in einen Bereich, der im Untergrund ohnehin schon zu den kompliziertesten der ganzen Stadt zählte. Die östliche Tunnelwand grenzt direkt an den großen Tiefbunker vor dem Hauptbahnhof, drei U-Bahnstrecken mussten überfahren und zwei Fußgängertunnel unterquert werden. Parallel dazu verliefen die Bauarbeiten an der U-Bahnlinie Stellingen – Billstedt. Trotzdem gelang es, den Autotunnel innerhalb der vorgesehenen Bauzeit von drei Jahren fertigzustellen. Die feierliche Eröffnung fand dann pünktlich am 20. Oktober 1966 durch den damaligen Ersten Bürgermeister Prof. Dr. Herbert Weichmann statt. Am Ende beliefen sich die Kosten auf 76 Millionen DM für zwei jeweils 550 Meter lange Verkehrstunnel mit Rampen am Deichtor und am Ferdinandstor, womit das Gesamtbauwerk eine Länge von 814 Metern erhielt. Zum Glück lag auf dieser Seite des Hauptbahnhofes der Grundwasserspiegel recht tief, so dass auf teure Abdichtungsarbeiten verzichtet werden konnte.

Jede der sieben Meter breiten und 4,5 Meter hohen Röhren enthält zwei Fahrbahnen und einen dazwischenliegenden Service- und Fluchttunnel. In diesem Mittelbauwerk befinden sich auch die Betriebsräume und ein Verkehrsbeobachtungspunkt am südlichen Tunnelmund. Zentral gesteuert wird die videoüberwachte Anlage aus der Ferne vom Hamburger Polizeipräsidium aus (früher Beim Strohhause, heute in Alsterdorf). Detektoren in der Fahrbahn melden automatisch einen Verkehrsstau, woraufhin die Verkehrsampeln in den Signalnischen entsprechend geschaltet werden können. Zwei Beleuchtungsbänder, die sich je nach den Lichtverhältnissen außerhalb des Tunnels automatisch einstellen, sorgen für eine gute optische Führung innerhalb des gekrümmten Tunnels. Auch die Längsrichtungslüftung mit anfänglich neun Stahlventilatoren wird automatisch je nach Luftzusammensetzung gesteuert. An der Decke der beiden Tunnel brachte man feuerfeste und schallschluckende Dämmung an, denn nur so waren Lautsprecherdurchsagen in den hallenden Röhren zu verstehen. Dies wissen inzwischen auch Techno- und Ravefreunde zu schätzen, die einmal im Jahr den Tunnel in einen Musikpalast verwandeln – frei nach dem Motto: »Raven statt Rasen«.

Eröffnung des Wallringtunnels, vorn der Wagen von Bürgermeister Herbert Weichmann.

»Mehrzweckanlagen« im Kalten Krieg

U-Bahnhöfe und Tiefgaragen als Schutzräume

Bereits der Bombenkrieg der 1940er Jahre hatte deutlich gemacht, wie wichtig der Schutz der Zivilbevölkerung vor Angriffen aus der Luft ist. Nach dem Bau von Atombomben durch die beiden Supermächte USA und Sowjetunion und deren zunehmender Konfrontation im Kalten Krieg wurde dies noch offensichtlicher. Das sahen auch die alliierten Besatzungsmächte in Deutschland so, weshalb sie schrittweise von ihrem ursprünglichen Beschluss abrückten, dass alle Bunkeranlagen auf deutschem Gebiet zu »entfestigen« seien, also unbrauchbar gemacht werden müssten. Nach dem Mauerbau im Sommer 1961 und der Kubakrise im Herbst 1962 ging man in der Bundesrepublik systematisch dazu über, die Anlagen aus der Zeit von 1940 bis 1945 wieder zu reaktivieren und sie nicht weiter abzureißen oder für andere Zwecke zu nutzen. Die bestehenden Anlagen waren jedoch kaum dafür geeignet, Schutz vor radioaktiver Strahlung oder chemischen und biologischen Waffen zu bieten. Zwar ließen sich mancherorts entsprechende Filteranlagen nachrüsten, doch insgesamt reichten die Kapazitäten bei weitem nicht aus. Der Staat legte ein öffentliches Förderprogramm für den Bau privater Schutzräume auf. Gleichzeitig begann ein breit angelegtes Neubauprogramm, das jedoch vorrangig »Mehrzweckanlagen« vorsah. Mit diesem Begriff waren allerdings nicht die üblichen Mehrzweckhallen gemeint, die man für Sport- wie Kulturveranstaltungen nutzen konnte, sondern unterirdische Bauwerke, die sowohl als Tiefgarage, Schnellbahnhaltestelle oder Straßentunnel genutzt werden konnten, die sich im Katastrophen- oder Verteidigungsfall aber auch in öffentliche Schutzräume verwandeln ließen.

Ideen für solche Doppelnutzungen gab es bereits bei einigen Bunkern aus dem Zweiten Weltkrieg. So sollte beispielsweise ein Bunker in Wandsbek-Gartenstadt nach dem Krieg mit einem Oberbau versehen und als Haus der Hitlerjugend genutzt werden, und den großen Tiefbunker unter dem Steintorwall am Hamburger Hauptbahnhof hat man bauseits gleich an eine spätere Verwendung als Gepäcktunnel angepasst. Das in diesem Zusammenhang wohl bekannteste Objekt befindet sich unter dem Spielbudenplatz im Stadtteil St. Pauli, direkt an der bunten Amüsiermeile der Hansestadt. Die heute als Tiefgarage genutzte Anlage war im Zweiten Weltkrieg als Bunker erbaut, jedoch bereits während der Planungsphase (etwa Frühjahr 1940) so konzipiert worden, dass sie nach dem Krieg als Großgarage für bis zu 430 Autos genutzt werden konnte. Ursprünglich war der Tiefbunker Reeperbahn zwischen Winter 1940 und Mitte 1942 für rund 5000 Personen angelegt worden, womit er damals der größte Tiefbunker Hamburgs war. Doch angesichts des Mangels an

Der Tiefbunker Reeperbahn wurde mit Bildern des Malers Hans Förster versehen, die während der Angriffe beruhigend auf die Menschen einwirken sollten.

Zwischen 1940 und 1942 entstand unter dem Spielbudenplatz Hamburgs größter Tiefbunker für 5000 Menschen; er wird heute als Tiefgarage genutzt.

öffentlichen Schutzräumen – sie reichten nur für etwa 9 % der Bevölkerung – hielten sich im späteren Kriegsverlauf hier während der Luftangriffe bis zu 20 000 Menschen auf. In der Anlage waren auch die Befehlsstelle des 36. Luftschutzreviers und eine Dienststelle des Roten Kreuzes untergebracht. Zur Ablenkung und moralischen Ertüchtigung der Insassen ließ man die kahlen Betonwände von Hans Förster (einem lokalen Maler und Federzeichner, der sich auch als Verfasser und Illustrator von heimatkundlichen Büchern betätigte) mit Bildern verzieren. Kurz nach dem Krieg wurden diverse Räume der Anlage vermietet. Ab etwa 1949 erfolgten zahlreiche Umbauten für die Tiefgarage, weshalb man Sie vermutlich nicht mehr in das Programm zur Wiederinstandsetzung aufgenommen hat. Aber noch heute kann man an den Wänden im Untergeschoss einige Bilder erkennen, und auf dem Boden der Garage lässt sich teilweise noch die Lage der ehemals gemauerten Zwischenwände erahnen. Teile der früheren Ausgänge werden mittlerweile als öffentliche WC-Anlage genutzt.

Zu Beginn der 1970er Jahre entstanden auf Hamburger Stadtgebiet die ersten modernen Mehrzweckanlagen, so beispielsweise eine Großgarage im Stadtteil Dulsberg. Unter Einbeziehung eines danebenliegenden Fünfröhrenbunkers aus dem Jahr 1941 baute man an der Ecke Starstraße/Drosselstraße ein mehrgeschossiges Parkhaus, dessen Untergeschoss sich zu einem Schutzraum umfunktionieren lässt. Zusammen mit dem reaktivierten Röhrenbunker

Westeingang zum Tiefbunker Reeperbahn; während der Luftangriffe stellten die Menschen hier ihre leeren Kinderwagen ab.

Nach 1949 wurde der Tiefbunker weitgehend entkernt und zu einer Tiefgarage für 430 Autos umgebaut.

könnten hier etwa 2000 Personen für maximal 14 Tagen im Vollschutz untergebracht werden. Dazu stehen Dieselaggregate, Tiefbrunnen, ABC-Filter, eine Krankenstation, ausreichend Sanitärräume und eine Küche zur Verfügung. Dieses Bauwerk ist die größte als Tiefgarage genutzte Mehrzweckanlage Hamburgs. Daneben gibt es noch zwei weitere zu Schutzräumen umfunktionierbare Tiefgaragen innerhalb von Wohnanlagen in den Stadtteilen Bergedorf und Rahlstedt.

In der Folgezeit konzentrierte man sich dann mehr auf die Haltestellen der neu zu bauenden U- und S-Bahnlinien, die dort erstellt wurden, wo im direkten Umfeld bereits viele Menschen wohnten, arbeiteten oder man einen hohen Zuzug erwartete. Zunächst integrierte man in die oberste Verteilerebene der Station Jungfernstieg einen Schutzraum für 2000 Personen, wo sich ansonsten eine Ladenpassage befindet. Die 1975 eröffnete Haltestelle Stadthausbrücke könnte im Ernstfall sogar 4500 Personen Vollschutz bieten, da die gesamte Haltestelle einschließlich der Bahnsteige und Gleiströge in den Schutzbereich einbezogen wurde. Dafür entstanden im Haltestellenbereich zahlreiche Nebenräume, Gänge und Schleusen, die mit dem eigentlichen Betrieb als S-Bahnstation nichts zu tun haben. Innerhalb von Haltestellen gibt es auch in sich ab-

Umbauplanung des Tiefbunkers Reeperbahn von 1949.

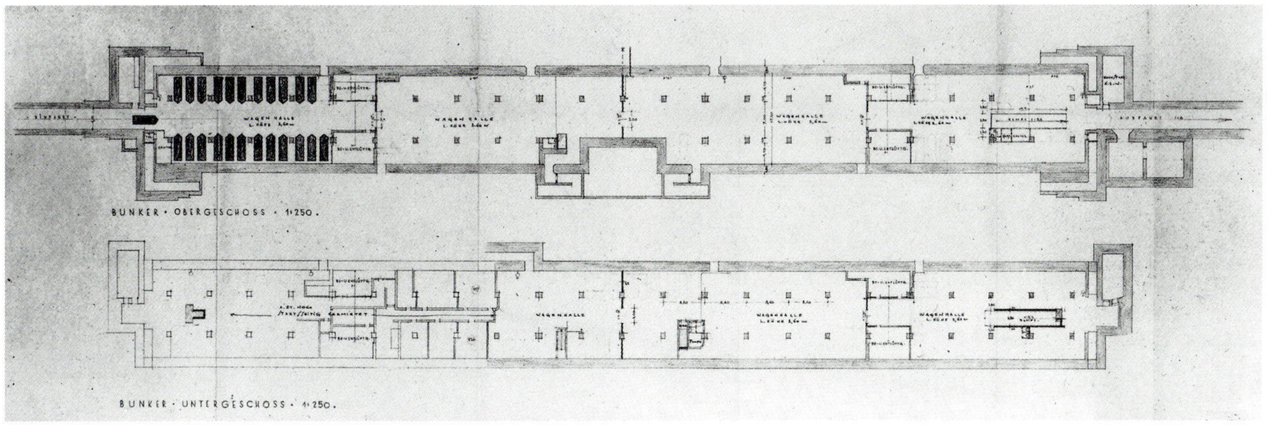

Eine Krankenstation der »Mehrzweckanlage« Jungfernstieg wird heute von einem Bäcker als Lagerraum benutzt.

geschlossene Bunkeranlagen, wie beispielsweise in der U-Bahnstation Landungsbrücken. Dort befindet sich zwischen dem Bahnsteig der S-Bahn und der Verteilerebene zur U-Bahn ein kleiner, zweiteiliger Bunker für etwa 180 Personen. Diese Bunker sind allerdings keine Mehrzweckanlagen, denn die Aufenthaltsräume dort sind nur für einen Grundschutz von wenigen Tagen ausgelegt. Die Mehrzweckanlagen dagegen sind für ein Überleben von bis zu 14 Tagen konzipiert.

Filteranlage für atomare, biologische und chemische Kampfstoffe in der U-Bahn-Station Steinfurther Allee.

Großrettungsraum mit Krankenstation in der S-Bahn-Haltestelle Reeperbahn

Eine der großen Anlagen ist beispielsweise die S-Bahnstation Reeperbahn, die für 4500 Insassen geplant wurde. Wäre diese »Mehrzweckanlage« jemals aktiviert worden, so hätte man zwei S-Bahnzüge in die Haltestelle gefahren, die dann als Aufenthaltsräume dienen sollten, auf den Bahnsteigen wären Schlafplätze eingerichtet worden. Im Tunnel sollten große hydraulische Tore die Haltestelle vor dem Eindringen radioaktiven Materials und den Auswirkungen der Druckwellen schützen.

In der S-Bahn-Haltestelle Harburg Rathaus lagern noch heute Tausende Behelfsbetten für einen Katastrophenfall.

In die Hinweissäulen zur S-Bahn-Haltestelle Reeperbahn wurden Lüftungsanlagen und eine Antenne für den Zivilschutzbunker integriert.

Die größte Anlage dieser Art befindet sich südlich der Elbe in der S-Bahnstation Harburg Rathaus. Sie wurde am 25. September 1983 eröffnet und könnte seitdem 5000 Schutzplätze im Katastrophenfall bieten. Auf mehreren Ebenen, die über Treppenhäuser und Gänge miteinander verbunden sind, befinden sich hier die entsprechenden »Funktionsräume«, die ausschließlich dem Schutzzweck dienen. Der Fahrgast bekommt von der »zweiten Funktion« der Haltestellen zunächst nichts mit. Die Schutzbereiche fallen bei genauerer Betrachtung des Bauwerks nur durch eine ungewöhnlich hohe Anzahl von Türen oder veränderte Deckenkonstruktionen in den Ausgangsbereichen auf. Mit der nahezu unsichtbaren Integration gab man sich besondere Mühe. Beispielsweise ist die Abluft des Notstromdiesels der Haltestelle Reeperbahn in die oberirdischen Haltestellenschilder integriert worden.

Diese Schnellbahnhaltestellen mit Zusatzfunktion wurden seinerzeit vom Bund finanziell besonders gefördert. Die S-Bahnhaltestellen befinden sich im Eigentum der Deutschen Bahn AG, die U-Bahnstationen im Eigentum der Hamburger Hochbahn AG. Eine Nutzungsvereinbarung mit den Bezirksämtern regelt hier die entsprechenden Zuständigkeiten. Die Zivilschutzstellen der Bezirksämter etwa sind für die Wartung der Schutzräume und der Tiefbrunnen zuständig. Das erwies sich beispielsweise in Harburg als kostspieliges Unterfangen, denn im Laufe der Jahre veränderte sich dort der Grundwasserspiegel derart, dass hier das Wasser durch den Tiefbrunnen artesisch nach oben gedrückt wurde. So musste im Jahr 2006 für etwa 30 000 Euro eine Nachrüstung erfolgen, da ansonsten die Gefahr bestand, dass das Wasser unkontrolliert in die Haltestelle austrat.

Bei der Erweiterung des U-Bahnnetzes über die Station Hagenbecks Tierpark hinaus wurde die neue Haltestelle Niendorf Markt 1985 ebenfalls als Mehrzweckanlage angelegt, die im Ernstfall 3300 Menschen Vollschutz bieten könnte. Ähnlich verfuhr man bei der Verlängerung der Billstedter Strecke bis Mümmelmannsberg. Auf diesem Streckenabschnitt wurden die Haltestellen Steinfurther Allee (2000 Schutzplätze) und Mümmelmannsberg (3500 Schutzplätze) als Mehrzweckanlagen ausgebaut, wo man

Raum des Bunkerwarts in der Tiefgarage Starstraße / Drosselstraße in Hamburg-Dulsberg.

Die meterhohen Schutztore der U-Bahn-Haltestelle Steinfurther Allee können hydraulisch verschlossen werden.

bis zur Inbetriebnahme am 29. September 1990 eine völlig autarke Wasser- und Stromversorgung integrierte. Auch hier befinden sich Tore im Gleisbereich sowie an den Ein- und Ausgängen, so dass man im Verteidigungsfall die Station verschließen könnte. Allerdings gab es in der Endstation Mümmelmannsberg eine Schwachstelle:

U-Bahn-Haltestelle Steinfurther Allee; hinter der Wartebank befindet sich ein Waschraum der unterirdischen Bunkeranlage.

Der Fahrstuhl reichte von der Oberfläche direkt auf den Bahnsteig, also in den Schutzbereich hinein. Der Fahrstuhlschacht wurde daher so ausgeführt, dass dort eine 50 Zentimeter starke Betonplatte den Schutzraum von der Oberfläche abschirmen könnte. Die hohe Schutzplatzanzahl kommt hier übrigens durch die Hinzunahme der Abstellanlage zustande, die wie in der Haltestelle Niendorf Nord ebenfalls zum Schutzbereich zählt.

Mit dem Ende des Kalten Krieges, der Deutschen Einheit, dem Zerfall des Warschauer Paktes und der Integration vieler osteuropäischer Staaten in die NATO hatte sich dieses Bauprogramm schließlich als historisch erledigt. Der Bund stellte seine Förderung ein, der Bau der bereits begonnenen Anlagen wurde jedoch noch zu Ende geführt. In Hamburg betraf dies die drei Stationen der Verlängerung von Niendorf Markt bis Niendorf Nord, die erst am 9. März 1991 fertiggestellt wurden. Dabei sind die Haltestellen Joachim-Mähl-Straße und Schippelsweg allerdings nur noch für jeweils 1100 Personen im Grundschutz (für beispielsweise einen konventionellen Schlagabtausch oder Katastrophenfälle in Friedenszeiten) ausgelegt worden. Dort hätten daher auch nur chemische Trockentoiletten auf dem Bahnsteig zur Verfügung gestanden. Die Endstation Niendorf Nord ist dagegen noch mit der einst geplanten Vollschutzausrüstung für 3650 Menschen versehen worden, wozu ein ausgedehnter Küchentrakt, ein Tiefbrunnen und ein eigenes Notstromaggregat gehören. Danach sind in Hamburg keine weiteren »Mehrzweckanlagen« mehr errichtet worden.

Wie mit diesen »Mehrzweckanlagen« künftig umgegangen werden soll, ist derzeit noch unklar. Dringende Erhaltungsmaßnahmen werden aber sicherheitshalber weiterhin durchgeführt.

Der größte Tiefbunker Hamburgs

Unterschiedliche Nutzungen unter dem Steintorwall

Von den vielen Menschen, die täglich über den westlichen Vorplatz des Hauptbahnhofes eilen, wissen vermutlich die wenigsten, was sich unter ihren Füßen befindet: einer der größten Tiefbunker Hamburgs. Er entstand während des Zweiten Weltkrieges an einem historischen Platz auf dem Gelände der alten Stadtbefestigung Hamburgs, den ehemaligen Wallanlagen. Direkt neben der heutigen Bunkeranlage stand ehemals das »Steinthor« (gebaut 1250).

Noch zum Ende des 18. Jahrhunderts war das Steinthor eines der drei östlichen Stadttore, die allabendlich geschlossen wurden – aus der Zeit stammt übrigens der Ausdruck »kurz vor Toresschluss« – und tagsüber als Zollstelle dienten. Mit dem Wachstum der Stadt hatten die Tore zu diesem Zeitpunkt bereits ihre Schutzfunktion weitgehend verloren, zudem waren sie wehrtechnisch veraltet. Während der Zeit der französischen Besetzung Hamburgs zwischen 1806 und 1814 begann man mit der Beseitigung der alten Wehr- und Wallanlagen, am Steinthor blieb ein schmiedeeisernes Tor (gebaut 1818) für die Zollkontrollen. Die frei gewordenen Flächen ließen die Stadtväter in Grünanlagen umwandeln. Zwischen 1827 und 1836 legte der Bremer Gartenkünstler Isaak Hermann Albert Altmann am Dammtor den Botanischen Garten an. Die nächtlichen Torsperren wurden jedoch erst 1861 endgültig aufgehoben, und mit der Zugehörigkeit Hamburgs zum Zollgebiet des Deutschen Reiches ab 1871 hatten die Stadttore jede Funktion verloren. Das Steinthor wurde bereits 1864 abgebrochen, als nebenan der Klostertorbahnhof gebaut wurde, der etwa 40 Jahre später durch eine Zusammenlegung der Bahnhöfe im Innenstadtbereich dem heutigen Hamburger Hauptbahnhof weichen musste. Dieser entstand zwischen 1903 und 1906 auf dem Gelände der Wallanlagen und des alten St.-Jakobi-Friedhofs. 1907 verkehrten vom neuen Hauptbahnhof bereits 407 Züge. In den darauffolgenden 30 Jahren verdreifachte sich fast die jährliche Zugzahl. Der Hamburger Hauptbahnhof entwickelte sich zum bedeutendsten Verkehrsknotenpunkt in Norddeutschland.

Im Zuge der nationalsozialistischen Planungen für den Zweiten Weltkrieg wurde Hamburg mit seinen vielen Industriebauten und den Hafenanlagen zum Luftschutzort der ersten Kategorie bestimmt, da man hier besonders viele Angriffe erwartete. Doch der Bau öffentlicher Schutzanlagen kam nur schleppend voran. Im Jahre 1940, als bereits die ersten Bomben auf Hamburg fielen, gab es in der Großstadt mit ihren über 1,7 Millionen Einwohnern lediglich rund 10 000 öffentliche Schutzplätze. Nach den ersten Luftangriffen auf Berlin erließ Hitler dann im Oktober 1940 eine Anordnung zum beschleunigten Bau bombensicherer Luftschutzräume, was als »Führersofortprogramm« bekannt wurde.

Der Hamburger Hauptbahnhof vor Beginn des Krieges; am Bahnsteig der Schnellzug nach Berlin, genannt »Fliegender Hamburger«.

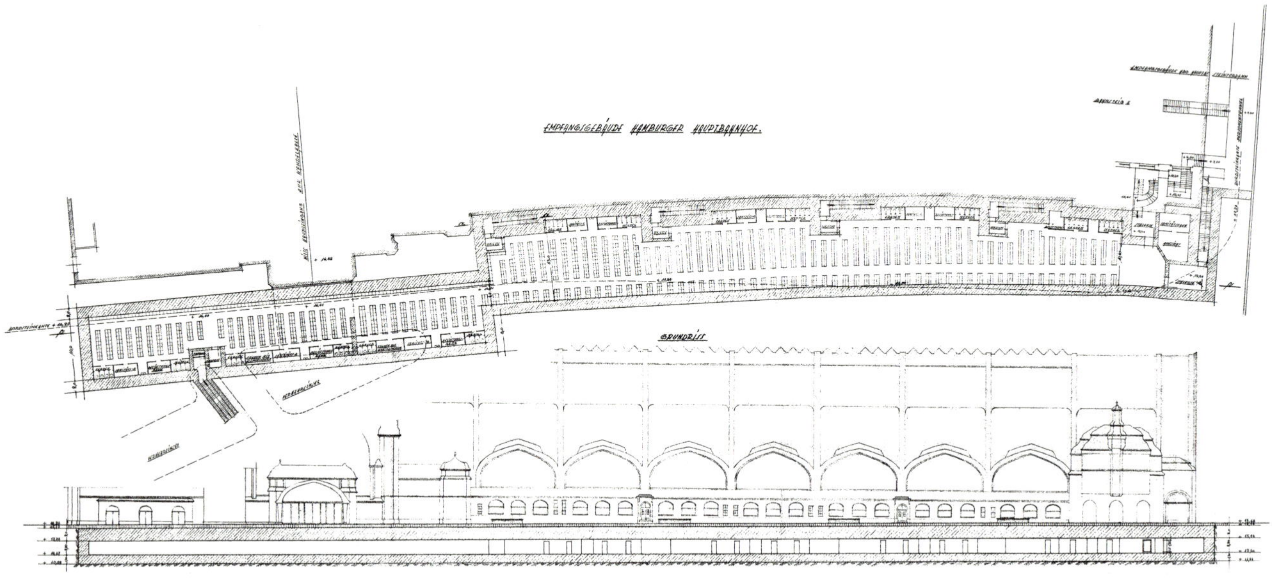

Erste Planung der Reichsbahn für einen Großschutzraum für 2000 Menschen unter dem Straßenzug Glockengießerwall/Steintorwall von 1941.

Besonders in Stadtteilen mit hoher Bevölkerungsdichte, wie Altona, Eimsbüttel, Eilbek und Hamm, entstanden fortan zahlreiche Hochbunker. Um deren Bau zu ermöglichen, wurden vielfach brachliegende Freiflächen genutzt oder bereits zerstörte Hauser abgerissen. Wo dies nicht möglich war, beispielsweise an belebten öffentlichen Plätzen, wurden Tiefbunker errichtet, von denen es in Hamburg allerdings nur sehr wenige gab und die bis auf wenige Ausnahmen meist nicht mehr als 500 Plätze hatten.

Die Gründe dafür liegen auf der Hand. Der Bau einer unterirdischen Anlage war sehr viel zeitaufwändiger und somit auch kostenintensiver, zumal bei den schwierigen Untergrundverhältnissen der Stadt die Anlagen gegen Grundwasser geschützt werden mussten. Zudem hatte man festgestellt, dass Tiefbunker aufgrund der Verdämmungswirkung des umgebenden Erdreichs sehr viel anfälliger bei Treffern neben dem Bauwerk waren, weshalb hier dickere Wandstärken erforderlich wurden als bei Hochbunkern, wo sich die Druckwellen in alle Richtungen ungehindert ausbreiten konnten. In den nächsten drei Jahren entstanden in Hamburg die unterschiedlichsten Bunkertypen – von Röhrenschutzbauten, Rundbunkern und Luftschutztürmen bis zu großen Hochbunkern. Bis Kriegsende wurden in Hamburg über 700 Schutzbauwerke errichtet, von denen viele noch heute existieren.

Im Zweiten Weltkrieg gehörte der Hamburger Hauptbahnhof zu jenen Verkehrsknotenpunkten, für die dringend Schutzbedarf bestand, denn bei Fliegeralarm mussten die vielen Reisenden in kürzester Zeit irgendwo Zuflucht suchen. Als am 18. Mai 1940 um 0:28 Uhr die ersten Bomben auf die Hansestadt fielen, gab es im direkten Umfeld des Hauptbahnhofes nicht genügend Schutzplätze. Die Situation war in Hamburg keineswegs einzigartig, sondern eher exemplarisch für die Verhältnisse im gesamten Deutschen Reich. Es war ein Krieg begonnen worden, ohne für den ausreichenden Schutz der eigenen Bevölkerung zu sorgen. Bei Luftalarm spielten sich auf den Bahnhöfen vielerorts dramatische Szenen ab.

Zwar wurde in Hamburg bereits vor dem Erlass des Sofortprogramms im Herbst 1940 mit dem Bau eines zweigeschossigen Tiefbunkers für 950 Personen auf der Ostseite des Hauptbahnhofes unter dem Hachmannplatz begonnen, doch reichte sein Fassungsvermögen bei weitem nicht aus, denn hierhin eilten nicht nur die Menschen aus dem Bahnhof, sondern auch die aus der Innenstadt. 1941 forderte die Regierung in Berlin schließlich die Reichsbahn dazu auf, zusätzlich zum bereits beschlossenen Bunkerbauprogramm bombensichere Luftschutzräume für Reisende einzurichten, sogenannte Fahrgastbunker, die im direkten Umfeld der Bahnhofsanlagen zu

Oben: **Eingangstore zum Tiefbunker unter dem Steintorwall.**
Unten: **Schleusenstand im Tiefbunker unter dem Steintorwall;**
von hier aus wäre die Zugangsschleuse am Südstegtunnel gesteuert worden.

Oben: **Überdruckanzeige in einem Bunker; im Einsatzfall hätten die Schutzräume einen leichten Überdruck erhalten, um das Eindringen von Giftstoffen zu verhindern.**
Unten: **Liegeraum in einer der Krankenstationen (Rettungsraum) der Mehrzweckanlage im S-Bahnhof Harburg Rathaus.**

Oben: **Die alten Posttunnel unter den Gleisen des Hauptbahnhofes; hier wurde einst die Eilpost den Zügen zugeordnet.**
Unten: **Zwischen den Fahrbahnen des Wallringtunnels befindet sich ein Revisionsgang, der auch als Fluchttunnel dienen kann.**

Austausch 100 Jahre alter Gleisbrücken im Hamburger Hauptbahnhof 2007;
dabei gelangten die unterirdischen Fußgänger- und U-Bahntunnel kurz ans Tageslicht.

Oben: **Nachleuchtende Streifen und Beschriftungen in der »Mehrzweckanlage« der U-Bahn Haltestelle Niendorf Nord.**
Unten: **Schleusenanlage im Tiefbunker unter dem Steintorwall.**

Oben: **Im Sockel des Bismarck-Denkmals, im Zenith der Mittelsäule, ist seit 1941 ein Sonnenrad aufgemalt (2009).**
Unten: **1949 vermauerter Ausgang der Bunkeranlage unter dem Bismarck -Denkmal (2009).**

Fernwärmetunnel tief unter der Speicherstadt (2010).

errichten waren. Dies galt auch für Hamburg, wo längst keine »Kraft-durch-Freude«-Reisenden mehr ankamen und die Rekordfahrten des »Fliegenden Hamburgers« auf der Strecke nach Berlin längst vergessen waren. Privatreisen wurden reduziert, Soldaten beherrschten das Bild.

So begann die Reichsbahn mit der Planung einer Anlage für 2000 Personen, die auf der Westseite des Hauptbahnhofes (auf unbebautem öffentlichem Grund) vollständig unter der Erde liegen sollte. Zunächst erhielt die Planung dafür den Namen »Luftschutzkeller Glockengießerwall«, obwohl es um weit mehr ging: Konzipiert wurde ein massiver, eingeschossiger Bunker, der sich entlang der gesamten Front des Hauptbahnhofes erstrecken sollte. Vorgesehen waren ein unterirdischer Zugang zum Südstegtunnel sowie fünf Oberflächenzugänge vom Glockengießerwall und vom Steintorwall aus, von denen einer direkt vor der Wandelhalle auf einer Verkehrsinsel liegen sollte.

Die auf Basis der Richtlinien von 1940 geplante Anlage hätte nur über ein Stockwerk verfügt und wäre in sich nicht unterteilt gewesen, was bei einem direkten Einschlag zu vielen Toten und Verletzten geführt hätte. Durch den Kriegsverlauf waren die Planungen bereits überholt, als sie gezeichnet wurden, denn die britischen Bomben hatten ab 1941 eine stärkere Durchschlagskraft als zuvor. Daher mussten die ursprünglichen Bestimmungen über den »Bau bombensicherer Luftschutzbauten« angepasst werden, was zu einer Verzögerung des Baubeginns führte. Bevor die erste Anlage fertiggestellt werden konnte, behalf man sich mit dem Ausbau der Kellerräume unter der nahe gelegenen Gewerbe-Schule am Steintorplatz (heute: Museum für Kunst und Gewerbe), die Reisende ab dem Frühjahr 1942 über einen Verbindungsgang von der U-Bahnhaltestelle Hauptbahnhof erreichen konnten. Außerdem deuten Handskizzen darauf hin, dass man direkt im Bahnhof einen behelfsmäßigen Schutzraum vorsah, wo im äußersten westlichen Ende des Südstegtunnels 50 Personen einen gas- und splitterschutzsicheren Aufenthaltsort unter dem Dienstbahnsteig 7 finden sollten.

Wie ernst die Lage war, wurde am 9. November 1941 deutlich. Vier Sprengbomben, von denen eine durch den Boden der Wandelhalle schlug und sich, ohne zu explodieren, in den Boden zwischen Gleis 3 und 4 bohrte, beschädigten die Gebäude so stark, dass vielfach nur ein vollständiger Neuaufbau in Frage kam. Dieser 111. Angriff auf

Zerstörte Fahrkartenausgabe im Hauptbahnhof nach dem Angriff am Morgen des 10. November 1941.

Zerstörter Wartesaal der 1. Klasse im Hauptbahnhof am 10. November 1941.

Hamburg war für den Hauptbahnhof der bis dahin folgenschwerste. Dabei wurde u. a. das Dach der Expressgutabfertigung durchschlagen, wo gerade Filme für Hamburgs Kinos lagerten. Durch den kombinierten Abwurf von Spreng- und Brandbomben entstanden überall Brände. Das Feuer breitete sich rasend schnell über die umliegenden Büro- und Wirtschaftsräume aus und erfasste kurze Zeit später den Dachboden des Hauptgebäudes. Der Gastronomietrakt des Hauptbahnhofes wurde bei diesem Angriff fast vollständig zerstört. Durch die noch relativ lange Vorwarnzeit von 47 Minuten bis zum ersten Bombenab-

Expressgutabfertigung im Hauptbahnhof am Morgen des 10. November 1941. Die Kinderwagen wurden beim Angriff zurückgelassen und später hier gesammelt.

wurf und die späte Uhrzeit (21.20 Uhr) waren glücklicherweise nicht so viele Opfer zu beklagen. Es starben zwei Menschen, 17 wurden verletzt.

Noch im gleichen Monat legte die Reichsbahn dem zuständigen Polizeipräsidenten Hamburgs das überarbeitete Projekt zum Bau eines nunmehr dreigeschossigen Fahrgastbunkers am Glockengießerwall vor, der offiziell für den Kurzzeitaufenthalt von 2460 Personen ausgelegt war. Da die Planungen den neuen Vorschriften entsprachen, erging bereits zwei Wochen später, am 10. Dezember 1941, der Bauauftrag an die Firma Wayss und Freytag.

Das Reichsbahnbauamt ließ auf Rechnung des Deutschen Reiches für fast 2,5 Millionen Reichsmark den Sonderbau in zwei Abschnitten erstellen, von dessen 2460 Schutzplätzen 60 als Liegeplätze eingerichtet waren. Beginnend mit dem Südteil an der Steintordammbrücke folgte etwa ein Jahr später der Nordteil an der Wandelhalle. Im Gegensatz zu den ersten Planungen beschränkte sich der 130 Meter lange Bunker nur noch auf den Bereich des Steintorwalls und zog sich nicht mehr die gesamte Bahnhofsfront entlang. Die Anlage war 30 Meter breit, die obere, ca. 2,5 Meter starke, bombensichere Abschlussdecke lag bereits etwa einen Meter unter dem Gehweg. Aufgrund einer für Friedenszeiten vorgesehenen späteren Verwendung als Teil eines Gepäcktunnels beträgt die lichte Raumhöhe des obersten Stockwerks 2,90 Meter. Die darunter befindlichen Stockwerke sind jeweils nur 2,30 Meter hoch. Die Außenwände der einzelnen Anlagenabschnitte haben Stärken von 2,80 bis zu 3,75 Meter. In rund 12 Metern Tiefe liegt die einen Meter starke Sohle sicher in einer Schicht von abgelagertem feinem Sand. An seinem tiefsten Punkt, im Bereich der Abwassergruben, liegt der Tiefbunker rund 14 Meter unter dem Straßenniveau. Damit befindet sich das unterste der drei Geschosse fast vollständig im Grundwasserbereich, der hier auf der Westseite des Hauptbahnhofes bei 3,05 Meter über NN liegt. Daher wurde der Beton mit wasserabdichtenden Zusätzen versehen.

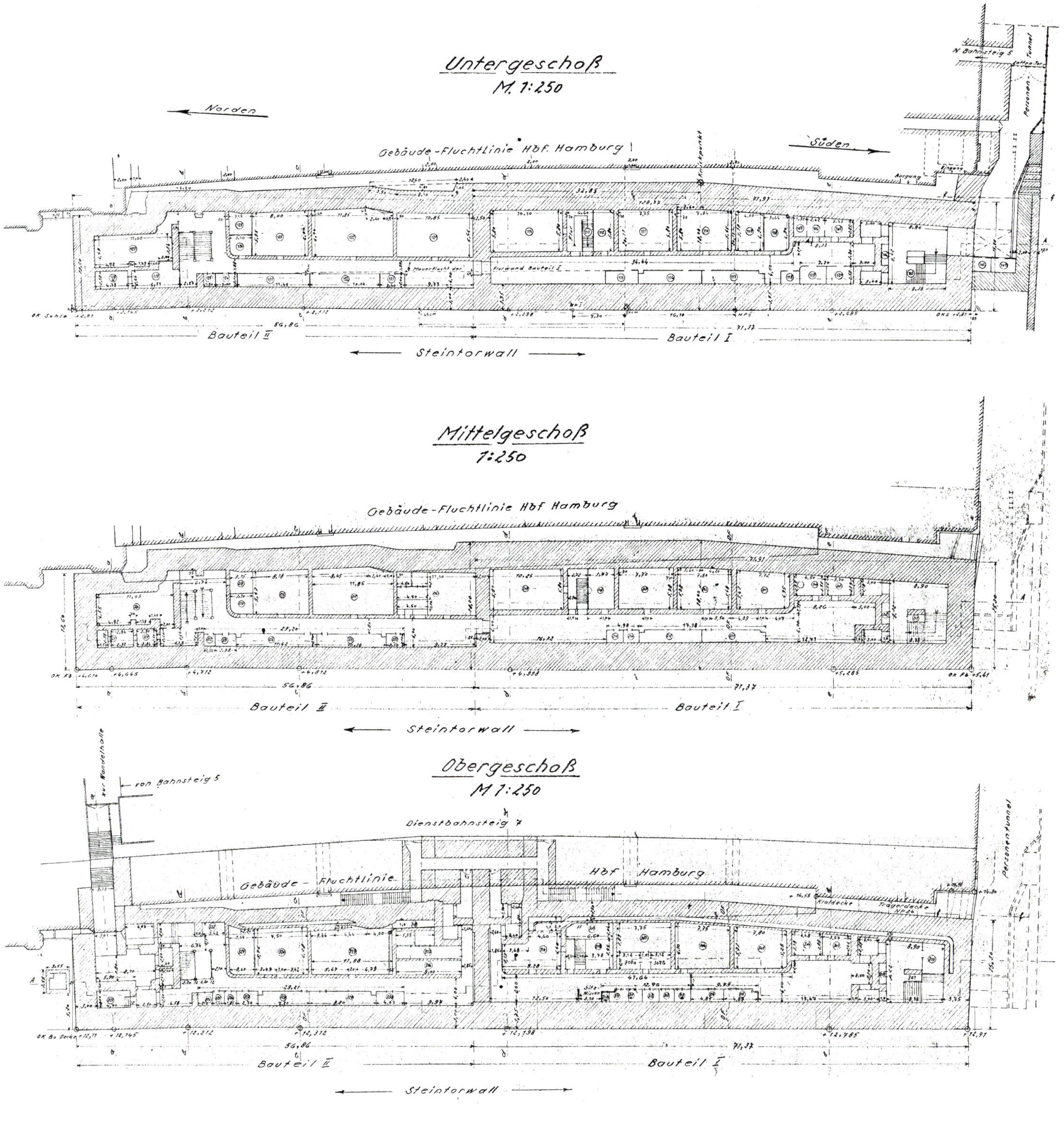

Grundrisszeichnung des dreigeschossigen Tiefbunkers Steintorwall (1945).

Der größte Tiefbunker entsteht

Knapp eine Woche nach der Auftragserteilung begannen am 17. Dezember 1941 die Bauarbeiten am ersten Bauabschnitt. Zu diesem Zeitpunkt standen zwar schon die grundsätzlichen Abmessungen der Anlage fest, doch für die Detailausführung liefen noch die abschließenden Planungsarbeiten. Beispielsweise einigte man sich erst im Frühjahr 1942 über die Gestaltung der Ein- und Ausgangsanlagen, da diese einer zukünftigen straßenverkehrstechnischen Erweiterung des Glockengießerwalls nicht im Wege stehen sollten. Pro Anlagenteil wurde ein Notausgang vorgesehen, der direkt am Anbau des Hauptbahnhofes liegen sollte.

Derweil hatte man eine Lorenbahn installiert, die den Erdaushub aus der 14 Meter tiefen Grube über eine der südwestlichen Kasematten des Hauptbahnhofes zum Dienstbahnsteig 7 beförderte. Von dort wurde die Erde in Schüttgutwagen der Reichsbahn verladen und abtransportiert. Die Anlieferung der für den Bau benötigten Stoffe erfolgte über eine Gerüstbahn auf dem Platz vor der Wandelhalle am Glockengießerwall (siehe Foto rechts). Rund um die Baustelle errichtete man aus Geheimhaltungsgründen hohe Bauplanken, damit die Bautätigkeiten nicht von außen beobachtet werden konnten.

Zum Sommeranfang 1942 waren schließlich auch die Planungen für den Innenausbau weitgehend abgeschlossen. Jedes Stockwerk erhielt sanitäre Anlagen und unterschiedlich große Aufenthaltsräume, von denen pro Stockwerk jeweils zwei für Mutter und Kind sowie einer für Sanitäter vorgesehen waren. Im untersten Geschoss brachte man – getrennt voneinander – die Fahrdienst- und die Lokleitung des Hamburger Hauptbahnhofes sowie den Luftschutzleiter unter.

Zehn Luftansaugstutzen (links im Bild) führten vom U-Bahntunnel der Ringlinie in den Bunker unter dem Steintorwall.

Der Hauptzugang zum fertiggestellten ersten Bauabschnitt des Bunkers lag im Südstegtunnel und konnte daher auch von allen Bahnsteigen schnell unterirdisch erreicht werden. Im Gegensatz zum heutigen Zustand befand sich das hinter dem Zugang liegende Haupttreppenhaus zwar innerhalb des Bunkers, war aber außerhalb des Schutzbereiches angeordnet, so dass in jedem Stockwerk eine doppelte Schleusenanlage installiert werden musste. Zudem gab es im obersten Stockwerk einen Notausstieg mit einer einfachen Schleuse. Dieser war jedoch auch gleichzeitig der Hauptzugang zu 250 Schutzplätzen für Straßenpassanten, die von der übrigen Anlage abgetrennt waren. Der überwiegende Teil sollte zur Aufnahme von Fahrgästen und Angestellten der Reichsbahn dienen.

Aufgrund des Fassungsvermögens von über 2000 Personen und der damit verbundenen Notwendigkeit, die elektrisch betriebene Beleuchtung und Lüftung auch bei einem Stromausfall sicherzustellen, verfügte der Bunker im Untergeschoss zudem über ein eigenes Notstromaggregat, dass wie alle technischen Ausrüstungen der Anlage durch die Reichsbahn beschafft wurde. Ansonsten erfolgte die Stromversorgung über einen Niederspannungsanschluss der Hamburger Elektrizitätswerke. Wie in vielen Bunkern gab es dazu innerhalb der Anlage eine Umspannstation, die nicht nur den Bunker selbst, sondern auch große Teile des Hauptbahnhofes und der näheren Umgebung mit versorgen konnte.

Für Hamburgs Bunker eher außergewöhnlich, gab es hier auch eine Heizungsanlage, die sowohl elektrisch betrieben werden konnte als auch über einen Anschluss an das Hamburger Fernheizungsnetz verfügte. Nach den Planungen von 1941 sollte der Bunker außerdem über eine Kühlmaschine verfügen, deren Einbau letztendlich aber nicht erfolgte. Man entschied sich dafür, die Frischluft teilweise aus dem Tunnel der südlich des Bunkers verlaufenden Ringlinie der Hochbahn zu entnehmen, da die Luft dort im Sommer kühl und im Winder relativ warm ist und sich außerdem in stetiger Bewegung befindet. Ursprünglich waren für diese Maßnahme nur sechs Kernbohrungen in den vorhandenen U-Bahntunnel der Ringlinie geplant. Aufgrund der anzusaugenden Luftmenge wurde die Anlage vorsorglich um zwei zusätzliche Ansaugöffnungen erweitert. Auf diese Weise war man nicht vollständig auf oberirdische Ansaugstutzen angewiesen, die zudem von Trümmern des Hauptbahnhofes hätten beschädigt werden können. Als Frischluftschacht diente ein betonierter Kanal, der sich in der Umfassungswand zum Hauptbahnhof hin befindet und sich fast durch die gesamte Anlage (Nord- und Südteil) zieht und von dort die beiden Maschinenräume der Luftfilteranlagen versorgte. Über ein ausgeklügeltes Kanalsystem gelangten bis zu 28 Kubikmeter Frischluft pro Minute in jeden einzelnen Aufenthaltsraum der Anlage. Das Herausdrücken der verbrauchten Abluft erfolgte über Überdruckventile in den Bereichen der Notausgänge. Die Wasserversorgung erfolgte aus dem Stadtnetz. Abwässer wurden in zwei Gruben in der Sohle beider Anlagenteile gesammelt und über eine elektrische Hebeanlage in das Sielnetz befördert.

Soweit die Planungen. Die Ausführung sah in der Baupraxis des Jahres 1942 jedoch etwas anders aus. Da überall im Reichsgebiet neue Bunker entstanden, wurde spätestens im Herbst 1942 der Beton knapp. Nachdem das unterste Geschoss zum großen Teil bereits geschüttet bzw. eingeschalt war, regte der Generalbevollmächtigte für die Regelung der Bauwirtschaft an, die Außenwände des ersten Bauabschnitts vollständig um einen halben Meter (auf 2,0, resp. 3,0 Meter) zu verringern. Dies lehnte die Hamburger Bauleitung ab. Lediglich die beiden Obergeschosse hätte man etwas ausdünnen und dabei rund 12 000 Kubikmeter Beton einsparen können – beim Bunkerbau eine

Gepäckstücke Ausgebombter am Glockengießerwall. Im Hintergrund die Gerüstbahn für die Materialzufuhr des Bunker Steintorwall (Anfang August 1943).

Andrang auf die wenigen Züge der Nachkriegszeit: Bahnsteig 3 des Hamburger Hauptbahnhofes am 3. September 1947.

verhältnismäßig geringe Menge. Da somit aber auch die Schutzwirkung erheblich reduziert worden wäre, verzichtete man schließlich auf diese Maßnahme.

Die Bauarbeiten mussten durch die vielen Bombenangriffe immer wieder unterbrochen werden, so dass bis zum Juni 1943 lediglich der Südteil fertiggestellt werden konnte – gerade noch rechtzeitig vor dem Beginn der verheerenden »Gomorrha«-Operation Ende Juli. Für den Nordteil hatten im ersten Halbjahr 1943 allerdings erst die Betonierungsarbeiten begonnen, hier standen im Juli lediglich die Sohle und die Außenwände. Genau wie der Hauptbahnhof wurde die gesamte Baustelle während der sieben Angriffe der Operation (zwischen dem 24. Juli und dem 3. August 1943) schwer in Mitleidenschaft gezogen. Die hölzerne Baustelleneinrichtung brannte dabei weitgehend ab, die Isolierung der Bunkeranlage wurde schwer beschädigt. An ihrem Lagerort an der Bleichenbrücke 17 verbrannten Teile der Bauakten des Südabschnitts.

Nunmehr gab man alle Rücksichtnahme auf eine spätere Friedensnutzung des Bunkers auf und drängte auf eine möglichst rasche Fertigstellung. Doch nach den schweren Zerstörungen der Innenstadt zogen sich die Baumaßnahmen hin. Erst im Oktober 1944 erfolgte die Rohbauabnahme des zweiten Bunkerabschnitts. Da die öffentliche Wasserversorgung in vielen Hamburger Stadtteilen nur noch eingeschränkt funktionierte, hatte die Reichsbahn zuvor noch im August 1944 den Einbau von Reservewasserbehältern für jeden Bunkerteil in Auftrag gegeben. (Deren Einbau und auch der Umfang der Nutzung des Nordteils sind heute nicht mehr eindeutig nachzuweisen.)

In den letzten Kriegsmonaten nahmen die Luftangriffe ständig zu. Die Front war nicht mehr weit von der Stadt entfernt, weshalb der Vorwarnkreis immer mehr einschrumpfte. Bei Fliegeralarm gab es oft keine rechtzeitige Vorwarnung mehr. Daher kam es am 14. April 1945, bei einem der letzten Fliegerangriffe auf die Hansestadt, zu einer Panik am Bunker der Reichsbahn, als der Bombenabwurf bereits einsetzte, bevor überhaupt Alarm gegeben worden war. Zwölf Menschen fanden dabei den Tod, eine größere Zahl wurde verletzt. Dabei liegt die Vermutung nahe, dass auch dieser Bunker, wie so viele andere zu jener Zeit, während der Angriffe vielfach überbelegt war und sich weit mehr als die zugelassenen 2460 Personen in der Anlage befanden.

Nutzung in der Nachkriegszeit

Nach insgesamt 213 Luftangriffen war am 3. Mai 1945 der Krieg für Hamburg endlich vorüber. Mit der vollständigen Kapitulation am 8. Mai ging die Verwaltung in Deutschland an die vier größten Siegermächte der Anti-Hitler-Koalition über, wobei Hamburg unter britische Kontrolle kam.

Damit möglichst nie wieder ein Krieg von deutschem Boden ausgehe, beschlossen die Alliierten eine weitgehende Entmilitarisierung, wozu auch die »Entfestigung« von Bunkeranlagen mit einem Fassungsvermögen von über 100 Personen gehörte. Eine entsprechende Direktive erging am 6. Dezember 1945. Wenn Bunker nicht ganz zerstört werden konnten, sollten zumindest wichtige Teile herausgesprengt werden, so dass sie ihre Schutzfunktion verloren. Begonnen wurde mit diesen Arbeiten in der sowjetisch besetzten Zone noch im Dezember 1945, in den drei westlichen Zonen zumeist erst 1946. Sie sollten bis 1950 abgeschlossen sein. Die Sprengungen gestalteten sich nicht immer einfach, teilweise verursachten sie erhebliche Schäden für die Bauwerke in der Nachbarschaft. Der Tiefbunker unter dem Steintorwall grenzt direkt an den Hamburger Hauptbahnhof, was eine unterirdische Sprengung unmöglich machte. Allenfalls wäre eine aufwändige Verfüllung möglich gewesen.

Durch die massive Kriegszerstörung waren damals Wohnräume so knapp, dass die Bevölkerung bereits unmittelbar nach dem Krieg viele Bunker als Notquartiere nutzte. Zudem hatten bereits 1946 rund 1200 Betriebe über 100 000 m² früherer Schutzräume für ihre Geschäftszwecke übernommen. Die Anlagen dienten zumeist für den Lebensmittelumschlag und waren somit für die Versorgung Hamburgs von besonderem Interesse. Daher er-

Der Bunker unter dem Steintorwall als Hotel und Restaurant in der Nachkriegszeit (1950).

teilten die Behörden der Besatzungszonen schon frühzeitig für einige Anlagen Ausnahmegenehmigungen zur zivilen Nutzung. Das betraf auch den Bahnhofsbunker, wo die Reichsbahn Übernachtungsmöglichkeiten für ihr Personal einrichtete.

Nachdem die meisten Anlagen von der Bundesvermögensverwaltung übernommen worden waren, nutzte die Hamburger Sozialverwaltung auch die Anlage unter dem Steintorwall als Kurzzeitunterkunft für Obdachlose. Der Bahnhofsbunker sollte im Gegensatz zu anderen Anlagen aber nicht als Notquartier, sondern nur als Durchgangsquartier dienen und von einer Person nicht länger als eine Nacht belegt werden. Davon machten vor allem die vielen Flüchtlinge und Umsiedler aus der Sowjetischen Besatzungszone Gebrauch.

Am 1. Oktober 1947 wurde der Tiefbunker privatrechtlich an die Deutsche Reichsbahn vermietet, die diese Anlage mit neuen Waschräumen ausstattete und noch bis 1950 als Reichsbahnhotel und Restaurant betrieb. Nachdem 1949 die Bundesrepublik gegründet wurde und die Reichsbahn in die Deutsche Bahn überging, übernahm diese den laufenden Mietvertrag und nutzte die im Untergeschoss eingerichteten Räume für eigene Zwecke weiter, wozu auch der Stromanschluss auf das Netz der Bahn umgeklemmt wurde.

1950, fünf Jahre nach Kriegsende, bot der Hamburger Hauptbahnhof noch ein trostloses Bild. Die großen Kriegsschäden waren bis dahin nicht beseitigt worden, und erst nachdem die Bundesbahn einen Millionenkredit von der Stadt Hamburg erhalten hatte, erfolgte zwischen 1950 und 1952 der Wiederaufbau der Bahnhofsanlagen. Dazu diente der Platz über dem Bunker als Standort für die Baubaracken der dabei tätigen Firmen.

Um den Bunker auf der Ostseite des Hauptbahnhofes unter dem Hachmannplatz bemühten sich derweil die unterschiedlichsten Firmen mit zum Teil überraschenden Anträgen an die Stadtverwaltung. Im November 1946 beispielsweise waren die Chefs der »Saunabetriebsgesellschaft Hamburg-Bergedorf« der Meinung, dass der Bunker unter dem Hachmannnplatz dem Gemeinwohl am besten als Saunaanlage dienen könne, was jedoch abgelehnt wurde, da es keine überzeugende Lösung für die Abluft gab. Im Oktober 1951 wollte jemand ein Schmalfilmtheater einrichten, was bei den Behörden ebenfalls keine Zustimmung fand. Schließlich erhielt im April 1954 ein anderer Antragsteller die Erlaubnis, dort unten ein »Institut für Rede- und Gesprächsschulung mit einer Abteilung für phonetische Bronchitis« einzurichten, das im März 1955 noch um ein Nachwuchsstudio für Schauspieler ergänzt wurde.

Neue Funktion im Kalten Krieg

Die 1950er Jahre waren in Deutschland nicht nur durch Wiederaufbau und Wirtschaftswunder geprägt, sondern auch durch die zunehmende Konfrontation der ehemals Verbündeten, durch das Wettrüsten der Supermächte USA und Sowjetunion. Die Berlin-Blockade (1948) und der Koreakrieg (1950) bildeten den Auftakt zum Kalten Krieg. Es folgte ein beispielloser Konkurrenzkampf der Systeme, der nach dem Bau der Berliner Mauer (1961) und der Kubakrise (1962) die Menschheit an den Rand eines Dritten Weltkrieges brachte. Der erneute Einsatz von Atomwaffen zur Konfliktbewältigung stand kurz bevor und konnte nur knapp vermieden werden.

Im Zuge dieser Entwicklung gestatteten beide Blöcke ihren deutschen Teilstaaten die Wiederbewaffnung, wozu 1955 die Gründung eigener Armeen gehörte. Noch im gleichen Jahr ergingen neue Richtlinien für Schutzraumbauten, denen im Oktober 1957 das »Erste Gesetz über Maßnahmen zum Schutz der Zivilbevölkerung« folgte. Es sah ein staatliches Programm zur Förderung öffentlicher Schutzbauten vor, wozu auch die Nutzbarmachung von Schutzbauwerken aus der Zeit des Zweiten Weltkrieges gehörte. Die »Entfestigung« alter Anlagen wurde gestoppt, und für abzureißende Anlagen mussten die Bauherren Ersatzbauten schaffen. Im November 1962 wurde ein noch weitergehendes Schutzbaugesetz verabschiedet, das die Wiederherstellung bestehender Schutzbauten und deren Umbau für die Erfordernisse eines Atomkrieges sowie zahlreiche Neubauten vorsah. In den meisten Fällen ließen sich die alten Anlagen jedoch nicht zu modernen Atombunkern umrüsten – dies ist in ganz Hamburg nicht versucht worden –, dafür eigneten sich Neubauten besser, die in der Regel nur für die Regierung und das Oberkommando der Streitkräfte errichtet wurden. Diese Anlagen hätten dann auch einem direkten Atomschlag standgehalten und befinden sich daher meistens tief in einem Berg, wo die Stollen durch eine entsprechend starke und massive Überdeckung geschützt sind. Wohingegen die Bunker für die Zivilbevölkerung eher einem Grundschutz gegen konventionelle Bomben und herabfallende Trümmer sowie radioaktiven Niederschlag und Einwirkungen biologischer und chemischer Waffen dienen sollten.

Der Tiefbunker unter dem Steintorwall kam bereits 1961 in das sogenannte »Vorabprogramm zur Wiederinstandsetzung« und wurde zwischen 1963 und 1968 aufwendig umgebaut. Doch zur gleichen Zeit (Ende 1963) begannen auch die umfangreichen Arbeiten zur Umgestaltung der

Noch heute zeugen alte Kabel und Lüftungskanäle in einem Versorgungstunnel unter dem Steintorwall von der Nutzung des Bunkers im Zweiten Weltkrieg (2007).

Straßenverkehrsknoten am Hamburger Hauptbahnhof. Es entstanden der Wallringtunnel für den Autoverkehr sowie als Verlängerung zum Südsteg ein unterirdischer Fußgängertunnel bis hinüber zur Mönckebergstraße, um den oberirdischen Verkehrsfluss nicht zu beeinträchtigen. Dem neuen Tunnelbauwerk war jedoch die Zerschellschicht des alten Bunkers im Weg, da der Abstand zwischen dem obersten Geschoss und dem Fußgängertunnel nur etwas mehr als einen Meter betragen hätte, was den Vorschriften widersprach. Daher musste das oberste Stockwerk im Südteil des Bunkers um etwa 20 Meter verkürzt und laut Gesetz für jeden der 168 verloren gegangenen Schutzplätze ein entsprechender Ersatz in der näheren Umgebung geschaffen werden. Im Mittelpunkt der Diskussionen standen vier Vorschläge:

1. Während des U-Bahnbaus sollte ein Bunker als Kreuzungsbauwerk mit 226 Schutzraumplätzen über der Trasse der neuen Durchmesserlinie Stellingen – Billstedt (Gleis 1 und 2) entstehen, der im Lichtraum zwischen U-Bahn- und Wallringtunnel gelegen hätte. Der Zugang wäre über den Fußgängertunnel an Gleis 3 zum Georgsplatz möglich gewesen. Die zugehörigen Notausgänge hätten im Wallringtunnel und in einem Gang zwischen Gleis 1 und 2 Platz gehabt, wo zwischen Gleis 2 und 3 auch die technischen Anlagen des Bunkers stehen sollten.

2. Ein Schutzraum sollte unter dem Georgsplatz, ebenfalls über der U-Bahntrasse, für ca. 150 Personen gebaut werden. Der Zugang wäre über den Fußgängertunnel am Georgsplatz möglich gewesen.

3. Außerdem hätte am Steintorwall, südwestlich des Postgebäudes an der Steintordammbrücke, über dem Tunnel der U1 ein Schutzraum mit ca. 150 Plätzen entstehen können.

4. Favorisiert und schließlich ausgeführt wurde der vierte Vorschlag: Hierbei sollte das Mittelgeschoss des vorhandenen Bunkers bis an den Tunnel der Ringlinie der U-Bahn verlängert werden und mit der alten Außenkante über dem Zugang zum Südstegtunnel abschließen. Damit reicht der Ersatzbau etwa acht Meter über den ursprünglichen Schutzraum im Mittelgeschoss hinaus, und es entstand ein zusätzlicher, ca. 105 Quadratmeter großer, Raum mit den Innenabmessungen 12,75 x 8,25 Meter, der denselben Schutzgrad hat wie der restliche Bunker. Darüber befindet sich bereits die Zerschellschicht, die nach drei Metern aus purem Beton auch die Sohle des neuen Fußgängertunnels darstellt. Aufgrund der für so ein Projekt geringen Kosten von 700 000 DM und der Schaffung zusätzlicher Plätze am gleichen Standort sprach alles für diese Variante.

Vor Beginn der Wiederinstandsetzung der Anlage ging diese aus der Nutzung der Bahn in die Verfügung der Bundesvermögensverwaltung über, die dazu eine Schätzung des aktuellen Wertes vornehmen ließ. Dieser belief sich im April 1964 auf rund 8,7 Millionen DM. Die im Juli 1964 festgestellten Kosten zur Wiederinstandsetzung veranschlagte man auf rund 3,8 Millionen DM, die bis März 1965 jedoch auf 4,136 Millionen DM anstiegen. Zusätzlich wurden noch Kosten von 400 000 DM für die Ausstattung veranschlagt. Ging man von den ursprünglich geplanten 2769 Schutzplätzen aus, betrugen die Kosten pro Schutzplatz ca. 1400 DM und lagen damit im vorgegebenen Rahmen.

Nachdem der Bunker in die sogenannte Dritte Welle der Wiederinstandsetzungsmaßnahmen aufgenommen wurde, begannen im Oktober 1964 die Arbeiten. Als Erstes mussten die technischen Einrichtungen aus der Zeit des Zweiten Weltkrieges und die Reste der Nachkriegsnutzung beseitigt werden. Stühle, Liegen und Eimer befanden sich noch dort und insgesamt über 200 Kubikmeter

Dosieranlage an einem der Nebeneingänge des Bunkers Steintorwall.

Teile der Dosieranlage am Hauptzugang des Bunkers Steintorwall in der Verlängerung des Südstegtunnels; die Anlage wurde etwa 2004 demontiert.

Umschaltstation für die Versorgung zwischen Brunnen- und Stadtwasser im Bunker Steintorwall, die während der Wiederinstandsetzung eingebaut wurde.

Schutt. Danach erfolgten zwischen Winter 1963 und Winter 1964 die Betonierungsarbeiten am Ersatzbau neben dem Fußgängertunnel am Steintorwall. Da die inneren Trennwände des Bunkers in den 1940er Jahren teilweise aus Mauerwerk hergestellt worden waren, das nicht in der Lage sein würde, den statischen Belastungen während eines Atomschlages standzuhalten, musste dieses vollständig abgebrochen und in Stahlbeton neu gegossen werden. Zudem galt es, neue Eingangsschleusen einzubauen. Die drei Stockwerke sind im Schutzbereich über jeweils ein Treppenhaus pro Anlagenteil verbunden, wobei sich aber nun die Lage der Treppenhäuser teilweise veränderte. Parallel dazu erhielt jede Bunkerhälfte komplett eigenständige, neue Versorgungseinrichtungen.

Die technischen Einrichtungen sind weitgehend im Untergeschoss der Anlage untergebracht worden, um sie möglichst unanfällig gegen Schäden durch Oberflächeneinflüsse zu machen. Dazu gehört auch eine autarke Wasserversorgung, die nicht nur Trinkwasser für die Bunkerinsassen bereitstellen, sondern auch das Kühlwasser für die Notstromaggregate liefern sollte. Um von der städtischen Belieferung, die kontaminiert werden könnte, unabhängig zu sein, bohrte man 1964 im Nordteil und im Sommer 1965 im Südteil jeweils einen 180 Meter tiefen eigenen Brunnen. Beide Brunnen befinden sich im Untergeschoss an den äußersten Rändern der Anlage und verfügen über elektrische Pumpen, die sich in unterschiedlichen Tiefen im Ansaugrohr des Brunnens befinden, so dass auch beim Ausfall einer Pumpe noch genügend Wasser gefördert werden kann. Zusätzlich verfügt die Anlage über einen im Nordteil gelegenen Stadtwasseranschluss, der jedoch im Zuge des Baus des Wallringtunnels neu erstellt werden musste. Über manuelle Umschalteinrichtungen kann die Wasserversorgung gesteuert und somit über autarke oder abhängige Versorgung entschieden werden. Sollte die Wasserversorgung über die Stadtwasser- und auch die Brunnenanlage ausfallen, wäre die Frischwasserversorgung noch kurze Zeit über zwölf Notwasserbehälter möglich, die sich im obersten Geschoss befinden. Sie haben zusammen ein Fassungsvermögen von 384 Kubikmeter und werden automatisch befüllt.

Ähnlich der Frischwasserversorgung ist auch die Abwasserentsorgung mehrfach abgesichert. Die Abwässer der Anlage werden jeweils in Gruben unterhalb des Bunkers gesammelt, und da diese Räume unterhalb des Sielnetzniveaus liegen, erfolgt das Hochpumpen über eine elektrische Fäkalienhebeanlage. Sollte diese ihren Dienst versagen, bestünde noch die Möglichkeit der Entsorgung über die Straßenoberfläche. Dazu befindet sich auf dem Steintorwall eine Abflussöffnung, der sogenannte Notauswurf.

Um jederzeit über den erforderlichen Strom zu verfügen, wurden auch hierfür die entsprechenden Voraussetzungen geschaffen. Vom früheren Netz der Deutschen Bundesbahn baute man gegen 1967 den Stromanschluss wieder auf das Stadtnetz zurück, verbunden mit dem zu-

Dieselaggregat zur Notstromversorgung (2007).

sätzlichen Einbau von zwei Notstromanlagen, die aus jeweils einem Schiffsdieselmotor mit nachgeschaltetem Stromgenerator bestehen, der eine Leistung von jeweils 350 PS erbringen kann. Beide Bauabschnitte des Bunkers verfügen über autarke Kraftstofftanks, die, gegen Beschädigung geschützt, vollständig in Beton vergossen wurden und eine Gesamtkapazität von etwa 40 000 Litern haben, was für 14 Tage Dauerbetrieb ausreicht. Jedes einzelne Aggregat benötigt rund 85 Liter Dieselkraftstoff pro Stunde und liefert eine maximale Leistung von 300 Kilowatt, was ungefähr dem Notstromaggregat der Frankfurter Börse oder dem eines mittleren Krankenhauses entspricht. Die Generatoren der Anlage besitzen gemeinsam eine Leistung, mit der mehr als 100 Einfamilienhäuser gleichzeitig mit Strom versorgt werden könnten. Grundsätzlich besteht bei einem Ausfall eines Notstromdieselaggregates sogar die Möglichkeit, die gesamte Anlage (mit einigen Einschränkungen) über nur ein Aggregat zu versorgen. Durch diese Möglichkeit konnte der ansonsten übliche Einbau der Handlüfter entfallen, die in anderen Anlagen die Luftversorgung bei Stromausfall sicherstellen.

Um den Strom effektiv zu nutzen, gibt es ein ausgeklügeltes Beleuchtungskonzept. Bei öffentlicher Stromversorgung könnten alle 463 Leuchten in Betrieb sein, davon sind 51 explosionsgeschützte Leuchten, die in den Bereichen der Ein- und Ausgänge sowie der Schleusen montiert sind. Einzelne Leuchten verfügen über ein eingebautes Notlicht, denn würde die vollständige Stromversorgung ausfallen, stände zusätzlich noch eine Notlichteinrichtung zur Verfügung, die über Batterien läuft. Sollte auch diese noch ausfallen, so steht für jeweils 100 Schutzrauminsassen eine batteriebetriebene Taschenlampe zur Verfügung. Außerdem gibt es nachleuchtende Wandstreifen zu den Ausgängen, die nach einem totalen Stromausfall noch etwa 20 Minuten zu sehen wären.

Im Untergeschoss befinden sich neben den Notstromaggregaten auch die meisten Lüftungsanlagen, die Frischluft von der Oberfläche aufbereiten. Die Lüftungsanlage kann dafür in drei unterschiedlichen Betriebsmodi gefahren werden:

1. Normalluft: Hierbei wird die ungefilterte Außenluft direkt in die Heizungs- und Kühlanlage geleitet, um danach in die Anlage zu strömen. Diese Betriebsart wird nur gewählt, wenn sichergestellt ist, dass keine verseuchte Luft angesaugt wird, was beispielsweise bei einer Nutzung während oder nach einer Katastrophe (z. B. einer Sturmflut) der Fall wäre.

2. Schutzluft: Diesen Betriebsmodus würde man im Kriegsfall bei einer vorhergesagten Kontamination der Außenluft wählen. Dabei wird die Luft von außen angesaugt und über mehrstufige Sandfilter gereinigt, die sich

Lüftungsbauwerk für die Abgase des Notstromdiesels; hier ist auch ein Notauswurf für die Fäkalien des Bunkers Steintorwall installiert (2007).

Sandvorfilter zur Kühlung und Reinigung der Luft nach einem möglichen Atomschlag.

in eigenen Räumen befinden. Sie sind von über 40 Zentimeter starken Betonwänden umgeben, um ggf. die Strahlung der kontaminierten Luft von den Aufenthaltsräumen fernzuhalten. Bei ABC-Alarm, also nach erfolgtem Einsatz von atomaren, biologischen oder chemischen Kampfstoffen, kann in der Betriebsart Schutzluft die Außenluft zusätzlich durch sogenannte ABC-Filter geführt werden, womit die Anlage den höchst möglichen Filtergrad erreicht. Dabei wird die Außenluft durch tonnenförmige Behälter geleitet, die aus einem Schwebstofffilter und einem nachgeschalteten Aktivkohlefilter bestehen. Der Schwebstofffilter hält die Teilchen zurück, die aufgrund ihrer kleinen Größe den Sandfilter vorher noch passieren konnten. Der Aktivkohlefilter absorbiert die Dämpfe, die die Teilchen auf der Oberfläche des Schwebstofffilters abgeben. Bei Feuchtigkeitseinfluss nimmt die Wirkung der Aktivkohle allerdings stark ab, weshalb die Filter versiegelt und gegen Feuchtigkeit geschützt sind. Die Funktionsfähigkeit wird alle paar Jahre vom TÜV überprüft.

3. Umluft: Nach Abschottung von der Außenluft kann die Umwälzung der Innenluft noch eine Zeit lang erfolgen. Dieser Betriebsmodus würde gewählt werden, wenn eine Versorgung von außen nicht mehr möglich wäre (beispielsweise durch Verschüttung aller Ansaugstutzen). Die Dauer der Anwendung hängt vom Belegungsgrad der Anlage ab. Bei vollständiger Belegung wäre der Betrieb über Umluft noch etwa acht Stunden möglich. Messgeräte in der Anlage melden den Zeitpunkt, an dem der Sauerstoff so knapp und der CO_2-Gehalt so hoch geworden ist, dass ein Umluftbetrieb nicht mehr möglich ist. (Schon ab einem Gehalt von 3 % CO_2 in der Atemluft treten Kopfschmerzen und Kreislaufbeschwerden auf, ab 8 % kommt es bereits zu Atemnot und Bewusstlosigkeit, bei einem Anteil von über 10 % tritt der Tod durch Gasvergiftung ein.)

Trotz all dieser Vorkehrungen ist eine Bunkeranlage niemals vollständig luftdicht abzuschirmen. Im Laufe der Jahre können Setzungsrisse entstehen, Dehnungsfugen undicht werden oder Türdichtungen nicht mehr vollständig schließen. Daher besteht die Gefahr, dass kontaminiertes Material eindringt. Um auch dies zu verhindern, wird der Tiefbunker im Belegungsfall mit einem leichten und für Menschen unschädlichen Überdruck versehen, der über die eigenen Lüftungsanlagen erzeugt und von Messgeräten überwacht wird.

Das Abführen der verbrauchten Luft erfolgt dann – wie schon zu Zeiten des Zweiten Weltkrieges – über sich selbst regulierende Überdruckventile im Bereich der Notausgänge zur Straßenoberfläche hin.

Nachdem die komplizierten technischen Anlagen bis etwa 1969 im Bunker installiert waren, erfolgte abschließend noch der Einbau der Innenausstattung – von den Kleiderhaken bis zu Sitzgestellen und Liegen. Für jede der über 2000 Personen werden bereitgehalten: »1 Schlafdecke, 1 Grubenhandtuch, 1 Plastik-Essschale, 1 Plastik-Trinkbecher, 1 Suppenlöffel aus Stahlblech, 1 Toilettenseife, 2 Rollen Klopapier, 1 Leichensack«. Dies sind alles Dinge ohne Verfallsdatum, die bereits um 1969 in die Anlage gebracht wurden und sich dort noch heute befinden.

Zwei Drittel der etwa 2700 Schutzplätze im Bunker unter dem Steintorwall waren Sitzplätze, nur ein Drittel Liegeplätze.

Im Ernstfall wäre das Überleben der Bunkerinsassen aber nicht nur von der Technik und den Ausrüstungsgegenständen abhängig, es käme auch auf die Versorgung mit Nahrungsmitteln, Medikamenten und Dingen des täglichen Bedarfs an. Dazu wurden lang haltbare Lebensmittel eingelagert, die nach dem täglichen Energiebedarf von 8400 Kilojoule je Person zusammengestellt waren und deren Haltbarkeit zwischen einigen Monaten und mehreren Jahren betrug – also Vollkonserven mit Fleisch- und Wurstwaren, Fertiggerichte und Suppenkonserven, Milchpulver und Tee. Da man davon ausging, dass sich ein Krisenfall einige Monate oder Wochen vorher ankündigt und die Verantwortlichen genug Zeit haben würden, Lebensmittel und Medikamente aus Notlagern herbeizuschaffen, wurden in den Bunkeranlagen zumeist keine Lebensmittelvorräte angehäuft, sondern an zentralen Stellen im Stadtgebiet eingelagert.

Tausende Dinge des täglichen Bedarfs lagern bis heute in vielen unterirdischen Bunkern der Stadt.

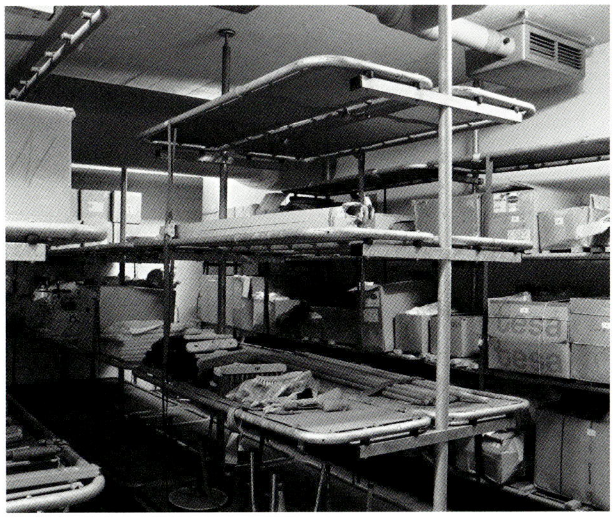

Im Kriegs- oder Katastrophenfall wären jedem Schlafplatz drei Bunkerinsassen zugeteilt worden; alle acht Stunden hätte ein Wechsel stattgefunden.

Für den Katastrophen- und Verteidigungsfall stand bis in das Jahr 2000 ein Schutzraumbetriebsdienst zur Verfügung, der aus einer kleinen festen Mannschaft aus Mitarbeitern des THW bestand. Dazu gehörten sowohl der technische Betriebsdienst als auch der Betreuungsdienst, die jeweils einem Gruppenleiter unterstanden. Der technische Betriebsdienst sorgte über die ganzen Jahre dafür, dass die Anlage nicht ihre Funktionstüchtigkeit verlor, behob auch kleine Mängel und hielt Übungen ab. Dabei stellt man sich die Frage, was passiert wäre, wenn einer oder vielleicht auch mehrere dieser freiwilligen Helfer im Urlaub oder sonst wie nicht verfügbar gewesen wären? Planerisch wurde das einkalkuliert, denn bei einem Krisenfall galt eine Vorwarnzeit von einem halben Jahr. Der Bunker war allerdings technisch so ausgeführt, dass er auch bei einer Selbstorganisation funktionieren sollte, denn unter den über 2000 Bunkerinsassen würden sich immer Menschen mit entsprechender Ausbildung, wie Ärzte, Krankenschwestern und Mechaniker, finden. In jedem Fall hätten diese Personen den Betreuungsdienst gestellt. Damit die anlagenfremden Personen auch im Störungsfall die technischen Abläufe verstehen, haben die Erbauer der Anlage die notwendigen Bedienungsanleitungen gleich mit an die Wände und auf Leuchttafeln im Bunker geschrieben. Zudem befinden sich alle Bedienungsanleitungen in Schriftform in der Anlage.

Der Betreuungsdienst wäre für die Einschleusung der Schutzrauminsassen und die Einteilung der Schutzplätze zuständig gewesen, wovon zu weiten Teilen die Funktionsfähigkeit der Anlage abhängt. Im Gegensatz zu der Belegung aus den Zeiten des Zweiten Weltkrieges, als die Anlagen manchmal drei- bis vierfach überbelegt waren, die Menschen aber nur für die relativ kurze Zeit eines Luftangriffes dort verharren mussten, wäre die Situation während eines Atomangriffs mit einer Aufenthaltsdauer von 14 Tagen eine andere. Nicht nur Nahrungsmittelrationen, Trinkwasservorräte und andere Dinge sind genau auf die maximale Belegungsanzahl zugeschnitten, sondern auch die physikalischen und chemischen Betriebsparameter der Anlage sind auf ein Überleben von exakt 2702 Personen ausgelegt. Beispielsweise ist die Anzahl der Schlafplätze so berechnet, dass sich drei Insassen einen Schlafplatz teilen müssen. Alle acht Stunden hätte ein Wechsel stattgefunden.

Raumtemperatur und Luftfeuchtigkeit spielen bei den Berechnungen eine besondere Rolle. Jeder Mensch ist für sich ein eigenes Kraftwerk und gibt Energie in Form von Wärme und Feuchtigkeit an seine Umwelt ab. Durch die hohe Belegungsanzahl der Anlage hätte bei Vollbelegung ein fast subtropisches Klima geherrscht. Zwar hätte die Klimaanlage für Temperaturen um 30 Grad gesorgt, jedoch wäre die Luftfeuchtigkeit annähernd 90 % hoch gewesen.

Um die maximale Belegungsanzahl sicherzustellen, wurden vor den Schleusenbereichen sogenannte Dosieranlagen installiert, die das ehemalige Bunkerpersonal auch leicht zynisch »Bürgerpresse« nannte. Die Durchgänge sind dort mit Zählmatten im Fußboden ausgestattet, deren Zählungen in den jeweiligen Kommandoständen aufliefen. Der dortige Bediener, der Schleusenwart, hätte demnach auch für die Einhaltung der Belegungszahl zu sorgen. Wenn diese erreicht wäre, würden sich die Eingangsbereiche schließen, selbst wenn noch weitere Personen Einlass begehrten. Um den Schleusenwart vor dem psychischen Druck oder schwierigen menschlichen Entscheidungen – man stelle sich vor, seine eigene Familie stünde noch draußen – zu bewahren, konnte er den Bereich der »Dosieranlage« selbst nicht direkt einsehen.

Diese ganzen Szenarien stehen nur auf dem Papier und wurden in aller Konsequenz nie ausprobiert. Die Anzahl der Übungen ließen in Deutschland nach dem Mauerfall und dem Ende des östlichen Militärbündnisses nach 1990 ohnehin rapide nach. Der Bunker unter dem Steintorwall, ein »Schutzraum der Klasse 3«, gilt offiziell nicht als Atombunker, auch wenn dies in der Presse mitunter zu lesen war. Ein richtiger Atombunker müsste einem direkten Einschlag einer Bombe mit der Durchschlagskraft von einer Megatonne herkömmlichen Sprengstoffes auf der Oberfläche standhalten, die am Hauptbahnhof einen Krater von 500 Meter Durchmesser und 90 Meter Tiefe reißen würde. Demnach müsste die Überdeckung der Anlage über 100 Meter stark sein – es liegen aber nur ein paar Meter zwischen der Straßenoberfläche und dem Schutzraum.

Selbst bei der Explosion einer solchen Bombe in einer Entfernung von zwei bis drei Kilometern – beispielsweise in Altona – wäre vom Zentrum Hamburgs nicht viel mehr übrig geblieben als eine flache Einöde. Sobald die Gebäudemassen des Hauptbahnhofes die oberirdischen Luftansaugstutzen unter sich begraben hätten, wäre bei Erreichen der CO_2-Sättigungsgrenze das Atmen in der Anlage nicht mehr möglich gewesen. Die Anlage hätte also im Fall eines Atomkrieges nur vor radioaktiver Strahlung und »Fallout«, nicht aber vor den direkten, physikalischen Auswirkungen des Einschlags einer Atombombe schützen können. Sie wäre hilfreich bei einem konventionellen Schlagabtausch, um Schutz vor Trümmern, Brandeinwirkungen, radioaktiven Niederschlägen, biologischen und chemischen Kampfstoffen zu bieten.

Soweit das Gedankenspiel. Trotz der detailreich ausgeführten Planungen und Einbauten ereignete sich kurz vor der Übergabe der fertigen Anlage ein folgenschweres Malheur. Mitte 1969 erfolgte eine längere Druckprüfung an der fertigen Rohranlage des Bunkers. Diese schien zunächst erfolgreich zu verlaufen. Doch in der Nacht vom 30. Juni auf den 1. Juli 1969, als der Frischwasserzulauf auf Selbstversorgung über die Brunnenanlage gestellt war, hielt ein Kunststoffrohr dem Druck nicht stand und platzte. Das Wasser ergoss sich in den unteren Teil der Anlage, wo sich die meisten technischen Einrichtungen befinden. Zudem förderte die automatische Pumpe trotz des Druckabfalls weiterhin Frischwasser aus dem Brunnen. Die Zeitungen berichteten damals von einer Wasserhöhe von einem Meter und angeblicher Explosionsgefahr am Hauptbahnhof. Beides traf allerdings nicht zu. Das Wasser stand nur 30 bis 40 Zentimeter hoch, und die »Explosionsgefahr« bezog sich auf einen Ölfilm auf dem Wasser, der durch einen aufgetriebenen und dann umgekippten Dieselkanister entstanden war. Das eilig herbeigerufene Chemische Staatsinstitut stellte keine Gefahr eines Brandes oder

Für knapp 3000 Personen existieren unter der Erde bis heute zwei Großküchen mit dazugehörigen Essensausgaben.

gar einer Explosion fest. Erheblich war jedoch der Schaden an den Betriebseinrichtungen des Bunkers. Er belief sich auf rund 100 000 DM. (Es sollte übrigens nicht der einzige Wasserschaden bleiben. Im Jahr 1976 platzte im Bereich einer Rolltreppe im Hauptbahnhof ein Wasserrohr und setzte erneut Teile des Bunker-Untergeschosses unter Wasser. Zuletzt führte im Jahr 2000 eine defekte Abwasserhebeanlage zu einem halben Meter Wasserstand an derselben Stelle.)

Nachdem 1969 das Wasser abgepumpt und der Schaden beseitigt war, konnte der Bunker am 10. Dezember vom Bauherrn an das zuständige Bezirksamt Hamburg-Mitte übergeben werden. Schlussendlich entschied man nachträglich, die Sitze noch mit Anschnallgurten versehen zu lassen: Man ging von einer starken Bewegung des Bauwerks bei schweren Bombenangriffen oder einem Atomschlag aus, da sich die Druckwellen auch unterirdisch ausbreiten würden. Nun galt die Anlage endgültig als betriebsfertig. Zum Glück musste sie nie in Betrieb gehen, sondern diente nur für Übungen. Lediglich während der Schneekatastrophe 1979 wurde der Bunker zeitweilig für Fahrgäste freigegeben, die wegen der Wetterkapriolen länger festsaßen.

Insgesamt standen 1983, als Hamburg 1,6 Millionen Einwohner hatte, nur 89 087 öffentliche Schutzplätze zur Verfügung, also für gerade einmal 5,51 % der Einwohner. Der Staat förderte daher weiter den privaten Schutzbau und gab Geld dafür aus, Schnellbahnhaltestellen und Tiefgaragen in »Mehrzweckbauten« umzugestalten.

Nach dem Ende des Kalten Krieges und dem Wegfallen einer militärischen Bedrohung flossen die finanziellen Mittel ab 1992 jedoch nicht mehr in gewohnter Weise. Das betraf nicht nur den Neubau, sondern auch die Unterhaltung der vorhandenen Anlagen. Wartungsverträge wurden gekündigt oder nicht mehr verlängert. Lediglich die gesetzlich vorgeschriebenen Kontrollintervalle, wie beispielsweise die Tankrevisionen, wurden weiterhin eingehalten. Die Anlagen, die auf Privatgrundstücken lagen, erhielten manchmal die jeweiligen Grundstücksinhaber überschrieben. Sie wurden nun auch vom bestehenden Veränderungsverbot entbunden, und die Besitzer konnten sich ganz nach Belieben dort eine Sauna oder eine Champignonzucht einrichten.

In den 1990er Jahren änderte sich am Hamburger Hauptbahnhof die Zugangssituation zum Bunker unter dem Steintorwall. Nach Verschluss des Südstegtunnels und dem Umbau der Wandelhalle zu Beginn der 1990er Jahre konnte die Anlage vorübergehend nur noch durch die Notausgänge betreten werden. Der Nordzugang zur Wandelhalle endet mittlerweile an einer Betonwand, und der Südzugang mündet in den verschlossenen Südstegtunnel. Erst im Jahr 2007 erhielt der Bunker durch die Öffnung des Treppenniedergangs zwischen Gleis 13 und Gleis 14 wieder einen der beiden ursprünglichen Hauptzugänge.

Im Jahr 2000 fand der letzte Schutzraumbetriebsdienst statt. Die Notstromdieselaggregate wurden seit Jahren nicht mehr benutzt und dürften mittlerweile durch die lange Standzeit nicht mehr betriebsfähig sein. Zudem hat man bei einer Tankrevision im Jahr 2006 die Tausende noch in den Tanks vorhandenen Liter Diesel abgepumpt und entsorgt.

Als am 11. September 2001 mit dem Angriff auf das World Trade Center in New York eine neue Bedrohungslage entstand, setzten Überlegungen ein, geeignete Schutzmaßnahmen vor terroristischen Anschlägen zu schaffen. Statt eines Langzeitaufenthaltes von 14 Tagen wird hierbei jedoch eher mit einem Aufenthalt von wenigen Stunden in der Schutzanlage gerechnet. Daher befindet sich der Bunker am Hauptbahnhof auf der Kandidatenliste zur Umrüstung als Schutzraum für Großschadenslagen. Die dringendsten Arbeiten zur Erhaltung der Bausubstanz werden weiterhin durchgeführt, Entscheidungen über die zukünftige Nutzung sind jedoch noch nicht gefallen. Bis dahin kann die Anlage von jedermann besucht werden, denn der Verein »Hamburger Unterwelten e. V.« führt regelmäßig interessierte Bürger durch diese Anlage.

Fluchttreppe im Wallringtunnel. Er grenzt direkt an die westliche Außenwand des Tiefbunkers unter dem Steintorwall (2008).

Deckname »Colibri« und »Bauwerk 468«

Tunnel unter der Autobahn

Das Projekt »Colibri« und seine Geschichte

Bereits kurz nach dem Ersten Weltkrieg stieg die Zahl der zugelassenen Kraftwagen in Deutschland rasant. Das damalige Straßennetz war einer solchen Belastung nicht gewachsen. Öffentliche Stellen standen einem Ausbau jedoch zunächst skeptisch gegenüber und übten sich in Zurückhaltung. So schlossen sich 1926 einige Straßenbaufirmen zusammen, um das erste »Autobahnprojekt« in Deutschland zu starten: eine vierspurige Kraftwagenstraße, die HAFRABA (HAnsestäde-FRAnkfurt-BAsel), die von Norddeutschland bis in die Schweiz verlaufen sollte und dabei auch das Hamburger Stadtgebiet anbinden würde. Die Weltwirtschaftskrise verzögerte dieses Projekt zunächst, und so fällt die Umsetzung in den Vorabend des »Dritten Reiches«.

Die Strecke entstand in einzelnen Abschnitten, die meist unmittelbar nach ihrer Fertigstellung eröffnet wurden. Als erste öffentliche Autobahn gilt die heutige A555 zwischen Köln und Bonn, die den Kraftfahrern seit dem 6. August 1932 zur Verfügung steht. Im Januar 1934 begann man auch in Hamburg-Horn und in Hamberge bei Lübeck mit den Bauarbeiten an einer weiteren Teilstrecke, der Reichsautobahn Hamburg–Lübeck (offizieller Spatenstich am 21. März 1934), die bis zum Frühjahr 1937 andauerten.

Zu dieser Autobahn gehört das Barsbütteler Dreieck (heutiges Kreuz Hamburg-Ost), das ab September 1934 di-

Eröffnung der 58 Kilometer langen Reichsautobahn Hamburg–Lübeck bei der Auffahrt Bad Oldesloe am 13. Mai 1937.

rekt hinter der Hamburger Landesgrenze auf schleswig-holsteinischem Gebiet entstand. Bereits damals war geplant, was erst etwa 50 Jahre später Wirklichkeit wurde: Hier sollte sich die Lübecker Strecke mit einer zusätzlichen Südost-Tangente in Richtung Moorfleet und einer Autobahn nach Berlin kreuzungsfrei vereinen. Um die Einfädelung der Berliner Strecke in das Autobahnkreuz zu ermöglichen, war ein Tunnel notwendig, der die Fahrbahnen der Lübecker Strecke bei Kilometer 6,97 unterquert und eine zweispurig von Berlin kommende Richtungsfahrbahn aufnehmen sollte.

Der etwa 155 Meter lange, 12,7 Meter breite und 4,7 Meter hohe Tunnel wurde in offener Bauweise für etwa eine Million Reichsmark erstellt. Die Firma Grün & Bilfinger (heute Bilfinger & Berger) begann Anfang November 1936 mit den Arbeiten, die erst im Dezember 1937 abgeschlossen werden konnten. Unterdessen, am 13. Mai 1937, wurde die Reichsautobahn Hamburg–Lübeck eröffnet. Da die Arbeiten am Tunnel zu diesem Zeitpunkt noch andauerten, wurde der Verkehr im Bereich des Dreiecks auf die Fahrbahn des Gegenverkehrs (Lübeck–Hamburg) umgeleitet, die westlich am Tunnel vorbeiläuft.

Seit dem 21. September 1937 baute man zudem an der Trasse nach Berlin. Mit dem Beginn des Zweiten Weltkrieges wurden die Arbeiten aus Mangel an Material und Arbeitskräften nach und nach zurückgefahren und 1940 gänzlich eingestellt, ohne dass bis dahin nur ein einziges Teilstück nach Berlin in Betrieb gegangen wäre. Der Tunnel war aber bis auf die Inneneinrichtung und die Fahrbahndecke bereits fertiggestellt.

Bei Bombenangriffen auf Hamburg seit 1941 verbrannten zwar die Bauakten des Barsbütteler Dreiecks, das Bauwerk selbst aber blieb weitgehend verschont. Das ist erstaunlich, weil in dem Gebiet östlich der Hansestadt ganze Flugzeugladungen der todbringenden Fracht abgeworfen wurden, die Bomberbesatzungen aufgrund von Navigationsfehlern nicht über dem Zielgebiet losgeworden waren.

Wie viele Gemeinden im Hamburger Umland war auch die angrenzende Ortschaft Barsbüttel betroffen. Bei Luftalarm nutzte mancher Einwohner den nur 15 Fußminuten entfernten Tunnel als vermeintlich sicheren Unterstand. Dies war aber nur bis 1943 möglich, als unter höchster Geheimhaltung die Portale des Tunnels teilweise zugemauert wurden. Dahinter entstanden durch Unterteilung des 1950 Quadratmeter großen Innenraums drei einzelne Abschnitte. Zusätzlich richteten Arbeiter vor dem Westportal des Tunnels Aus- und Einfahrten an der Autobahntrasse ein und platzierten auf der Fahrbahn vor der Osteinfahrt mehrere Baracken, die vermutlich Büro- oder Magazinzwecken dienten. Bis Kriegsende erfolgte die Nutzung als »bombensicheres Ausweichquartier untertage«, der sogenannten U-Verlagerung (Untertage-Verlagerung). Unter dem Decknamen »Colibri« soll der Tunnel spätestens ab Winter 1943/44 zur unterirdischen Fertigungs- und Montagestätte von Flugzeugteilen genutzt worden sein.

Allerdings unterscheidet sich die Anlage deutlich von anderen U-Verlagerungen, die teilweise aus kilometerlangen Stollensystemen bestanden und vor alliierten Fliegerangriffen effektiven Schutz boten. Dies traf auf die Barsbütteler Anlage nicht zu, da der Tunnel aufgrund seiner geringen Überdeckung von nur etwa 1,50 Meter nicht bombensicher war, sondern höchstens einen Splitterschutz bot und daher eher als versteckte Produktionsanlage anzusehen ist.

Nach der Kapitulation Deutschlands wurde die Lübecker Autobahn als eine der Hauptvorstoßrouten der britischen Truppen in Richtung Norden genutzt. Dabei diente der Mittelstreifen der Lübecker Autobahn noch lange als Sammel- und Abstellfläche für britische Militärfahrzeuge. Nachdem die Fertigungsanlagen aus dem Tunnel vermutlich als Reparationszahlung abgegeben worden waren, nutzten britische Pioniere die Räume unter der Autobahn als Magazin. Nach dem Abzug der Besatzungstruppen wurde der Tunnel gänzlich vermauert, da an eine Inbetriebnahme der Berliner Strecke aufgrund der deutschen Teilung vorerst nicht zu denken war.

Die stillgelegte Anlage weckte jedoch andere Begehrlichkeiten. Über ein Loch in der Mauer des Ostportals verschafften sich ab 1948 die Gäste eines angrenzenden Jugendhofes Zugang zum Tunnel und sollen ihn aufgrund seiner Akustik für Musikübungen genutzt haben.

Mit der alternativen Nutzung war es spätestens 1960 vorbei. Das Kreuz Ost wurde ausgebaut, der Tunnel geöffnet und das Ostportal bis 1963 umgestaltet, um den darüber befindlichen Fahrbahnen einen großzügigen Einfädelungsbereich sowie einen Standstreifen zu verschaffen. Dazu musste der Tunnel auch um etwa 10 Meter nach Westen hin verlängert werden. Zeitgleich vollendete man die Betonfahrbahndecken im Tunnel.

Das zugemauerte Ostportal des Tunnels am Barsbütteler Dreieck im August 1958.

Der Verkehr rollte erst 15 Jahre später, am 5. September 1978, durch den Tunnel, als die Berliner Autobahn abschnittsweise in Betrieb ging. In diesen Zeitraum fallen auch der Einbau einer »Tunnelantenne«, die den Empfang von Radioprogrammen während der Fahrt durch den Tunnel sicherstellt, sowie der Einbau weiterer technischer Anlagen zur Verkehrssicherung und die erneute Umgestaltung des Westportals im Jahre 1981.

Nach 45 Jahren Bauzeit mit Zwangspausen wurde am 20. November 1982 die Autobahn Hamburg–Berlin vollständig dem Verkehr übergeben.

Fertiggestelltes Ostportal des Tunnels am Barsbütteler Dreieck, um 1965. Die Inbetriebnahme erfolgte erst im Jahre 1978.

»Bauwerk 468«: Luftschutz über Straßenbahngleisen

Vom Autobahnkreuz Hamburg-Ost gelangt man seit 1962 über die Südostumfahrung zum Kreuz Süd auf der Elbinsel Wilhelmsburg. Hier trifft man nicht nur auf die Autobahn nach Bremen, sondern auch auf eine Zubringerstrecke, die heutige A255, die bereits etwas weiter nördlich an den Norderelbbrücken auf der Elbinsel Veddel beginnt. Dieser kurze Streckenabschnitt hat eine interessante und wechselvolle Geschichte, denn darunter liegt der Veddeler Straßenbahntunnel (beim Straßenbauamt das Bauwerk 468). Der etwa 200 Meter lange Tunnel verläuft größtenteils unter der heutigen Autobahn. Um zu erklären, warum erstmals in Hamburg eine Straßenbahnstrecke unter die Erde verlegt wurde, ist ein Zeitsprung vonnöten.

In der zweiten Hälfte des 19. Jahrhunderts war der heutige Stadtteil Veddel Weideland für die Milch- und Viehwirtschaft. Die Bebauung bestand einzig aus einigen reetgedeckten Höfen. Durch seine geografische Lage inmitten der Nord-Süd-Achse zwischen Hamburg und Harburg wurde der Stadtteil aber bald verkehrstechnisch-strategisch bedeutsam. Nach dem Bau der ersten Eisenbahnbrücken über Norder- und Süderelbe (1872) folgten kurze Zeit später entsprechende Straßenbrücken (Norderelbe: 1887, Süderelbe: 1899), über die auch Straßenbahnlinien die Veddel erreichten. Durch den Bau des Freihafens bis 1888 wurde der westliche Teil der Veddel dem Hafenge-

Mächtige Portale im Stil mittelalterlicher Stadttore begrenzten die Stahlbogenbrücke über die Norderelbe (um 1930).

Die Elbinsel Veddel nach der Restrukturierung der Wohnbebauung (um 1930). Rechts im Hintergrund das unbebaute Areal für die spätere Autobahn.

biet zugeordnet, der östliche Teil aufgehöht und mit neuer Wohnbebauung versehen – die Veddel wandelte sich innerhalb weniger Jahre zum Wohn- und Industriestandort. Mit der Expansion des Hafens und dem wachsenden Bedarf an arbeitsplatznahen Wohnungen erfolgte zwischen 1924 und 1930 eine erneute Restrukturierung der Wohnbebauung. Der damalige Oberbaudirektor Fritz Schumacher ließ in Blockrandbebauung Klinkerhäuser errichten, die noch heute den Stadtteil prägen. Östlich des Neubaugebietes blieb ein größeres Areal unbebaut. Dorthin führte man ab 1936 die Baustelle der Reichsautobahn Bremen–Hamburg, die 1938 bereits Hamburger Gebiet erreichte (bis zu Anschlussstelle Harburg) und bis 1939 über das Kreuz Süd bis zur Auffahrt Georgswerder Bogen fertiggestellt war und in Betrieb ging.

Bis 1940 sollte die Autobahn ihren Endpunkt südlich der Norderelbbrücken erreichen, genau dort, wo die einzige Trasse der damals wichtigen Straßenbahnverbindung zwischen Hamburg und Harburg verlief. Eine Oberflächenkreuzung der Autobahn durch eine zweigleisige Straßenbahnstrecke schien undenkbar, und so blieb nur die Verlegung der Gleise in den Untergrund. Die Arbeiten begannen am 27. September 1938. Dabei war geplant, die Straßenbahnstrecke aus ihrem alten Planum heraus in östlicher Richtung zu verschieben, direkt zwischen die Fahrbahnen der Autobahn. Dort sollte auch die Haltestelle Veddeler Markt liegen, deren neue Seitenbahnsteige über die Unterführung Tunnelstraße zu erreichen sein sollten. Vorgesehen war, dass sich südlich der Haltestelle eine etwa 180 Meter lange Rampe als Trogbauwerk anschließen sollte, über die das Straßenniveau verlassen wird. Der anschließende Tunnel sollte ca. 195 Meter lang sein.

Die Autobahntrasse war bereits in vielen Schulatlanten und Straßenkarten eingetragen, als kurz nach dem Ausbruch des Zweiten Weltkrieges im September 1939 alle Arbeiten eingestellt wurden. Die Bauarbeiter von der Reichsautobahn gingen an die Front oder in die Rüstungsindustrie, und die ambitionierten Planungsunterlagen wanderten in den Schrank. Die Großbaustelle auf der Veddel wurde zur Brache.

Baustelle der Reichsautobahn auf der Veddel (1939). Im Hintergrund eine der Straßenbrücken über die Norderelbe.

Im Untergrund ging es allerdings weiter. Schon vor Kriegsbeginn waren Luftschutzmaßnahmen geplant worden. Im Stadtteil Veddel herrschte akuter Mangel an Schutzplätzen für die Bevölkerung. Daher wurde der Bau von vier Luftschutzrundtürmen beschlossen (jeweils zwei nördlich und zwei südlich der Norderelbbrücken), deren Fertigstellung im Januar 1940 erfolgen sollte.

Im Gegensatz dazu war der Straßenbahntunnel im September 1939 bereits im Rohbau fertig. So sah sich die Luftschutzstelle der Bauverwaltung am 29. September 1939 veranlasst, der Obersten Bauleitung Reichsautobahnen in Hamburg-Altona die Entscheidung des Hamburger Polizeipräsidenten zum Einbau von Luftschutzeinrichtungen in den Straßenbahntunnel mitzuteilen. Zudem drängten diverse neue Dienstverordnungen zur Einrichtung von behelfsmäßigen Luftschutzräumen. Auch der Oberbefehlshaber der Luftwaffe Hermann Göring forderte am 5. September 1939 die Behörden auf, »alles dafür zu tun, dass durch Luftangriffe des Gegners das öffentliche Leben nicht nachhaltig gestört wird«. So wurde am 10. Oktober 1939 der Auftrag zur Herrichtung des Straßenbahntunnels als Luftschutzraum an die Firma Wayss & Freytag vergeben.

Als im Dezember schließlich der Umbau des Tunnels zur Luftschutzanlage begann, lagen bereits 100 Meter Gleis im Südteil der Anlage. Um den gesamten Tunnel nutzen zu können, erfolgte die Auffüllung des Gleisbetts als Höhenausgleich mit Schotter und einer Splittschicht. Abgeschlossen mit einer Lage Pappe wurde darüber ein Betonestrich gelegt. Der Schotter sollte nach Kriegsende für den Gleisoberbau im Nordteil der Anlage benutzt werden. Um den Jahreswechsel 1939/40 wurde der Tunnel kurz hinter dem Notportal vermauert und zur Erhöhung der Schutzwirkung bei einem Treffer in sechs Schutzabschnitte aufgeteilt, die mit gemauerten Trennwänden voneinander abgeschottet waren. Bis April 1940 erfolgte schließlich der Einbau der Aborte und Gasschleusen.

Während der Bombenangriffe wurde die Bebauung auf der Veddel aufgrund der Nähe zum Hamburger Hafen schwer beschädigt bzw. zerstört. Glücklicherweise erhielt der Tunnel keinen Volltreffer, dem er aufgrund der geringen Überdeckung nicht standgehalten hätte. Lediglich im Nordteil fiel im Bereich der Aborte ein Blindgänger auf die Tunneldecke, und eine Luftmine verfehlte den Südteil nur knapp – nahezu ein Wunder, denn die Umgebung glich zu Kriegsende einer Kraterlandschaft. Die Zustände im Tunnel müssen für die Menschen unerträglich gewesen sein. Im Februar 1944 explodierte auf der bereits fertiggestellten Autobahnbrücke der Fahrbahn Hamburg–Bremen eine Luftmine, deren Druck die gesamte Brücke aus ihrem Widerlager riss, die dann mit großem Krawall durch die Luft flog. Die Explosion riss neben dem südlichen Tunnelportal einen metertiefen Krater in die Fahrbahndecke, dabei flogen die Pflastersteine wie Munition durch die Luft und beschädigten die steinernen Auflieger der Brücke stark.

Nach der Kapitulation Hamburgs war die Anlage vorübergehend vergessen, bis im Februar 1949 die Arbeiten an der Autobahnauffahrt wieder aufgenommen wurden. Dazu gehörte auch die Umtrassierung der Straßenbahn, die noch immer in ihrem alten Gleisbett außerhalb des Tunnels fuhr. Nach dem Rückbau der Luftschutzeinrichtungen und der Beseitigung der Kriegsschäden an der Oberfläche wurde die Straßenbahnstrecke in den Tunnel verschwenkt und dieser am 24. November 1949 seiner ursprünglichen Bestimmung übergeben. Die Autobahnauffahrt eröffnete man einige Monate später, am 19. Juli 1950. So blieb es für 27 Jahre.

Nach der Einstellung der Straßenbahnlinien nach Harburg am 22. Mai 1977 erfolgten der Rückbau der Gleisanlagen und die Herrichtung des Tunnels für den öffentlichen Personennahverkehr mit Bussen und Taxen.

Heute findet man an der Anlage keine Spuren mehr aus der Zeit des Zweiten Weltkrieges, selbst aus der Zeit seiner Nutzung als Straßenbahntunnel ist fast nichts mehr zu erkennen.

Im Frühjahr 1944 zerstörte eine Fliegerbombe die bereits fertiggestellte Brücke der Richtungsfahrbahn Hamburg–Bremen über den Ostarm der Veddeler Brückenstraße. Von Südwesten (links im Bild) führen die Straßenbahngleise aus dem Tunnel.

Straßenbahnzug der Linie 35 auf dem Weg von Harburg in die Hamburger Innenstadt auf der Rampe kurz hinter dem Tunnelmund im Frühjahr 1950.

Autobahnauffahrt auf der Veddel im Winter 1950 / 51. In der Bildmitte sind die beiden Bahnsteige der Straßenbahnstrecke zu erkennen, dahinter die Tunnelrampe.

Unter Bismarcks Füßen

Mythologie im Luftschutzraum

Im alten Elbpark, unweit der Hamburger Landungsbrücken, blickt seit dem 2. Juni 1906 die überlebensgroße Statue des ersten deutschen Reichskanzlers, Fürst Otto von Bismarck, seewärts. Unter der Regie des Architekten Johann Emil Schaudt und des Berliner Bildhauers und Jugendstilkünstlers Hugo Lederer entstand zwischen 1903 und 1906 auf dem Gelände der früheren Bastion Casparus das weltweit größte Bismarck-Standbild. Mit einer Höhe von 34,3 Metern ist es Hamburgs höchstes Denkmal – eine monumentale Inszenierung mit einem Gesamtgewicht von 625 Tonnen. So imposant Lederers Standbild von außen ist, so spannend ist der Sockel, auf dem es steht. Außen symbolisieren sieben Männerfiguren, Krieger und Helden, die germanischen Stämme, dahinter trifft man auf ein gemauertes Gewölbe, Katakomben, die sich wie Waben kreisförmig um einen Zylinder in der Mitte formen, auf dem das Gewicht der Denkmalfigur lastet.

Leider ist nur sehr wenig über die Nutzung der Räume unter Bismarcks Füßen in den ersten zwei bis drei Jahrzehnten nach seiner Einweihung bekannt. Vermutlich standen sie leer oder wurden als Lagerraum genutzt. Deutlicher sind allerdings die Spuren aus der Zeit des »Dritten Reiches«, denn die Katakomben wurden ab Spätherbst 1939 zum öffentlichen Luftschutzraum für 650 Personen

Feierliche Einweihung des Hamburger Bismarck-Denkmals im Stadtteil St. Pauli am 2. Juni 1906.

Verrotteter Treppenabgang im Bunker unter dem Denkmal (2009).

Wandmalereien im Bunkergewölbe unter dem Bismarck-Denkmal: »Die germanische Rasse ist jung, kräftig, voller Tugenden und Unternehmungsgeist. Den nordischen Völkern gehört die Zukunft.«

ausgebaut. Die Bauarbeiten zogen sich bis zum Februar 1941 hin. Die ursprünglich eingeschossige Anlage wurde durch den Einzug einer Zwischendecke in Ober- und Untergeschoss aufgeteilt und die früheren Durchgänge zwischen den einzelnen Waben zugemauert, so dass acht separate Räume entstanden, die bei einem Bombentreffer besseren Schutz boten. Zeitgleich erfolgte mit der Verstärkung der Decken eine weitere Stabilisierung der Anlage und in den Zugangsbereichen wurden Gasschleusen eingebaut. Der Zugang selbst erfolgte über drei Treppen, die sich auf der Plattform unterhalb der Statue befunden haben und von denen mittlerweile nur noch eine existiert.

Alle größeren Wände innerhalb des Sockels sind mit Wandmalereien aus den Jahren 1940/41 versehen, die sich deutlich von denen anderer Hamburger Bunker unterscheiden, deren Ausgestaltung meist regionalen, naiv völkischen angelegt war. Die Malereien im Sockel unter dem Denkmal veranschaulichen den Bismarck-Mythos im »Dritten Reich«: Der erste deutsche Reichskanzler wurde zum konservativen Held stilisiert und verkörperte als solcher die Idee des Nationalismus wie kein anderer. An einigen Wänden stehen pseudoreligiöse und mythologisch eingefärbte Zitate Bismarcks. Besonders auffällig ist der übergroße Reichsadler innerhalb des Zylinders direkt unter der Statue, über dem ein Sonnenrad in Gelb-Blau als sakrale Inszenierung erstrahlt. Die künstlerische Ausgestaltung lässt jedenfalls keinen Zweifel über die Auftraggeber und deren politische Absicht.

In direkter Nähe des Denkmals befanden sich bei Kriegsbeginn keine Wohnungen oder Geschäfte, so dass davon auszugehen ist, dass diese Anlage ausschließlich für Passanten und zur Entlastung der angrenzenden Bunker des nördlichen Hafenrands gedacht war. Auch aufgrund der geringen Schutzwirkung ist die Anlage eher eine Art Luftschutzkeller. Glücklicherweise erhielt sie keinen Volltreffer, dem der Bau vermutlich nicht standgehalten hätte. Bekannt ist lediglich ein seitlicher Bombentreffer, der im Sommer 1943 den Sockel und die Wabe III beschädigte. Die oberirdischen Kriegsschäden wurden um 1949 beseitigt, davon zeugen noch stabile Spannanker innerhalb der Anlage. Unterirdisch haben die Erschütterungen und Einschläge aber ihre Spuren hinterlassen. In Kombination mit der regen Bautätigkeit in der Nachkriegszeit und dem zunehmenden Verkehr auf den angrenzenden Straßen führten die Schäden dazu, dass sich das Denkmal spätestens seit den 1970er Jahren in östlicher Richtung neigt. Derzeit beträgt die Neigung etwa neun Zentimeter auf die Gesamthöhe, eine Sanierung des Denkmals mit Kosten von etwa zwei Millionen Euro ist im Gespräch.

Das Denkmal kann Tag und Nacht besucht werden. Der Sockel ist jedoch verschlossen und aus Sicherheitsgründen für die Öffentlichkeit nicht zugänglich.

Das warme Herz der Stadt

Die Fernheizung modernisiert die Hansestadt

In Hamburg werden heute etwa 18 Prozent der Gebäude mit Fernwärme versorgt. In fünf Heizkraftwerken und Heizwerken wird sie erzeugt und dann mit einem Druck von etwa 18 bar und einer außentemperaturabhängigen Vorlauftemperatur von 95 bis 133 Grad Celsius in das Fernwärmenetz eingespeist. Etwa 800 Kilometer ist das entsprechende, überwiegend unterirdisch verlegte Rohrleitungsnetz lang.

Bei der Einführung der Fernheizung im Jahre 1893 gab es noch kein umfangreiches Rohrnetz, denn es galt vorerst nur ein einziges Gebäude in der Innenstadt zu versorgen: das Hamburger Rathaus. Nachdem das alte Rathaus an der Trostbrücke dem Hamburger Brand von 1842 zum Opfer gefallen war, hatte der Neubau am Rathausmarkt keine eigene Befeuerungsanlage mehr erhalten. Zu groß war die Angst der Ratsherren vor einem neuerlichen Großbrand.

Das heutige Hamburger Rathaus erhielt als erstes Gebäude in Hamburg einen Fernwärmeanschluss. Das Foto zeigt den Bauzustand im Sommer 1889.

So kam die Wärme unterirdisch vom etwa 330 Meter weiter westlich an der Poststraße gelegenen städtischen Kraftwerk der Firma Schuckert & Co. Es befand sich auf dem Gelände der alten Stadtwassermühle und lieferte auch den Strom für das Rathaus. Bereits 1893 schickte das Kraftwerk Dampf aus erhitztem Alsterwasser mit einem Druck von 6,5 Atmosphären durch eine kupferne Rohrleitung in den Neubau am Rathausmarkt. Neben dem ersten Rohr wurde gleich eine zweite Dampfleitung als Reserve verlegt, um Betriebsstörungen zu umgehen. Die Erzeugung des Dampfes erfolgte zunächst in sechs Kolbendampfmaschinen und einem nachgeschalteten Dynamo für die Elektrizität. Das Hamburger Rathaus war somit deutschlandweit eines der ersten Gebäude, das nach dem Prinzip der Kraft-Wärme-Kopplung versorgt wurde.

Nach der Gründung der Hamburgischen Electricitäts-Werke (HEW) im Jahre 1894 übernahmen diese das Kraftwerk Poststraße, das jedoch von Jahr zu Jahr unwirt-

Hamburgs erstes Kraftwerk im Gebäude der ehemaligen Stadtwassermühle an der Poststraße, Februar 1928.

Blick von der Schaltbühne des Heiz- und Unterwerks Poststraße in den Maschinensaal (1927). Die Stromproduktion war zu diesem Zeitpunkt bereits eingestellt.

Maschinensaal im Kraftwerk »Karoline« um 1910. Ab Mitte der 1920er Jahre wurde hier ausschließlich Wärme erzeugt.

Befeuerung der Dampfkessel per Hand: Kraftwerk »Karoline«, 1911.

schaftlicher arbeitete. Zügig wurden deshalb modernere Kraftwerke im Stadtgebiet gebaut. 1920 wurde dann in der Poststraße die Stromproduktion eingestellt und ein Unterwerk eingerichtet.

1921 gründete die HEW gemeinsam mit der Firma Rudolf-Otto-Meyer die Fernheizwerk Hamburg GmbH. Alsbald wurde der Netzausbau vorangetrieben. Beispielsweise konnten nach der Verlegung einer größeren unterirdischen Dampfleitung durch einen schon vorhandenen begehbaren Kanal von der Poststraße und durch die Kellerräume der angrenzenden Gebäude des Kraftwerks weitere Häuser angeschlossen werden. So wurden mit Beginn der Heizperiode 1921/22 bereits sechs Gebäude versorgt, darunter auch die Börse und das Warenhaus »Alsterhaus«, dessen Umrüstung auf Fernheizung unproblematisch war, da es bereits über dampfbetriebene Zentralheizungen verfügte. Im Winter 1924/25 waren 24 Hamburger Gebäude am Netz.

Der Ausbau des Fernwärmenetzes war jetzt nicht mehr aufzuhalten, auch wenn die Möglichkeiten an der Poststraße endgültig ausgeschöpft waren. Die HEW pachtete deshalb das ehemalige Elektrizitätswerk an der Karolinenstraße, kurz »Karoline« genannt, erweiterte es und nutzte es für die Wärmeerzeugung. Beide Werke wurden 1924 mit einer 2100 Meter langen unterirdischen Dampfleitung verbunden, und auf dem Leitungsweg schloss man gleich weitere private und städtische Gebäude mit an, so die Musikhalle und das Gerichtsgebäude am Sievekingplatz. Auch der alte und später der neue Schlachthof an der Lagerstraße erhielten eine eigene Anbindung.

Immer mehr Kohlefeuerstellen in der Innenstadt konnten nun abgeschaltet werden. Für die Stadt hatte das emissionsarme Fernheiznetz vor allem hygienische und städtebauliche Vorteile: Die Rauch- und Rußplage wurde weitgehend beseitigt, die Straßen vom Brennstoff- und Aschetransport entlastet. Einen weiteren Schub er-

Bau der Fernwärmeleitung zwischen den Heizkraftwerken Poststraße und »Karoline« im Jahre 1924.

Größter Warmwasserspeicher der Welt auf dem Hof des HEW-Verwaltungsgebäudes am Pferdemarkt, September 1938.

hielt das System 1925/26, als der Startschuss für den Bau eines Warmwassernetzes fiel, dessen Ausbau besonders im Bereich der alten Gängeviertel der Altstadt erfolgte. Alle dort gerade entstandenen Kontorhäuser erhielten Warmwasserzentralheizungen. Als Spitzenlastpuffer diente von 1926 bis 1959 der größte Warmwasserspeicher der Welt auf dem Hof des HEW-Verwaltungsgebäudes am Pferdemarkt.

Das alte Kraftwerk in der Poststraße, dessen übriggebliebene Feuerstellen noch immer von Hand beschickt werden mussten, geriet nun immer mehr zum Problem. Seit der Heizperiode 1929/30 übernahm zeitweise das alte und für die Dampferzeugung umgerüstete Kraftwerk Bille am Bullerdeich dessen Aufgaben. Ab 1934 standen an der Poststraße auch die Maschinen zur Heizdampferzeugung still. Nach einer Umrüstung diente das alte Kraftwerk fortan nur noch dem Dampf-Warmwasser-Umformbetrieb. Unwirtschaftlich waren inzwischen aber auch die Anlagen des Heizkraftwerkes »Karoline«, die von 1936 bis 1944 moderne Mitteldruckanlagen erhielten.

Nachdem in der Heizperiode 1941/42 ein Höchstwert bei der Wärmeabgabe erreicht wurde, beeinträchtigten in den Folgejahren die Auswirkungen des Zweiten Weltkrieges die Produktion. Den Kraftwerken wie auch dem Versorgungsnetz wurden durch die Bombardements schwere Schäden zugefügt. Nach Kriegsende ging es nur langsam bergauf, denn die Britische Besatzungsmacht gab lediglich beschränkte Brennstoffmengen frei. Erst 1948 konnten alle Abnehmer wieder störungsfrei versorgt werden, insofern deren eigene Heizungsanlagen noch betriebsfähig waren. In jenen Jahren entstanden auch Deutschlands erste Wolkenkratzer am Grindel im Stadtteil Harvestehude, in denen unter anderem die Britische Besatzungsmacht ihr Hauptverwaltungszentrum für Deutschland einrichten wollte. Geplant war ein Anschluss der Hochhäuser an das Fernwärmenetz, für das angesichts des vorgesehenen Leistungsbedarfs von bis zu 23 Megawatt am Lehmweg ein eigenes Heizkraftwerk entstehen sollte. Die Briten entschieden sich im Lauf des Jahres 1948 jedoch, ihr Verwaltungszentrum im Rheinland einzurichten. Trotzdem vollendeten die deutschen Behörden das Projekt, allerdings gab man das Bauvorhaben am Lehmweg zugunsten eines Leitungsanschlusses an das Heizkraftwerk »Karoline« auf, der jedoch noch gebaut werden musste. Ab Spätherbst 1949 erfolgte daher die Trockenheizung der Rohbauten an der Oberstraße (Block 1+4) vorübergehend mit provisorisch aufgestellten Warmwassergliederkesseln, die später gegen zwei fahrbare Kesselanlagen mit Ölfeuerung ausgetauscht wurden. Bis zur Inbetriebnahme der unterirdischen Verbindungsleitung an das Heizkraftwerk »Karoline« im Jahre 1956 blieb diese Sonderkonstruktion – sowie eine zusätzliche an der Hallerstraße – in Betrieb.

In den Folgejahren wurde die Versorgung von Wohngebäuden mit Dampf zugunsten des moderneren Heizwassersystems schrittweise reduziert. Beim Betrieb eines Heizwassernetzes ist der Transport viel einfacher, und es steht mehr Dampf für die Stromerzeugung bereit. Außerdem sind die Wärmeverluste im Netz aufgrund der geringeren Temperaturunterschiede nicht so groß. Daher entstanden weitere Erzeugungsanlagen, etwa ab 1961 das Kraftwerk Wedel westlich vor den Toren Hamburgs, das zunächst als Grundlastkraftwerk Strom produzierte und seit etwa 1993 über eine 20 Kilometer lange Leitung eine maximale Leistung von über 400 MW in den Versorgungsring von Hamburg einspeist. Seinerzeit wurden Stimmen laut, die diese »Lange Leitung« für umweltpolitischen Wahnsinn hielten, jedoch geht aufgrund der modernen Isolierung der Rohre nur ca. 1 Grad Celsius der eingespeisten Wärme verloren. Auch das Heizkraftwerk Hafen (1964 gebaut) wurde 1999/2000 durch das hochmoderne Erdgas-Blockheizkraftwerk »Hafencity« ersetzt.

Nachdem sich Ende der 1990er Jahre der Hamburger Senat entschlossen hatte, seine HEW-Aktien zu verkaufen, übernahm der schwedische Konzern Vattenfall bis zum Frühjahr 2001 die Aktienmehrheit.

Fernwärme ist nach wie vor eine der umweltfreundlichsten und komfortabelsten Heizmethoden. Von den Anfängen an der Poststraße ist nach dem Abriss des alten Kraftwerksgebäudes Ende der 1950er Jahre fast nichts mehr zu sehen. Lediglich der stillgelegte und vermauerte Tunnel zwischen Alster und Bleichenbrücke ist noch erhalten, aus dem 1893 das Wasser für die erste Dampferzeugung entnommen wurde. Die trockengelegte Anlage ist nur noch durch eine Revisionsklappe im Lagerraum einer darüberliegenden Schuhhandlung zu erreichen, ansonsten ist sie vollständig abgeriegelt. Auch Besucher können die Reste des Tunnels leider derzeit nicht besichtigen.

Abstieg in den Fernwärmetunnel unter der Speicherstadt, 2010.

Fernwärmetunnel unter dem Köhlbrandt (Süderelbe), 2010.

Nachwort

Die Unterwelt wirkt auf viele Menschen faszinierend. Hat sich doch hier an zahlreichen Stellen eine Welt erhalten, die oben schon lange nicht mehr existiert. Eine Reise in die Vergangenheit wird möglich – wenn man denn Zugang erhält. Da weite Teile des begehbaren Untergrundes aber verschlossen sind, ranken sich leicht Mythen und Legenden um die zweite Stadt unter Hamburg. Bei näherer Betrachtung erweisen sie sich zumeist als völlig realitätsfern.

Dass es bisher nicht mehr Zugänge zu den dunklen Welten gibt, hat mit den besonderen Problemen des Untergrundes zu tun. Hier treten unsichtbare Gase aus, gibt es zahlreiche Schimmelsporen, kann es zu unvorhergesehenen Wassereinbrüchen kommen. Alte Geländer wirken äußerlich noch intakt, sind aber im Innern bereits verrostet, manche Treppe erweist sich als marode, scheinbar dicke Holzbohlen brechen zusammen, sobald zwei Menschen gleichzeitig darüber gehen. Die Ämter wollen und können hier kein Risiko eingehen, an manchen Stellen ist Spezialausrüstung notwendig.

Doch inzwischen hat man manche Anlage sichern können, wobei zunehmend auch Ehrenamtliche helfen. Im Winter 2005/06 gelang es mir, in Zusammenarbeit mit den Hamburger Bezirksämtern einen Verein auf den Weg zu bringen, der die unterirdischen Bauwerke einem möglichst breiten Publikum zugänglich machen will. Der »Hamburger Unterwelten e. V.« bietet auf Anfrage mehrere interessante Führungen zum Thema an. (Adresse: Burchardstraße 22, 20095 Hamburg, Telefon: 040/20 93 38-54, Telefax: -65, www.hamburgerunterwelten.de). Parallel dazu entstand als zweiter Verein »Unter Hamburg e. V.«, wodurch sich das Angebot an Führungen noch einmal vergrößerte und weitere Bauwerke erschlossen wurden. (Adresse: Tondernstraße 33 a, 22049 Hamburg, Tel.: 040/68 26 75-60, Telefax: -61, E-Mail: info@unter-hamburg.de, www.unter-hamburg.de.)

So kann man nunmehr mehrere Tiefbunker und Hochbunker besichtigen, u. a. unter dem Steintorwall in der Innenstadt, an der Holstenstraße in Altona und am Berliner Tor.

In etwas kleinerem Rahmen bieten lokale Vereine schon seit einigen Jahren hin und wieder Besichtigungsmöglichkeiten an. Beispielsweise das Stadtteilarchiv Eppendorf mit dem Röhrenbunker in der Tarpenbekstraße 68.

Und nicht zu vergessen, auch die Kunst hat die Unterwelten entdeckt: So nutzen Schauspielstudenten den Tiefbunker unter dem Hachmannplatz als Proberaum, und der Künstler Gerd Stange hat hinter einer Parkbank an der Geschwister-Scholl-Straße in Eppendorf eine »Verhörzelle« als Mahnmal in den Untergrund gegraben.

Auch die Internetseite www.lostplaces.de des Betreibers Michael Grube enthält viele spannende Artikel zu vergessenen Orten, so auch zu Bauwerken im Untergrund der Hansestadt.

Zu guter Letzt gibt es natürlich noch viele Bauwerke, die eine Besichtigung ohne vorherige Terminvereinbarung zulassen, wie beispielsweise den alten Elbtunnel an den St. Pauli-Landungsbrücken. Oder man unternimmt eine Fahrt durch die Tunnel mit der U- oder S-Bahn, die nach der Lektüre dieses Buches vielleicht mit neuen Eindrücken verbunden ist.

Anhang

Quellenverzeichnis

Primärquellen

Archiv Behörde für Stadtentwicklung und Umwelt, Hamburg
Archiv Bilfinger & Berger, Mannheim
Archiv DB Museum, Nürnberg
Archiv Denkmalschutzamt, Hamburg
Archiv Espert, Großhansdorf
Archiv Firma Fr. Holst, Hamburg
Archiv Gemeinde Großhansdorf
Archiv Hamburger Hochbahn AG, Hamburg
Archive des Katastrophenschutzdienstes der Hamburger Bezirksämter
Archiv Landesbetrieb Straßen, Brücken und Gewässer, Hamburg
Archiv Landesbetrieb Straßenbau und Verkehr (LBV-SH), Autobahnmeisterei Bad Oldesloe
Archiv Martin, Hamburg
Archiv Museum der Arbeit, Hamburg
Archiv Museum für Kommunikation, Hamburg
Archiv Tiefbauamt Mitte, Hamburg
Archiv Vattenfall Europe, Hamburg (ehem. Archiv der Hamburgischen Elektrizitätswerke)
Staatsarchiv Hamburg
Staatsbibliothek Hamburg

Sekundärquellen (Auswahl)

Arbeitsgemeinschaft Blickpunkt Straßenbahn e. V.: Die Geschichte der Hamburger Hochbahn, Hamburg 1969
Architekten- und Ingenieurverein Hamburg eV: Hamburg und seine Bauten 1954–1968, Berlin 1999
Beckershaus, Horst: Die Hamburger Straßennamen. Woher sie kommen und was sie bedeuten, Hamburg 1997
Brunswig, Hans: Feuersturm über Hamburg, Stuttgart 1992
Bundesamt für Zivilschutz: Zivilschutz-Gesetze 10, Bonn 1977
Bundesminister des Innern: Zivilschutz heute – für den Bürger, mit dem Bürger, Bonn 1984
Bundesverband für den Selbstschutz: Schutzbaufibel, Köln 1983
Chronik Verlag: Chronik Hamburg, Hamburg 1997
DB Networks Logistics: 100 Jahre Hamburger Hauptbahnhof, Hamburg 2006
Denkmalschutzamt Hamburg: Der Schellfischtunnel soll leben, Hamburg 1994
Eich, Gerd; Wierecky, Norbert: Vom Hasenmoor zum Transportsiel, Hamburg 2002
Freie und Hansestadt Hamburg (FHH), Behörde für Stadtentwicklung und Umwelt: Die 4. Elbtunnelröhre, Hamburg 2004
FHH Baubehörde, Amt für Ingenieurwesen I: Schnellbahnbau in Hamburg, Hamburg 1967
FHH Baubehörde, Amt für Ingenieurwesen I: Verkehrsknoten Jungfernstieg, Hamburg 1970
FHH Baubehörde, Amt für Ingenieurwesen I: Schildvortrieb beim U-Bahn-Bau, Hamburg 1970
FHH Baubehörde, Amt für Ingenieurwesen I: U-Bahn-Strecke Billstedt – Stellingen, Hamburg 1970
FHH Baubehörde, Tiefbauamt HA Schnellbahnen: U-Bahn Mümmelmannsberg, Hamburg 1983
Foedrowitz, Michael: Bunkerwelten. Luftschutzanlagen in Norddeutschland, Berlin 1998

Freitag, Hans Günther: Altona – Hamburgs schöne Schwester, Hamburg 1982
Frühauf, Anne: Die Bauwerke des Schienenverkehrs in Hamburg, Hamburg 1994
Hanke, Christian: Hamburgs Straßennamen erzählen Geschichte, Hamburg 1997
Hamburger Abendblatt: Jahrgangsbücher, Hamburg 1970–2000
Hamburger Hochbahn AG: Fahr mit uns, Hamburg 1958–1990
Hamburger Hochbahn AG: Festschrift zur Eröffnung des U-Bahn-Betriebes in Hamburg, Hamburg 1912
Heck, G.; Frerichs, J. U.; Eske, W.: Die Hamburger Großrohrpost, Baden Baden 1965
Hoyer, Hermann; Lawrenz, Dierk; Wiesmüller, Benno: Hamburg Hauptbahnhof 1906–2006, Hamburg 2006
Matthiesen, Anne und Hans-Gert: Großhansdorf Beymoor, Großhansdorf 1988
Meng, Alfred: Geschichte der Hamburger Wasserversorgung, Hamburg 1993
Museum der Arbeit: 90 Jahre Hamburger U-Bahn, Hamburg 2002
Müller, Rolf: Hamburg heute und gestern, Hamburg 1984
Piekalkiewicz, Janusz: Die Deutsche Reichsbahn im Zweiten Weltkrieg, Stuttgart 1998
Rasquin, Gerd: Hamburg-Horn, Hamburg 2003
Schmal, Helga; Selke, Tobias: Bunker. Luftschutz und Luftschutzbau in Hamburg, Hamburg 2001
Straßenbahnmagazin: Special Nahverkehr in Hamburg, München 1999
Staisch, Erich: Hauptbahnhof Hamburg. Geschichte der Eisenbahn in Norddeutschland, Hamburg 1981
Witthöft, Hans Jürgen: Ein Tunnel unter der Elbe, Hamburg 1996

Danksagung

Allen Personen und Institutionen, die mich bei der Entstehung dieses Buches unterstützt haben, gilt mein herzlichster Dank. Besonders möchte ich mich bei meinem Verleger bedanken, dem es zu verdanken ist, dass die recherchierte Masse an Informationen, womit leicht 500 Seiten zu füllen gewesen wären, zu einem überschaubaren Buch verdichtet worden ist. Das Material, das hier nicht untergebracht werden konnte, habe ich der Öffentlichkeit teilweise über die freie Internet-Enzyklopädie Wikipedia zugänglich gemacht.

Mein Dank gilt zudem einigen privaten Archivaren und Sammlern, die mich selbstlos bei der Text- und Bildrecherche unterstützt haben.

Nicht in jedem Fall konnten bei alten, nicht beschrifteten Fotoabzügen die genauen Entstehungsbedingungen und die Urheberrechte geklärt werden. Sollten in einzelnen Fällen berechtigte Ansprüche zu den hier veröffentlichten Bildern bestehen, so bitten wir um Nachricht und werden diese nach den üblichen Bedingungen selbstverständlich abgelten.

Da bei den verwendeten historischen Dokumenten teilweise widersprüchliche Angaben vorhanden waren, und einige Primärquellen im Krieg verbrannt sind, kann es sein, dass zu einzelnen Vorgängen andere Erkenntnisse vorliegen. In diesen Fällen wäre ich für eine Nachricht an den Verlag dankbar, um der Sache vertieft auf den Grund zu gehen und ggf. Präzisierungen bei der Nachauflage anbringen zu können. Dankbar wäre ich ebenfalls für ergänzende Fotos, Dokumente und Zeitzeugenberichte. Bitte senden Sie diese an:

Ch. Links Verlag, Lektorat »Hamburgs dunkle Welten«, Schönhauser Allee 36, 10435 Berlin, oder per E-Mail an: lektorat@christoph-links-verlag.de.

Ulrich Alexis Christiansen, Hamburg im April 2010

Bildnachweis

Ulrich Alexis Christiansen, Hamburg: S. 2, 12 o., 15, 16 u. r., 17, 24 m. l., 24 u. l., 40 o. l., 59 u. r., 88 o., 98 o. r., 100 o. l., 109, 119, 120, 130 m. l., 131 u. r., 132 o., 132 u. r., 134, 140, 141, 142, 148, 152, 153, 154 o. r., 155, 156, 157, 158, 159, 160, 169, 174, 176
Altonaer Museum, Hamburg: S. 6 o., 18, 19 o. l., 27, 28, 29, 43, 117
Archiv Christiansen, Hamburg: S. 20, 22, 24 o.l., 36 u.r., 66 u., 126 o. r., 139 u., 144, 147, 164
Archiv Espert, Großhansdorf: S. 12 u., 13 u., 56, 57 u., 58 o. r., 59 u. l.
Archiv Foedrowitz / M. Giese, Berlin: S. 138
Archiv Gemeinde Großhansdorf: S. 57 o., 59 o.
Archiv Held, Hamburg: S. 105 o. l.
Archiv Martin, Hamburg: S. 41, 42, 49 o. r., 53 u., 54 o., 60, 61 u., 69, 70 u., 71, 93, 167 o.
Archiv Rasquin, Hamburg: S. 96
Behörde für Stadtentwicklung und Umwelt (ehem. Lichtbildstelle der Baubehörde, ehem. Schnellbahnneubauamt, sowie Geologisches Landesamt), Hamburg: S. 16 u. l., 68, 78, 79, 80, 81, 82, 83, 84, 85, 86, 87, 88 u., 89, 90, 91, 92, 94, 95, 97, 98 o. l., 98 u. r., 99, 100 o.r., 100 u., 101, 102, 103, 104, 105 o. r., 106, 108, 111, 112, 113, 114, 115, 116, 118, 135, 136, 163 u. r., 165, 167 u.
Bezirksamt Hamburg-Mitte (Zivil- und Katastrophenschutz): S. 132 u. l., 154 o. l.
Bilfinger und Berger, Mannheim: S. 163 u. l.
Denkmalschutzamt Hamburg: S. 19 o.r., 21 o., 37 u., 62, 67, 72, 120 u. l., 133, 137, 139 o.
Feuerwehr Hamburg, Kampfmittelräumdienst: S. 26, 145, 146, 166
Hamburger Hochbahn AG, Hamburg: S. 47 o., 47 u. l., 48, 49 o. l., 52, 53 o. l., 53 o.r., 55 u., 58 o. l., 64, 65, 66 o., 74 u. l., 75, 76, 77
Hamburg Wasser: S. 23 u., 25
Helmsmuseum, Hamburg: S. 11
HPA - Hamburg Port Authority: S. 37 o., 38 o.
Institut für Geographie der Universität Hamburg: S. 8, 10
Landesbetrieb Straßen, Brücken, Gewässer (LSBG), Hamburg: Titelbild, S. 38 u., 39, 40 o. r.
Landesbetrieb Straßenbau und Verkehr (LBV-SH), Schleswig-Holstein: S. 161
Museum der Bahn AG, Nürnberg: S. 122 o. r., 131 u.l., 143, 150, 151
Museum für Kommunikation, Hamburg: S. 14, 121, 122 o. l., 123, 124, 125, 126 o. l., 127, 128, 129
Sammlung Michael Grube / lostplaces.de: S. 163 o.
Staatsarchiv Hamburg: S. 6 u., 13 o., 21 u., 23 o., 30, 31, 32, 33, 34, 35, 36 o., 36 u. l., 44, 45, 46, 47 u.r., 50, 51 o., 54 u., 55 o., 61 o., 62 u., 63, 70 o., 74 u. r., 131 o., 149, 168, 170
Stadtteilarchiv Eimsbüttel, Hamburg: S. 51 u.
Vattenfall Europe, Hamburg (ehem. Bildarchiv der H.E.W.): S. 171, 172, 173

Farbteil

(Die römischen Ziffern verweisen auf die vier Farbblöcke, die arabischen auf die jeweilige Seite innerhalb des Farbblocks.)

Behörde für Stadtentwicklung und Umwelt, Hamburg: II-6, II-7, II-8, III-8
Landesbetrieb Straßen, Brücken, Gewässer, Hamburg: I-4
Ulrich Alexis Christiansen: alle übrigen Farbfotos

Orts- und Straßenregister

Hamburg wurde wegen seiner häufigen Nennung nicht aufgenommen. Fett gesetzte Seitenangaben verweisen auf Bildunterschriften.

Ulrich Alexis Christiansen

Jahrgang 1972; geboren und aufgewachsen in Hamburg; Ausbildung zum Kaufmann; journalistische Tätigkeit; technischer Mitarbeiter bei elektronischen Medien, 1992–2000 Technischer Leiter verschiedener privater Radiostationen (u.a. Antenne Thüringen, Radio Energy); seit 2000 Projektleiter mit Schwerpunkt Netzwerk und IT-Sicherheit; 2006 Initiator und Vorstandsvorsitzender des Vereins »Hamburger Unterwelten e.V.«; zahlreiche Vorträge und Führungen zur Hamburger Stadtgeschichte, speziell zur Geschichte des öffentlichen Nahverkehrs; lebt und arbeitet in Hamburg.

Der Autor verfügt privat über ein umfangreiches, volldigitales historisches Bildarchiv mit über 60 000 Motiven zur Architektur- und Verkehrsgeschichte der Hansestadt Hamburg und unterstützt interessierte Personen gern bei ihren Recherchen. Zur Kontaktaufnahme wenden Sie sich bitte an den Ch. Links Verlag (mail@christoph-links-verlag.de).

Thomas Kunze
Russlands Unterwelten
Eine Zeitreise durch geheime Bunker und vergessene Tunnel

224 Seiten, 359 Abbildungen, Festeinband
ISBN 978-3-86153-490-7
29,90 € (D), 30,80 € (A), 49,90 sFr (UVP)

Alexander Glück, Marcello La Speranza, Peter Ryborz
Unter Wien
Auf den Spuren des Dritten Mannes durch Kanäle, Grüfte und Kasematten

184 Seiten, 231 Abbildungen, Festeinband
ISBN 978-3-86153-238-5
34,90 € (D), 35,90 € (A), 59,00 sFr (UVP)

Heinz Knobloch, Michael Richter, Thomas Wenzel
Geisterbahnhöfe
Westlinien unter Ostberlin

6. Auflage
152 Seiten, 134 Abbildungen, Festeinband
ISBN 978-3-86153-506-5
29,90 € (D), 30,80 € (A), 49,90 sFr (UVP)

Dietmar Arnold
Neue Reichskanzlei und »Führerbunker«
Legenden und Wirklichkeit

3. Auflage
192 Seiten, 177 Abbildungen, Festeinband
ISBN 978-3-86153-353-5
29,90 € (D), 30,80 € (A), 49,90 sFr (UVP)

Dietmar Arnold, Reiner Janick, Ingmar Arnold, Gudrun Neumann, Klaus Topel
Sirenen und gepackte Koffer
Bunkeralltag in Berlin

216 Seiten, 257 Abbildungen, Festeinband
ISBN 978-3-86153-308-5
29,90 € (D), 30,80 € (A), 49,90 sFr (UVP)

Götz Thomas Wenzel
Geheimobjekt Atombunker
Die Troposphären-Funkstation Eichenthal

2. Auflage
112 Seiten, 110 Abbildungen, Festeinband
ISBN 978-3-86153-388-7
16,90 € (D), 17,40 € (A), 31,00 sFr (UVP)

Jürgen Rostock, Franz Zadniček
Paradiesruinen
Das KdF-Seebad der Zwanzigtausend auf Rügen

8. Auflage
152 Seiten, 143 Abbildungen, Festeinband
ISBN 978-3-86153-414-3
19,90 € (D), 20,50 € (A), 35,90 sFr (UVP)

Volkhard Bode, Gerhard Kaiser
Raketenspuren
Waffenschmiede und Militärstandort Peenemünde

6. Auflage
212 Seiten, 277 Abbildungen, Broschur
ISBN 978-3-86153-345-0
19,90 € (D), 20,50 € (A), 35,90 sFr (UVP)

www.geheimnisvolle-orte.de · www.christoph-links-verlag.de